高等学校城市地下空间工程专业规划教材

隧道工程勘察设计

张素磊 主 编

杜明庆 余 顺 管晓明 副主编

万 利 蒋雅君 主 审

人民交通出版社股份有限公司

北 京

内 容 提 要

本书主要内容包括隧道工程勘察设计程序、隧道工程勘察与围岩分级、隧道位置选择与线形设计、隧道建筑限界与净空设计、隧道洞口与洞门设计、隧道衬砌结构设计、隧道防排水设计、隧道辅助工程措施设计、隧道路基与路面设计、计算机辅助设计(CAD)在隧道工程设计中的应用。

本书可作为城市地下空间工程、土木工程、道路桥梁与渡河工程等专业本科生教材，也可供隧道设计、施工技术人员参考。

图书在版编目(CIP)数据

隧道工程勘察设计/张素磊主编.—北京：人民交通出版社股份有限公司，2021.8
ISBN 978-7-114-17373-8

Ⅰ.①隧… Ⅱ.①张… Ⅲ.①隧道工程—地质勘探—设计—教材 Ⅳ.①U45

中国版本图书馆 CIP 数据核字(2021)第109488号

Suidao Gongcheng Kancha Sheji

书　　名：	隧道工程勘察设计
著 作 者：	张素磊
责任编辑：	朱明周
责任校对：	刘　芹
责任印制：	张　凯
出版发行：	人民交通出版社股份有限公司
地　　址：	(100011)北京市朝阳区安定门外外馆斜街3号
网　　址：	http://www.ccpcl.com.cn
销售电话：	(010)59757973
总 经 销：	人民交通出版社股份有限公司发行部
经　　销：	各地新华书店
印　　刷：	中国电影出版社印刷厂
开　　本：	787×1092　1/16
印　　张：	15.75
字　　数：	370千
版　　次：	2021年8月　第1版
印　　次：	2021年8月　第1次印刷
书　　号：	ISBN 978-7-114-17373-8
定　　价：	48.00元

(有印刷、装订质量问题的图书由本公司负责调换)

高等学校城市地下空间工程专业规划教材编委会

主 任 委 员：张向东

副主任委员：宗　兰　黄　新　马芹永　周　勇
　　　　　　　金　奕　齐　伟　祝方才

委　　　员：张　彬　赵延喜　郝　哲　彭丽云
　　　　　　　周　斌　王　艳　叶帅华　宁宝宽
　　　　　　　平　琦　刘振平　赵志峰　王　亮

序　言

近年来，我国城市建设以前所未有的速度加快发展，规模不断扩大，人口急剧膨胀，不同程度地出现了建设用地紧张、生存空间拥挤、交通阻塞、基础设施落后等问题，城市可持续发展问题突出。开发利用城市地下空间，不但能为市民提供创业、居住环境，同时也能提供公共服务设施，可极大地缓解中心城市密度，疏导交通，增加城市绿地，改善城市生态。

为适应城市地下空间工程的发展，2012年9月，教育部颁布了《普通高等学校本科专业目录》(以下简称专业目录)，专业目录里将城市地下空间工程专业列为特设专业。目前国内已有数十所高校设置了城市地下空间工程专业并招生，在这个前所未有的发展时期，城市地下空间工程专业系列教材的建设明显滞后，一些已出版的教材与学生实际需求存在较大差距，部分教材未能反映最新的规范或标准，也没有形成体系。为满足高校和社会对于城市地下空间工程专业教材的多层次要求，人民交通出版社股份有限公司组织了全国十余所高等学校编写"高等学校城市地下空间工程专业规划教材"，并于2013年4月召开了第一次编写工作会议，确定了教材编写的总体思路，于2014年4月召开了第二次编写工作会议，全面审定了各门教材的编写大纲。在编者和出版社的共同努力下，目前这套规划教材陆续出版。

这套教材包括《地下工程概论》《地铁与轻轨工程》《岩体力学》《地下结构设计》《基坑与边坡工程》《岩土工程勘察》《隧道工程》《地下工程施工》《地下工程监测与检测技术》《地下空间规划设计》《地下工程概预算》等十余门课程，涵盖了城市地下空间工程专业的主要专业核心课程。该套教材的编写原则是"厚基础、重能力、求创新，以培养应用型人才为主"，体现出"重应用"及"加强创新能力和工程素质培养"的特色，充分考虑知识体系的完整性、准确性、正确性和适用性，强调结合新规范、增大例题和图解等内容的比例，做到通俗易懂，图文并茂。

为方便教师的教学和学生的自学，本套教材配有多媒体教学课件，课件中除教学内容外，还有施工现场录像、图片、动画等内容，以增加学生的感性认识。

反映城市地下空间工程领域的最新研究成果、最新的标准或规范，体现教材的系统性、完整性和应用性，是本套教材力求达到的目标。在各高校及所有编审人员的共同努力下，城市地下空间工程专业系列规划教材的出版，必将为我国高等学校城市地下空间工程专业建设起到重要的促进作用。

高等学校城市地下空间工程专业规划教材编审委员会
人民交通出版社股份有限公司

前 言

根据"新工科"人才培养及工程教育认证的要求,结合城市地下空间工程专业及土木工程专业(隧道及地下工程方向)人才培养特点,针对目前隧道及地下工程领域勘察设计类教材缺乏的现状,以"厚理论基础、强工程实践"为指导原则,编写了本书。

全书共11章内容:第一章介绍隧道工程的基本概念、发展历程、设计理念及未来的发展趋势;第二章介绍隧道工程勘察设计工作的基本流程和阶段划分;第三章介绍隧道工程勘察的内容和方法,重点介绍隧道工程围岩分级方法与流程;第四章介绍隧道位置选择要求及平、纵线形的设计原则与方法;第五章介绍隧道建筑限界和净空的基本概念、设计要点和设计方法;第六章介绍隧道洞口"早进晚出"的设计原则,着重介绍端墙式洞门和明洞式洞门的设计方法;第七章介绍整体式衬砌、锚喷衬砌及复合式衬砌的设计内容与设计方法;第八章介绍隧道防排水系统的设计原则、设计要求及设计方法;第九章介绍围岩稳定措施和注浆堵水处理措施的设计要点;第十章介绍隧道内路基与路面的设计要求和设计方法;第十一章介绍 AutoCAD 绘制隧道工程设计图的常用命令及隧道工程各类设计图的绘制方法和技巧。

本书强调理论联系实际,注重培养隧道工程勘察设计的实践能力。本书涉及的专业面较广,要求学生们在学习过程中不断汲取、扩充相关基础知识,实现融会贯通,并不断地进行实践,只有这样才能真正掌握隧道工程勘察设计的基本知识并加以灵活运用。

本书的主要编写人员为青岛理工大学张素磊、杜明庆、管晓明、郭思瑶、王奂,中铁长江交通设计集团有限公司余顺,郑州大学闫长斌。本书由张素磊担任主编,杜明庆、余顺、管晓明担任副主编。具体编写分工如下:张素磊编写第一、四、七章;余顺编写第二、三章;王奂编写第五章;闫长斌编写第六章;管晓明编写第八、九章;郭思瑶编写第十章;杜明庆编写第十一章。全书由张素磊负责统稿。山东省交通规划设计院集团有限公司万利、西南交通大学蒋雅君担任主审。

本书的编写得到了高等学校城市地下空间工程专业规划教材编委会、参编教师及主审们的大力支持,在此表示衷心感谢!书中大量引用了隧道工程及相关领域现行标准、规范和规程中的条文,参考了国内外相关研究成果和隧道设计实例,谨向相关单位和作者表示诚挚感谢!在本书编写过程中,青岛理工大学研究生刘昌、齐晓强、徐晴、李创、陈耀鹏、陈小飞、关三飞、谢晓曼、黄欣等同学在文字编辑、插图绘制方面承担了大量工作,在此一并表示感谢!

由于编者水平有限,书中难免存在错误和疏漏,敬请广大读者批评指正,如有问题或建议请反馈给编者(Email:zhangsulei@qut.edu.cn)。

作　者
2021 年 8 月于青岛理工大学

目 录

第一章　绪论 ··· 1
　第一节　隧道工程的概念与分类 ·· 1
　第二节　隧道工程的发展历程 ··· 2
　第三节　隧道工程设计理论与方法的发展历程 ································· 8
　第四节　隧道工程设计的基本特点与基本理念 ······························· 11
　第五节　隧道工程设计存在的问题与展望 ····································· 13
　第六节　本课程主要内容 ··· 14
　思考与练习 ·· 15

第二章　隧道工程勘察设计程序 ··· 16
　第一节　隧道工程勘察设计总体流程 ··· 16
　第二节　隧道工程勘察阶段划分及其工作内容 ······························· 18
　第三节　隧道工程设计阶段划分及其工作内容 ······························· 25
　思考与练习 ·· 27

第三章　隧道工程勘察与围岩分级 ·· 28
　第一节　隧道建设环境调查 ··· 28
　第二节　工程地质调查与测绘 ·· 33
　第三节　工程地质勘探 ··· 37
　第四节　水文地质勘察 ··· 44
　第五节　室内试验及现场测试 ·· 49
　第六节　隧道工程围岩分级 ··· 54
　第七节　工程地质评价与勘察报告的编制 ····································· 65
　思考与练习 ·· 70

第四章　隧道位置选择与线形设计 ·· 71
　第一节　隧道线形设计的基础知识 ·· 71
　第二节　隧道位置选择 ··· 78
　第三节　隧道线形设计 ··· 90
　思考与练习 ·· 96

第五章　隧道建筑限界与净空设计 ·· 97
　第一节　隧道建筑限界设计 ··· 97
　第二节　隧道净空设计 ··· 105
　思考与练习 ·· 110

第六章　隧道洞口与洞门设计 ·· 111
　第一节　隧道洞口设计 ··· 112

第二节　隧道洞门设计 ··· 115
　　思考与练习 ··· 122

第七章　隧道衬砌结构设计 ·· 123
　　第一节　隧道衬砌结构设计的一般规定 ·· 123
　　第二节　隧道衬砌建筑材料及其技术要求 ··· 124
　　第三节　整体式衬砌设计 ··· 125
　　第四节　锚喷衬砌设计 ·· 129
　　第五节　复合式衬砌设计 ··· 139
　　第六节　明洞衬砌设计 ·· 143
　　第七节　隧道衬砌构造要求 ·· 149
　　思考与练习 ··· 154

第八章　隧道防排水设计 ·· 155
　　第一节　隧道工程防排水设计的总体要求 ··· 155
　　第二节　隧道防水设计 ·· 157
　　第三节　隧道排水设计 ·· 165
　　第四节　洞口与明洞防排水设计 ··· 171
　　思考与练习 ··· 173

第九章　隧道辅助工程措施设计 ··· 174
　　第一节　围岩稳定措施设计 ··· 174
　　第二节　隧道围岩注浆堵水和加固设计 ·· 182
　　思考与练习 ··· 193

第十章　隧道路基与路面设计 ·· 194
　　第一节　路基与路面设计基础知识 ·· 194
　　第二节　隧道路基设计 ·· 197
　　第三节　隧道路面设计 ·· 198
　　思考与练习 ··· 204

第十一章　计算机辅助设计（CAD）在隧道工程设计中的应用 ······················ 205
　　第一节　隧道工程制图标准 ··· 205
　　第二节　隧道工程设计常用的 CAD 命令 ··· 207
　　第三节　隧道平纵断面图的绘制 ··· 215
　　第四节　隧道建筑限界及内轮廓的绘制 ·· 218
　　第五节　隧道衬砌结构的绘制 ·· 221
　　第六节　隧道洞门的绘制 ··· 225
　　第七节　隧道防排水系统的绘制 ··· 229
　　第八节　隧道辅助工程措施的绘制 ·· 233
　　第九节　隧道路基与路面的绘制 ··· 234
　　思考与练习 ··· 236

参考文献 ·· 237

第一章 绪 论

第一节 隧道工程的概念与分类

一、隧道及隧道工程的概念

1970年6月,国际经济合作与发展组织从技术层面给出了隧道的定义——以某种用途,在地面以下用任何方法按规定形状和尺寸修建的断面积大于$2m^2$的洞室。根据该定义,公路隧道、铁路隧道、地铁隧道、水工隧洞、综合管廊、地下停车场、地下商业街、矿井、地下储库、地下防御洞室等均属于隧道的范畴。

随着世界经济与工程技术的发展,人们对隧道工程的需求越来越多,隧道的设计理念、修建方法及结构形式也出现了新的变化。迄今为止,隧道仍没有一个确切的定义。鉴于本教材重点围绕交通隧道进行讲述,根据交通隧道的特点,基于人们对传统隧道的基本认识,本教材给出了交通隧道的定义——交通隧道是一种修建于地下或水下,两端设置出入口,供行人、车辆等通行的一种工程构筑物。

相比于隧道的概念,隧道工程的内涵更加丰富。一般来讲,隧道工程的概念具有两方面的含义:一方面,指进行各类隧道工程的规划、勘测、设计、施工、养护和维修的一门应用科学和工程技术,是土木工程学科的一个分支;另一方面,指隧道这一工程构筑物。

二、隧道的分类

根据使用功能、地理位置、地质条件、埋置深度、长度、开挖跨度、施工方法等不同划分标准,隧道可以划分为不同类型:

①按使用功能不同,可分为交通隧道(如公路隧道、铁路隧道、地铁隧道、地下通道、航运隧道等)、水工隧道(亦称水工隧洞,如引水隧洞、尾水隧洞、导流隧洞、排沙隧洞等)、市政隧道(如给水隧道、污水隧道、电缆隧道、综合管廊等)、矿山隧道(如运输巷道、给水巷道、通风巷道等)等。

②按地理位置不同,可分为山岭隧道、城市隧道、水下隧道等。

③按地质条件不同,可分为土质隧道、岩质隧道、复合地质隧道等。

④按埋置深度不同,可分为浅埋隧道和深埋隧道。

⑤按长度不同,可分为特长隧道、长隧道、中隧道和短隧道,这种分类方式主要适用于公路隧道和铁路隧道。根据《公路隧道设计规范 第一册 土建工程》(JTG 3370.1—2018)(以下简称《规范》)和《铁路隧道设计规范》(TB 10003—2016)的相关规定,两类隧道按长度的划分标准见表1-1。

隧道长度分类   表1-1

分　类	公路隧道(m)	铁路隧道(m)
特长隧道	$L>3000$	$L>10000$
长隧道	$1000<L\leqslant3000$	$3000<L\leqslant10000$
中隧道	$500<L\leqslant1000$	$500<L\leqslant3000$
短隧道	$L\leqslant500$	$L\leqslant500$

⑥按照开挖跨度不同,根据《铁路隧道设计规范》(TB 10003—2016)的相关规定,可分为小跨度隧道(5m以上至8.5m)、中等跨度隧道(8.5m以上至12m)、大跨度隧道(12m以上至14m)和特大跨度隧道(14m以上)。

⑦根据施工方法不同,可分为明挖法隧道、钻爆法隧道、掘进机法(如盾构、TBM即全断面岩石隧道掘进机)隧道、沉管法隧道等。

第二节　隧道工程的发展历程

一、隧道工程的建设和利用历程

隧道工程的建设和利用历史贯穿了整个人类文明史,其发展历程可划分为以下5个时期:

①从人类出现到公元前3000年,原始人类利用天然洞穴作为栖身之所,并逐步学会使用兽骨、石器等简单工具开挖洞穴居住,这是人类建造和利用隧道的开端。

②公元前3000年至5世纪,由于生活、军事防御等需求,修建了以陵墓、地下粮仓、引水隧道和矿井等为代表的隧道工程,该时期隧道工程已经具备了一定技术水平和建造规模,在隧道工程建造、通风、排水等方面积累了大量的工程经验。

③5世纪到14世纪,欧洲处于封建社会最黑暗的时期,隧道及地下工程修建技术的发展基本处于停滞状态;中国修建的地下工程主要为陵墓、宗教建筑等。整体而言,该阶段隧道建造技术并未有质的进步。

④15世纪到20世纪,两次工业革命极大地促进了社会生产力的发展。尤其是19世纪中后期,风动凿岩机和硝化甘油炸药的使用使得隧道的建造速度和建造质量得到了跃升式提高。进入20世纪后,大型隧道施工设备(如凿岩台车、盾构机、TBM等)的出现,大大提高了隧道建设的机械化程度,降低了隧道施工的劳动强度和施工风险,使得隧道建设进入了工厂化施工时代。

⑤进入21世纪以来,隧道建设与管理已经迈入了信息化时代,隧道建设已从传统的粗放式管理转为精细化管理。数字隧道、智慧隧道及绿色隧道的全新理念出现在隧道的建设与管养工作中,物联网、5G(第五代移动通信技术)网络、大数据及人工智能等一系列全新技术在隧道全寿命周期的各个环节中逐步被采用,完成了对隧道建设中人—机—环的智能控制,有效地降低了隧道建设及运营风险,促进了隧道绿色建设与运维。相信在不远的将来,终将实现隧道无人化智慧建设与管养。

二、国外隧道工程的发展历程及典型工程

早在公元前2180—2160年,古巴比伦人在幼发拉底河下修建了一条人行隧道。据考古学家及隧道专家考证,该隧道全长929m,高3.7m,宽4.6m,为砖砌结构,采用沥青防水,明挖回填法建造。该隧道是已知的最早用于交通的隧道,被称为隧道工程的鼻祖。

古代最大的隧道建筑物是婆西里勃隧道,该隧道位于那不勒斯和普佐利(今意大利境内)之间,建成于公元前36年,长约1500m,高9m,宽8m,是一座在凝灰岩中开凿的直墙无衬砌隧道,采用竖井通风和喇叭形入口,该隧道至今仍可使用。

公元前后,古罗马人采用棚架支护和卷扬提升的方式开挖了大量的军用隧道和水工隧洞。利用热胀冷缩原理,用火烧掌子面让岩体达到高温后快速泼冷水急剧降温的方法破坏岩体,实现隧道开挖。

1678—1681年修建的法国马尔帕斯运河隧道是最早采用火药开凿的航运隧道,该隧道全长165m。

随着炸药、钻眼机具、蒸汽机、铁路等的涌现,隧道建造技术产生了一次质的飞跃。1820年以后,英、法等国家开始大量修建铁路隧道。1826—1830年,在英国利物浦至曼彻斯特的铁路线上修建了长度1190m的第一座用蒸汽机牵引的铁路隧道。

1825年,在工程师Brunel指导下,历时18年建成穿越泰晤士河的水下人行隧道。该隧道长约366m,于1865年改造为水下铁路隧道,这是世界上第一条水下铁路隧道,同时也是最早应用盾构技术的隧道。该隧道采用的盾构是Brunel受船板蛀虫(船蛆)的启发设计的,是现代盾构机的雏形。

随着城市化进程的发展,人口密集、交通拥挤等城市病逐渐凸显。为缓解地面交通压力,世界上第一条地铁——英国伦敦的大都会地铁应运而生。该隧道于1863年1月10日全线通车,干线长度约6.5km,采用蒸汽机车,运行第一年客流量就达到了950万人次。

世界上第一座长度超过10km的隧道,是1857—1871年修建的连接法国和意大利、穿越阿尔卑斯山的仙尼斯峰铁路隧道,又名佛瑞杰斯峰隧道。该隧道全长13.657km,采用钻爆法施工,并首次使用了风动凿岩机钻设炮孔;1898—1906年,修建了穿越阿尔卑斯山的另一条隧道——辛普朗隧道。该隧道全长19.73km,最大埋深2100m,是首座采用TNT(硝化甘油)炸药和凿岩机开挖的隧道。

世界上第一条沉管隧道是美国波士顿的雪莉排水隧洞,于1894年建成,直径2.6m,长96m,由6节钢壳加砖砌的管段连接而成。世界上第一条采用沉管法的铁路隧道是1910年建成的美国底特律河铁路隧道,水下段由10节长78.2m的钢壳管段组成。世界上第一条采用沉管法的公路隧道是1928年建成的美国加利福尼亚州的奥克兰与阿拉梅达之间的波西隧道,水下段长744m,使用12节长62m、外径为11.3m的钢筋混凝土圆形管段连接而成。

沉管法修建水底隧道一个明显的进步,是1941年在荷兰建成的马斯河公路隧道,其管段为钢筋混凝土矩形结构,内设4车道并附设非机动车道,断面尺寸为24.8m×8.4m,外用钢板防水,并用混凝土作防锈保护层,因管段宽度大而创造了喷砂作为垫层的基础处理方法。欧洲多车道断面的沉管隧道均采用这种矩形钢筋混凝土管段,为第二代沉管隧道的技术发展奠定了基础。

1964年，日本铁路新干线中一批隧道工程的运营，标志着高速铁路隧道技术正式进入了实用化阶段，开启了高速铁路建设的新纪元。随后，在20世纪80年代，德国开始修建第一条高速铁路——汉诺威兹堡新干线，线路总长320km，隧道总长118km，占比高达37%。

世界上最早的海底隧道建成于1942年，是位于日本的关门海峡隧道，全长6.3km。

世界上最长的海底隧道是位于日本北部的青函隧道，该隧道于1971年9月28日动工，于1988年3月13日正式通车，隧道全长53.9km，其中海底部分23.3km，穿越日本本州岛与北海道岛之间的津轻海峡。

世界上海底段最长的海底隧道是英吉利海峡隧道，又名英法海底隧道、欧洲隧道，隧道全长50.5km，其中海底部分为37.2km。英吉利海峡隧道横穿英吉利海峡最窄处，西起英国东南部港口城市多佛尔附近的福克斯通，东至法国北部港口城市加来。从1986年2月12日法、英两国签订关于隧道建设的坎特布利条约（Treaty of Kanterbury）到1994年5月7日正式通车，英吉利海峡隧道的建设历时8年多，耗资约100亿英镑。

世界最长的公路隧道是位于挪威洛达尔和艾于兰之间的洛达尔隧道，全长24.51km，于1995年3月开工兴建，2000年11月27日正式通车，整个工程项目共耗资约1亿美元。

世界最长的铁路隧道是圣哥达基线隧道，又译为哥达基线隧道，该隧道穿越圣哥达山口，是欧洲南北轴线上穿越阿尔卑斯山的重要通道之一。该隧道建设用时17年，共耗资120亿瑞士法郎，长约57km，超过日本的青函隧道，是世界上最长的交通隧道。

三、我国隧道工程的发展历程及典型工程

我国隧道工程建设历史悠久，最早有文字记载的隧道工程见于《左传》中记录的东周时期（约公元前723年）"郑庄公掘地见母"典故，文中有"……若阙❶地及泉，隧而相见……"的记载。三国时期官渡之战中，曹操军队采用挖掘地道的方式突袭袁绍军队。古代的帝王陵墓均修建于地下，如唐十八陵、明十三陵等，都是规模较大的地下工程。古代的宗教建筑，如佛教石窟等，也具有较高的建设水平。以上都显示出我国古代卓越的隧道工程建设水平。

东汉《开通褒斜道刻石》记载："永平六年，汉中郡以诏书受广汉、蜀郡、巴郡徒二千六百九十人，开通褒斜道"。永平六年至九年（公元63~66年）修建的褒河石门栈道（或称石门隧道）被认为是国内最早用于交通的人工隧道。据考古学家考证，石门隧道平均宽度4.15m，两壁平均长度15.75m，平均高度3.6m，隧道长度与北魏郦道元《水经注》所述"六丈有余"相近。石门隧道是以"火焚水激"之法开凿的，在没有火药的汉代，这种隧道建设方法体现了我国古代劳动人民的智慧。

我国古代隧道工程的建造经验在很大程度上源于采矿业。从夏朝开始，我国对铜的利用逐渐从自然铜向青铜器过渡，需求大增；春秋时期，初步形成并运用地下矿石开采系统对矿物进行开采，所采用的立井、斜井及平硐联合开采方式是现代地下矿山开采巷道的雏形；到战国及先秦时期，铁器的使用已非常普遍，煤炭也逐渐被利用，此时对非金属矿产以及铜、铁、银、锡、铅等金属矿产进行了不同程度的开发，并在秦汉时期达到兴盛；魏晋时期，煤炭与石油已被用作燃料；隋唐时期，矿业进入繁盛时期，已经能够对多种金属、非金属矿石进行开采、生产与

---

❶ 通"掘"。

利用,我国矿业生产技术水平处于世界领先地位。我国古代一些著作和笔录,如《菽园杂记》《砚录》《广东新语》《徐霞客游记》《滇南新语》等,对当时的采矿技术与工艺进行了记载。明末宋应星所著的《天工开物》系统地记载了我国古代的煤炭开采技术,包括地质、采矿、支护、通风、提升以及瓦斯排放等方面。

我国第一座铁路隧道是清政府在台湾修建的狮球岭隧道,又称为刘铭传隧道,建造时间为 1887—1890 年,位于台北—基隆线上,该隧道轨距 1067mm,长 261.4m,最大埋深 61m,是在英国和德国工程师的指导下修建的,使用的铁轨来自德国。

我国第一条长度超过 3km 的隧道是 1903 年建成的兴安岭隧道,该隧道位于滨洲铁路上的博克图站至兴安岭站区间,全长 3077.2m,隧道宽 8m、高 7m,隧道内线路坡度往满洲里方向为 12‰ 的上坡,线路高差为 36.9m。修建该隧道的工程技术人员为俄国人,苦力多为中国人。

我国第一座自主设计和施工的铁路隧道是詹天佑主持修建的京张铁路关沟段的 4 座隧道,总长 1645m,其中最长的是八达岭隧道(1091m),建成于 1908 年。该隧道从长城之下穿越燕山山脉八达岭,进口端隧道外线路坡度为 32.35‰,隧道内线路最大坡度为 21.57‰。隧道穿过的岩层主要是较坚硬的片麻岩,另外还有部分角闪岩、页岩和砂岩等,风化严重,呈破碎和泥质状态。施工时为增加工作面,采用了"竖井开凿法",除了两侧洞口的开挖面外,从竖井下去又增加了 2 个工作面,大大加快了施工进度,竖井又可作为后期运营的通风井使用。

民国时期(1912—1949 年),我国共建设铁路隧道 427 座,总里程 113.881km。该时期修建的铁路隧道多位于东北地区。修建这些隧道的过程中,培养了我国第一批隧道工程领域的学者和专家,为新中国的隧道建设事业提供了人才储备。

新中国成立初期,我国基础建设百废待兴,隧道建设水平远低于同期国外水平,隧道修建以"钢钎大锤,肩挑手推"的手工劳作为主。1958 年以后,隧道建设领域开始逐步采用小型机械取代人工作业。宝成铁路的秦岭隧道施工中,首次使用了风动凿岩机和轨道式矿车,标志我国隧道建设由人工作业阶段过渡到了机械作业阶段。此后短短 10 年内,我国建成铁路隧道 1005 座,总里程 306km,建设规模是此前 60 年的总和。

20 世纪 60 年代,铁路隧道建设主要集中在西南山区,共修建隧道 1113 座,总里程 660km。20 世纪 70 年代,铁路网迅速扩建,共建成隧道 1954 座,总里程 1035km,建设规模、速度和数量大大超越了五六十年代。20 世纪 80 年代,国家对铁路运输进行运力改善和提升,重点建设和改造了一批铁路线路,建成了一批隧道,该时期建设的隧道数量不多,仅有 319 座,但建成了一批特长双线隧道,其中具有代表性的有衡广复线大瑶山隧道(14.295km)、大秦铁路军都山隧道(8.46km)等。新奥法理念在大瑶山隧道中率先使用,在隧道施工中逐渐被采纳。大瑶山隧道施工中采用了大型施工机械,其成功修建是我国隧道史上一个里程碑式的大事件,标志着我国在隧道设计、施工和科学研究方面取得了重大突破,解决了传统隧道施工落后、效率低、事故率高等问题,大大缩小了我国与发达国家在隧道工程技术水平上的差距,从此,中国隧道建设进入了一个全新的时代。

20 世纪 90 年代,我国修建了一大批地质条件复杂的大断面特长隧道,该时期隧道施工工法发展迅速,开挖方法由单线隧道的台阶法演变为大跨隧道的单侧壁导坑法、双侧壁导坑法、CD(中隔壁)法、CRD(交叉中隔壁)法等工法(图 1-1)。1998 年 1 月,总长 18.46km 的西康线秦岭隧道1线隧道采用敞开式TBM建成,标志着我国铁路隧道修建技术实现了工厂化施工,达到了国际先进水平。该时期我国共建成铁路隧道1882座,总里程1311km。

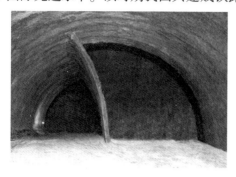
a) 单侧壁导坑法

b) 双侧壁导坑法

c) CD工法

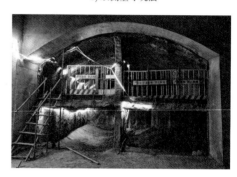
d) CRD工法

图1-1 常见的隧道分部开挖工法

进入21世纪后,我国铁路建设进入了新一轮的发展高峰。该时期隧道工程逐步向特殊地质条件的禁区进军,修建了一批高地应力隧道、高浓度瓦斯隧道、高地震烈度隧道、超高水压隧道、高海拔多年冻土隧道、水下隧道、超长隧道等复杂隧道工程。截至2020年底,我国已建成铁路隧道16798座,总长19630km,铁路隧道数量和规模居世界首位。表1-2为我国21世纪以来具有代表性的铁路隧道工程。

我国代表性的铁路隧道工程 表1-2

隧道名称	位置	长度(km)	建成时间	特　　点
风火山隧道	青海省	1.338	2006年	世界上海拔最高的冻土隧道(截至2020年底)
太行山隧道	山西省	27.8	2007年	我国最长的高速铁路隧道(设计速度250km/h)(截至2020年底)
狮子洋隧道	广东省	10.8	2010年	我国第一座水下高速铁路盾构隧道
新关角隧道	青海省	32.645	2012年	我国最长的铁路隧道(截至2020年底)
胡麻岭隧道	甘肃省	13.61	2017年	攻克富水粉细砂地层条件下隧道修建难题

1953年,北京首次提出修建地下铁道,但受当时经济和地铁修建技术水平的限制,直到1969年11月北京地铁1号线才建成通车。北京地铁1号线全长23.6km,是我国自主修建的

第一条地铁,开启了我国地铁建设的序幕。1970年,天津开始修建地铁1号线,成为国内第二个建设地铁的城市。我国地铁建设初期以明挖法为主,给城市环境和交通带来了很大影响。为克服明挖法存在的问题,北京地铁复兴门折返线创新性地在浅埋条件下使用暗挖法施工,解决了城市环境条件下拆迁、扰民问题,该工法在1987年被正式命名为"浅埋暗挖法"。目前浅埋暗挖法已形成全套的设计理念和施工方法,并成为国家级工法,被国内外广泛采用。

20世纪90年代,上海、广州、深圳等城市也逐步开展地铁建设,地铁建设步伐明显加快。进入21世纪以后,随着城市化进程的加快以及城市地下空间开发需求的增加,各大城市纷纷上马地铁项目。截至2020年底,我国共有45座城市(不含港澳台)开通城市轨道交通运营线路,运营线路总里程7978.19km。

相比于铁路隧道,我国公路隧道的建设起步较晚。据统计,1949年前,全国仅有十几座公路隧道,最长的不超过200m,大部分为单车道隧道,断面小,无衬砌。1949—1957年,全国共有30余座公路隧道,总里程2530m。据1988年的统计,全国有400余座公路隧道(含设计和在建),总里程约80km。1990年底,全国有604座公路隧道,总里程111.9km。随着高等级公路建设,隧道的地位越来越重要,截至1998年,全国公路隧道数量增加至1096座,总里程340.08km。进入21世纪后,随着大规模的公路网建设,公路隧道建设进入了飞速发展时期,尤其是大量的特长隧道和复杂地质条件下隧道的建成通车,标志着我国公路隧道技术已经迈入世界先进行列。到2020年底,我国已建成公路隧道21316座,总里程21999.3km,2020年新增公路隧道2249座,新增里程3032.7km。表1-3列出了我国具有代表性的公路隧道工程。

我国代表性的公路隧道工程 表1-3

隧道名称	位置	长度(km)	建成时间	标志性特征
打浦路隧道	上海市	2.761	1971年	我国第一条水下公路隧道
老爷岭隧道	陕西省	1.008	1986年	我国首座采用新奥法原理建设的公路隧道
甬江隧道	浙江省	1.019	1995年	我国首座采用沉管法修建的水底公路隧道
金州隧道	辽宁省	0.521	2004年	我国首座单洞四车道高速公路隧道
秦岭终南山公路隧道	陕西省	18.020	2007年	亚洲最长、世界第二长的公路隧道,世界上最长的双洞单向高速公路隧道(截至2020年底)
翔安海底隧道	福建省	6.050	2010年	我国内地第一条海底隧道,是第一条由国内专家自行设计的海底隧道
青岛胶州湾海底隧道	山东省	7.797	2011年	我国大陆自主修建的第二条海底隧道
港珠澳大桥海底隧道	香港、珠海、澳门	5.664	2017年	世界最长的公路沉管隧道和唯一的深埋沉管隧道(截至2020年底),我国第一条外海沉管隧道
金家庄特长螺旋隧道	河北省	4.228	2019年	世界最长的公路螺旋隧道(截至2020年)

世界工程界普遍认为,19世纪是桥的世纪,20世纪是高层建筑的世纪,21世纪则是开发利用地下空间的世纪。进入21世纪后,我国开发利用地下空间的进程明显加快,公路隧道、铁路隧道、地铁隧道、综合管廊、城市地下综合体等各类隧道及地下工程的建设飞速发展。秦岭终南山公路隧道、青藏铁路新关角隧道、广深港高铁狮子洋水下隧道、兰渝铁路工程胡麻岭隧

道、武汉地铁7号线三阳路长江隧道、厦门翔安海底隧道、港珠澳大桥海底沉管隧道等一大批重点、难点隧道工程的建成,标志着我国在隧道工程建造技术、装备制造和设计理论等方面取得了一系列具有自主知识产权的世界领先成就,已成为隧道大国。目前,世界上最宽的双向八车道海底隧道——深中通道、22km长的新疆乌尉高速公路天山胜利隧道等一大批重大隧道工程也在如火如荼地建设中,相信在全体隧道及地下工程领域科研人员和工程技术人员的共同努力下,我国必将迈入隧道强国之列。

第三节 隧道工程设计理论与方法的发展历程

一、隧道工程设计理论的发展

隧道工程设计理论的发展历程实际上就是人们对隧道结构受力规律的认知过程。隧道工程设计理论一般分为两大类:一是荷载-结构理论;二是围岩-结构理论(或称为"地层-结构理论")。这两大类设计理论最大区别是设计的侧重点不同。荷载-结构理论以隧道支护结构为主要研究对象,而围岩-结构理论的设计重点转向围岩。

1. 荷载-结构理论的发展历程

荷载-结构理论是最早应用于隧道工程设计的理论工具,也是19世纪初隧道工程专家和学者借鉴地上结构计算理论而创立的隧道结构设计理论。这种理论把研究的焦点放在支护结构上,重点是确定荷载,然后按照静力学的方法进行计算。荷载-结构理论概念清晰、计算方便,易于被隧道工程技术人员理解和掌握,计算结果能较好地满足工程需要,目前仍被广泛应用于隧道工程设计中。该理论的发展主要经历了两个阶段。

第一阶段的荷载-结构理论完全沿用了地上结构的计算原理,将支护结构作为结构,将围岩处理为荷载(主动荷载),不考虑围岩对衬砌的约束作用(弹性抗力)(图1-2)。该阶段研究重点是如何确定荷载。从19世纪开始,出现了多种荷载确定方法,主要有:

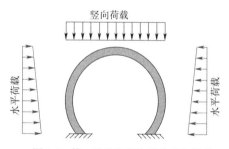

图1-2 第一阶段的荷载-结构理论模型

①以松弛高度决定的荷载(Kommerell、Protodyakonov等)。
②根据围岩平衡决定的荷载(Janssen、Terzaghi、Kunzel等)。
③松弛围岩和结构物下沉之差决定的荷载(Marston、Spangler等)。
④考虑侧压、底鼓决定的荷载(Terzaghi等)。
⑤围岩分级决定的荷载(Lauffer、Terzaghi、Barton、Bieniawski、Deere等)。

目前,我国相关规范在涉及荷载-结构理论时,推荐的荷载确定方法都是基于围岩分级的计算方法。

第二阶段的荷载-结构理论考虑了围岩对衬砌的被动约束作用(弹性抗力)(图1-3)。第一阶段的荷载-结构理论的计算结果与实际工程有一定的偏差,研究发现围岩荷载不仅与围岩的性质有关,也与支护结构的性质密切相关,人们逐步发现围岩对支护结构的变形有约束作用,换言之,地上结构在荷载作用下自由变形,而地下结构在荷载作用下受围岩的约束,其变形并不是自由的,这种因支护结构变形而受到围岩约束的作用力,被称为弹性抗力。在应用荷载-结构理论进行隧道工程设计时,弹性抗力体现了围岩与支护相互作用关系。从20世纪60年代开始,隧道衬砌结构设计不仅考虑主动的围岩压力,也开始考虑由于围岩限制支护结构变形而产生的被动的弹性抗力,这是荷载-结构理论的一大重要进步,也是荷载-结构理论在现代隧道结构计算理论中仍能被继续沿用的重要原因。

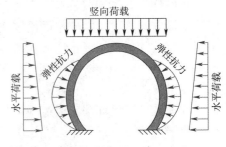

图1-3 第二阶段的荷载-结构理论模型

2. 围岩-结构理论的发展历程

从19世纪开始,随着结构力学、弹塑性力学、岩石力学、岩体力学、地质力学及相关数值计算方法的发展,对隧道结构受力机理的认识也发生了本质变化。稳定的隧道结构承受的不是松弛荷载,而是支护结构与围岩相互作用产生的形变荷载。形变荷载的大小及其分布、历时变化等与围岩-支护间相互作用息息相关,这种变化受开挖方法、支护时机等因素的影响非常明显。虽然这种变化具有很大的不确定性,但通过设计适当的开挖方法和支护措施可以进行有效控制。

在上述理论的支撑下,围岩-结构理论逐步建立并迅速发展起来,该理论颠覆了传统隧道结构设计理论以支护结构为核心的设计思路,转而将重点放在围岩上,认为围岩才是隧道结构承载的主体,重点研究隧道开挖后围岩的动态变化和围岩-支护相互作用关系。

围岩-结构理论的关键工作是如何处理围岩问题,即对围岩模式化的研究。围岩具有不确定性、不连续性、各向异性等特点,因此,想要精确地描述围岩的力学行为异常困难。围岩-结构理论实际上是围绕围岩的处理问题逐步发展起来的。从理论上讲,围岩可以模式化为弹性体、塑性体、弹塑性体、黏弹性体等连续介质或非连续介质。对围岩性质的认知不同,则表述围岩的本构方程也不同,比如 Mohr-Coulomb 准则、Drucker-Prager 准则、Mises 准则等。

目前,常用的围岩本构关系是弹塑性本构关系,可以应用该模型分析隧道施工过程中隧道结构受力的动态变化,特别是变形控制及支护效果验证等方面。但值得注意的是,围岩本构模型不同,获取的计算结果差异性很大。因此,根据工程实际情况,选取合理的本构模型,才能最大限度地反映隧道结构实际受力状态。

综上所述,荷载-结构理论和围岩-结构理论均是从受力的角度,以可靠性理论建立起来的计算理论。但隧道支护结构的设计不是单纯的强度设计,还应包括各种性能的设计,如耐久性、抗冻性、抗渗性、抗震性等性能的设计。虽然由于地质条件的复杂性,隧道结构理论不可能仅用一种数学力学模型精确描述,但随着理论工具和数值计算方法的发展,隧道结构设计理论将会逐步朝精确化方向发展。

二、隧道工程设计方法的发展

隧道工程设计方法一般可划分为预设计和施工设计两大类。预设计是指隧道施工前根据有限的地质调查资料进行的设计(如初步设计、施工图设计等)。施工设计是指隧道施工过程中,根据实际开挖揭露的围岩情况,修正、完善预设计的设计(亦称为变更设计或动态设计)。

预设计主要采用以下3种方法:

①标准设计法。根据不同的围岩条件建立相应的标准隧道结构图库,在进行隧道设计时根据隧道实际地质情况选用对应的标准图。

②工程类比设计法。借鉴具有相同或类似地质条件的已建隧道工程经验,结合隧道工程的实际情况进行设计。

③理论计算设计法。通过理论解析或数值计算等手段进行隧道结构或构件设计。

我国铁路隧道设计中,使用最广泛的是根据围岩级别确定的标准设计法。我国有超过10000km的铁路隧道是按照标准设计法修建的。1950~1953年,我国新建铁路隧道集中在天兰、成渝等线,衬砌结构采用1951年铁道部发布的标准图,分为坚石、次坚石、松石和土质4类,是参考民国时期遗留的资料编制而成的。1954年开始,参照苏联隧道衬砌设计,以普氏理论为基础,根据普氏坚固性系数f值编制标准图,并一直沿用至1960年。此后隧道设计规范不断修正和完善,隧道衬砌标准设计得到了迅速发展,一些特殊隧道衬砌(如偏压衬砌、斜交洞口设计等)也逐步建立了相应的标准图库,使得隧道标准设计基本满足了隧道设计需要。

工程类比设计法需要足够的案例作为支撑,每次设计都需要对比查找与拟建隧道类似的工程,还需要判定其与已有隧道工程案例的相似性。因此,工程类比设计中主观经验成分较多,对设计人员的工程经验要求比较高,这是其最突出的问题。

理论计算设计法主要有理论解析法、FEM(有限元)解析法、构造解析法等方法。针对隧道衬砌、明洞结构来说,构造解析法(含FEM解析法)仍是主要的理论计算设计法。构造解析法已经从容许应力设计法逐步过渡到了概率极限状态设计法。

容许应力设计法是把构件的材料强度除以安全系数γ_m,用容许应力确保安全度的方法。例如,混凝土的安全系数取3~4,钢筋的安全系数取1.7左右,即使有荷载作用,材料应力均在容许值以下,材料处于弹性状态,与屈服以后的动态无关。此外,容许应力设计法没有考虑荷载的离散性,也没有考虑荷载的变动,这些离散性也包含在材料的安全系数内,实际上确保的安全度是不明确的。但此方法概念明确、计算偏于安全,应用较多。在容许应力设计法中,钢筋及混凝土均处于弹性状态,容许应力设计法是一种确认使用性的有效方法,但不能研究破坏时的动态。从隧道衬砌设计方法看,容许应力设计法仍然是一种重要的设计方法。

20世纪80年代开始,美国、加拿大以及一些欧洲国家开始采用极限状态设计法代替容许应力设计法。所谓极限状态是指:构造物或构造物一部分达到称为极限状态的状态后,使用性能急剧降低,并可能诱发破坏,在此状态,构造物没有丧失其功能,但发生了各种变异,不能满足要求的性能。极限状态设计法弥补了容许应力设计法的不足,对材料、荷载分别规定了安全系数和修正系数,认识到构造物受到破坏和损伤而不能使用的可能性,因此,尽可能地借助可靠性理论,把可能性抑制在一定基准(容许破坏概率)以下。目前,极限状态设计法已被各国作为可信赖的设计方法。我国1999年颁布的《铁路隧道设计规范》(TB 10003—99)便开始采用以可靠性理论为基础的概率极限状态设计方法。

不论是容许应力设计法,还是极限状态设计法,都是从力学角度设计隧道支护和衬砌结构的方法。但对隧道这样隐蔽性极强的地下结构,仅仅进行结构设计(力学设计或强度设计)是不充分的,还必须针对耐久性、使用性以及可维修性等进行设计。因此,以性能要求为核查对象的性能核查型设计方法逐渐受到关注。

所谓的性能核查型设计,是指如果设计的构造物能够满足要求的性能,则可以采用任何构造形式、构造材料、设计方法和工法。日本2003年公布了以盾构隧道为对象的性能核查型设计方法指南,2006年又提出从城市矿山法隧道衬砌设计向性能核查型设计过渡的指导建议。我国结合设计实践,也逐步开始关注与构造性能有关的设计,例如对结构的耐久性能制定设计基本规定、在隧道相关规范中要求设计必须考虑可维修性的基本原则等。

新奥法的出现,为围岩-结构理论的应用增加了新的活力。以施工中的观察、量测、围岩探查为基础的信息化施工设计方法得到了进一步发展,这是目前设计变更采用的主要方法,包括围岩级别的变更、支护结构的变更、辅助工法的选定、最终位移的预测、支护效果的核查及反分析等方法。

第四节 隧道工程设计的基本特点与基本理念

一、隧道工程设计的基本特点

隧道工程是一种特殊的构筑物,与地上建筑相比有着很大的不同,因此,隧道工程设计理论、设计方法和设计流程有其自身特点。开展隧道工程设计,首先必须了解和认识隧道工程设计工作的特殊性,总体而言,隧道工程设计具有以下特点。

1. 隧道建设环境的复杂性

隧道工程是建造于地质环境中的工程构筑物,其建设环境的好坏直接影响着甚至决定着隧道工程设计难度。这里的建设环境主要指地质环境,包括地质体的形成历史、初始地应力场(如自重应力、构造应力等)、地质体的物质组成和构造特征等。因此,科学的隧道工程设计必须是以充分认识建设环境对隧道工程的影响为前提的。

2. 隧道结构体系的多样性

对于一般工程构筑物,一提起结构体系,人们通常联想到的是钢筋混凝土结构、钢结构、圬工结构等人工施作部分。例如:提到建筑结构,我们想到的是梁、板、柱构成的结构体系;提到桥梁结构,我们想到的是梁板结构和桩基础等。而对于隧道结构来讲,其结构体系并不单纯指人工施作的各类支护结构(如锚喷支护、模筑混凝土衬砌等),其周围地质体(或称为围岩)也是隧道结构体系的组成部分,甚至是主要组成部分。天然溶洞、无支护的黄土窑洞、毛洞等,它们没有任何人工支护结构,却依然能保持着稳定的工作状态,侧面反映周围地质体是这类隧道结构的主要组成部分,这是隧道结构有别于其他结构体系的特色之处。

在充分认识到隧道结构体系的围岩与支护的二元结构组成后,我们在进行隧道工程设计时,就必须从围岩和支护两方面进行综合考虑,这是现代隧道结构设计理念最大的进步。

3. 围岩"荷载、结构、材料"的三位一体性

围岩既是承载结构的一部分,也是构成承载结构的基本建筑材料,它既是承受一定荷载的

结构体,同时又是荷载的主要来源。围岩的这种"荷载、结构、材料"的不可分割特性被称为围岩的三位一体性。

可见,隧道工程设计的主体应该是围岩,过去没有充分认识到围岩的重要性,把设计的重点放在了支护结构上,这显然是不合理的。在隧道工程设计中,必须充分发挥围岩自承能力,即最大限度地利用围岩的承载结构特性,这就要求在隧道施工时应注意保护围岩,减少对围岩的扰动和破坏。因此,隧道工程设计不仅是支护结构的设计,还是围绕围岩开展的施工方法、施工辅助措施及支护时机等的设计。

4. 经验设计、理论设计和工程实践相结合

隧道工程是一门经验性很强的学科,长期以来,隧道工程的设计极大地依赖于工程经验,这种以经验为基础的设计方法也称为工程类比法。经验设计的基础是大量已建隧道工程的设计数据,尤其是对围岩稳定性的经验性认识,这种设计方法从一定意义上讲是有一定的科学道理的,但由于围岩的复杂多变性,这种设计方法仍然存在较大不足。

随着隧道结构理论的发展,在隧道设计过程中,理论分析越来越受到工程技术人员的重视。对隧道结构进行结构计算分析、验证围岩稳定性和支护结构的安全性成为隧道工程设计的一项重要工作,但在实际工程中,由于计算模型的复杂性、围岩与支护参数的不确定性,理论计算结果往往与实际不符。因此,隧道工程设计人员应能清醒地认识到理论计算在隧道工程设计中的作用与地位,合理采纳理论计算结果作为设计依据,不能过分依赖理论计算结果,要结合工程实际,用好理论计算这个工具。

随着新奥法理念在隧道工程,尤其是在山岭隧道中的广泛使用,监控量测的地位日益凸显。由于隧道地质情况难以在勘察设计阶段调查清楚,因此,一种基于工程实践的信息反馈设计方法在隧道工程设计中逐渐被人们所接受,"边施工,边调整设计"的方法越来越受到重视。这种基于现场监测数据修正隧道设计方案的信息反馈设计方法也称作隧道动态设计,即在施工中进行设计。

因此,隧道工程设计往往不是仅采用单一设计方法,而是将经验设计、理论设计和工程实践结合起来,取长补短,让设计更加合理。

二、隧道工程设计的基本理念

鉴于隧道工程的特殊性和复杂性,经验设计、理论设计和基于工程实践的信息反馈设计等隧道工程设计方法均存在一定的局限性,应当综合采纳各类隧道设计方法的优势,弥补不足,树立科学的隧道工程设计理念。西南交通大学关宝树教授总结了四大隧道工程设计理念,即"围岩是主题、支护是手段、实践是基础、解析是验证"。

"围岩是主题"的含义是:设计时一切考虑以围岩为核心。例如,在坚硬围岩中,要采用不损伤或少损伤围岩固有自承能力的施工方法,而在软弱围岩中,由于围岩自然承载能力较弱,需要对围岩进行预加固和预支护以增强围岩的自承能力。

"支护是手段"的含义是:隧道支护包括围岩自身、初期支护、超前支护及衬砌等,除了围岩外,其他支护都是为了提高围岩强度,防止围岩掉块、风化,或减少围岩松弛,提高围岩结构安全度。支护是发挥围岩自承能力和协助围岩进入稳定状态的手段。

"实践是基础"的含义是:目前,隧道工程设计仍然以经验设计为主,工程实践不断丰富着经验设计、类比设计的内容和方法。隧道施工过程中,地质条件不断变化,其力学形态也不断变化,因此,设计不能一成不变,施工过程中要根据围岩状态进行设计变更,这是隧道设计的基本原则。

"解析是验证"的含义是:对于隧道工程设计工作而言,解析方法在某些条件下是必不可少的,特别是在分析变化规律和定性评价方面有着很强的借鉴意义。但是,在实际工程中,解析计算的结果往往只能起到验证作用。因此,一定要合理地利用好解析这个工具。

综上所述,在进行隧道工程设计时,设计者应能充分认识到围岩的重要性。从一定意义上讲,隧道工程设计是围绕围岩的设计,确保设计的各类工程措施(如支护、衬砌等)能够保证隧道施工过程中围岩的稳定性。要正确意识到解析手段在隧道工程设计中的地位,合理采纳理论计算结果,不能完全依赖理论计算成果进行隧道工程设计。同时,隧道工程设计一定不能脱离工程实践,隧道工程是一门典型的实践超前于理论发展的学科,工程实践经验在某些情况下仍是隧道工程设计的重要依据。

第五节 隧道工程设计存在的问题与展望

一、隧道工程设计存在的问题

隧道工程处于地下环境中,属于隐蔽工程,且由于地质条件的复杂性及围岩-支护作用关系的不确定性,目前隧道工程设计仍然存在诸多问题:

①地质勘察结果不准,影响设计质量,导致频繁变更设计。由于主观或客观原因,隧道工程地质资料往往不够详尽与准确,难以真实揭露隧址区实际工程地质情况,而隧道预设计极大地依赖地质勘察资料,从而导致预设计存在较大的盲目性,因此在后续隧道施工过程会频繁遇到设计变更现象,这是目前隧道工程设计存在的最大问题。

②围岩级别划分不准确。围岩级别划分对工程技术人员经验的要求较高,具有不同知识储备和工程经验的个人在进行隧道同一区段围岩分级时易出现分歧,而隧道结构及工法的设计高度依赖围岩分级结果,因此,围岩定级的准确与否直接决定着隧道工程设计的质量。

③隧道设计理念更新缓慢。如在隧道结构设计上,"重衬砌,轻初期支护或超前支护"的观念没有根本改变,这在本质上是因为对围岩的重视程度不够;防排水设计始终是薄弱环节,设计观念陈旧,渗水、漏水现象时有发生。

④隧道工程设计的标准化程度不高。尤其是公路隧道的标准化设计,其标准化图集的建立尚需时日。

⑤设计与施工脱节。目前隧道的设计单位与施工单位一般是不同的,客观地导致了隧道的设计环节与施工环节之间的脱离,制约了隧道施工技术的发展,新材料、新技术和新工艺的论证周期长,极大地降低了施工单位采用新材料、新技术和新工艺的积极性。

⑥信息反馈设计流于形式。新奥法强调通过监控量测成果修正设计,但监控量测数据的准确性在实际操作时却难以保证,而如果没有及时准确的监测数据,隧道工程的动态设计就无从谈起。因此,必须建立"设计—施工检验—地质预测—量测反馈—修正设计"一体化的设计

施工管理体系以不断地提高和完善隧道设计与施工水平。

⑦隧道工程设计理论落后于工程实际。由于隧道工程的复杂性,很难找到一种理论完美解译围岩-支护相互作用关系,这也客观地导致了隧道结构设计在某些状态下难免偏于保守,尤其是山岭岩体隧道的设计,大量的工程实例已表明,支护结构的富余度偏大,存在着较大的支护措施优化空间。

二、展望

1. 隧道结构设计理论方面

在隧道结构设计理论方面,至今仍没有一种理论模型能够完美解译隧道结构,这主要是由隧道结构所处地质环境的复杂性决定的。我国已修建的大量隧道工程为隧道结构设计理论的研究和发展提供了大量工程案例,可以以此为基础,不断完善隧道结构设计理论。在荷载-结构理论方面,重点是研究荷载的分布规律及作用方式,可利用大量的围岩与支护相互作用的荷载实测数据,以统计分析方法建立围岩级别与荷载值的对应关系;在围岩-结构理论方面,应把重点放在围岩模式化的研究上,以围岩级别为基础,从理论及工程应用角度建立模式化的本构方程。

2. 隧道结构设计方法方面

目前,隧道设计仍然将重心放在构造设计方面(力学设计或强度设计)。今后的隧道设计方法应逐步转向性能核查设计方法,倡导全寿命周期隧道设计,不仅要求力学上的稳定性,更要确保构造物的长期服役性能,即从规划、设计阶段开始到维修管理阶段的全寿命周期内,隧道结构均应能满足各种功能及性能要求,真正让隧道结构设计成为长期且能可持续评价隧道结构有效性的性能设计。

3. 在隧道工程设计中不断应用新材料、新设备和新技术

20世纪50年代,钻眼机具、爆破方法和锚喷支护等新设备和新技术的出现间接地促进了新奥法基本原理的诞生,让隧道设计出现了质的飞跃。可以说,当隧道结构设计发展到一定程度,影响隧道设计发展的瓶颈将会是材料、设备和技术。我国目前在隧道设计过程中,已经开始不断尝试应用新材料、新设备和新技术,如新型防排水材料、BIM(建筑信息模型)技术、5G技术、大数据、物联网等,取得了良好的应用效果。隧道设计人员应当与时俱进,在隧道工程设计中不断地推广新材料、新设备和新技术,促进隧道工程设计的发展。

第六节　本课程主要内容

隧道种类繁多,各类隧道的勘察设计方法与内容各有特点,但其勘察设计流程基本一致,具有相通性。限于篇幅,本教材内容难以涵盖所有类型的隧道工程,为此选取公路隧道作为主要研究对象,重点介绍公路隧道勘察设计的基本原理与方法,部分内容涉及铁路隧道和地铁隧道,其他类型的隧道工程设计也可以参考本教材的相关内容。本课程主要内容如下:

①隧道工程勘察设计程序。熟悉隧道工程勘察设计的总体流程;了解隧道工程勘察和设

计的阶段划分及其工作内容。

②隧道工程地质勘察与围岩分级。了解隧道工程建设环境调查和工程地质调绘的流程及工作内容;熟悉工程地质勘察的方法与内容;熟悉水文地质勘察的方法与内容;掌握隧道工程地质的评价方法与流程;掌握围岩分级的方法,能够应用现行规范,结合隧址区地质资料进行围岩级别划分。

③隧道位置选择与线路设计。了解隧道线形设计的基础知识;掌握越岭隧道和沿河傍山隧道的位置选择方法与原理;能够根据不同的地质条件选择隧道位置;能够设计出合理的隧道工程平面及纵断面线形。

④隧道建筑限界与净空设计。熟悉隧道建筑限界与净空的基本概念、设计方法及设计流程,能够绘制符合要求的隧道建筑限界和内轮廓。

⑤隧道洞口与洞门设计。理解隧道洞口的选取原则,尤其是"早进晚出"的工程意义;熟悉洞门的主要类型及作用,掌握端墙式洞门和明洞式洞门的设计方法。

⑥隧道支护结构设计。熟悉隧道支护结构的类型及其概念;能够合理选取支护结构所用的工程材料;掌握隧道支护结构的设计要求与设计方法,能够绘制出各级围岩条件下的隧道支护结构设计图。

⑦隧道防排水设计。理解隧道防排水的设计原则;熟悉隧道防排水系统的结构组成;重点掌握隧道防排水体系的设计内容和设计流程。

⑧隧道辅助工程措施设计。了解隧道辅助工程措施及其技术要求;熟悉辅助工程措施的设计流程;重点掌握围岩稳定措施和涌水处理措施的设计方法。

⑨隧道路基与路面设计。了解路基与路面设计的基础知识;熟悉隧道路基与路面的结构组成与设计要求,掌握隧道路基与路面的设计内容与设计方法。

⑩计算机辅助设计(CAD)在隧道工程设计中的应用。熟悉 AutoCAD 的常见绘图命令;掌握使用 AutoCAD 绘制隧道结构图的方法与流程,积累隧道工程制图经验与技巧。

思考与练习

1. 简述隧道、隧道工程及交通隧道的概念。
2. 介绍常见的隧道分类标准及其具体分类。
3. 隧道工程技术从建国初期的落后状况发展到如今的国际领先水平,过程中经历了种种困难,请谈一下对我国隧道工程发展历程的体会。
4. 隧道工程有哪些设计方法?
5. 隧道工程设计的特点和基本理念是什么?你有何理解?
6. 结合本章的学习,谈一下未来隧道工程设计的发展方向。

第二章 隧道工程勘察设计程序

在隧道工程的整个建设过程中,勘察设计是一项十分重要的前期工作,直接关系到工程投资、施工风险、建设工期等。勘察是设计工作开展的前置条件,勘察成果是设计文件的重要依据,两者联系紧密。无论是勘察还是设计,都必须遵照现行的国家或行业相关标准、规范和规程。勘察与设计工作可由一家勘察设计单位牵头完成,也可由勘察单位和设计单位各自独立完成。本章主要介绍隧道工程勘察和设计的流程及其阶段划分,有助于加深对勘察设计工作的总体了解和认识。

第一节 隧道工程勘察设计总体流程

工程项目建设程序是人们在长期建设实践中得出来的经验总结,是工程项目科学决策和顺利进行的重要保证。工程项目建设程序主要包括规划、可行性研究、勘察设计、施工、竣工验收、运营使用等过程。在建设过程中,各项工作必须按照规定的先后工作次序进行,不能任意颠倒,但可以合理交叉。隧道工程不论是作为交通线路建设的一部分还是作为独立的建设项目,都应按照国家基本建设程序进行,才能获得预期的经济、社会效益。工程建设项目的一般程序如图2-1所示。

一、各阶段隧道勘察的工作要求

工程可行性研究阶段工程地质勘察(工可勘察)要求初步查明隧道线路的工程地质条件和对隧道建设有影响的工程地质问题,为编制工程可行性研究报告提供工程地质资料,论证隧道线路的技术可行性和经济合理性。勘察工作以资料收集和工程地质调绘为主,辅以必要的勘探手段。

初步勘察(初勘)要求基本查明隧道线路建设场地的工程地质条件,为工程方案比选及初步设计文件编制提供工程地质资料。初步勘察应根据现场地形地质条件,采用遥感解译、工程地质调绘、钻探、物探、原位测试等多种手段相结合的综合勘察方法,对具有比选价值的隧道路线建设场地的工程地质条件进行勘察。通过初步勘察,推荐最优的隧道线路,所以初步勘察也称为隧道选线勘察。

详细勘察(详勘)要求查明或查清推荐方案中隧道建设场地的工程地质条件,为施工图设计提供工程地质资料。详细勘察应充分利用初勘取得的各项地质资料,采用以钻探及测试为主、调绘及简易勘探等手段为辅的综合勘察方法,对路线及各类构筑物建设场地的工程地质条件进行勘察。

施工期间,为配合施工需要而进行的观察、钻探、物探、试验等地质工作,称为施工阶段勘察,其目的在于预测或查明施工中可能发生的地质问题,为设计方案变更、施工计划调整等工作提供资料。

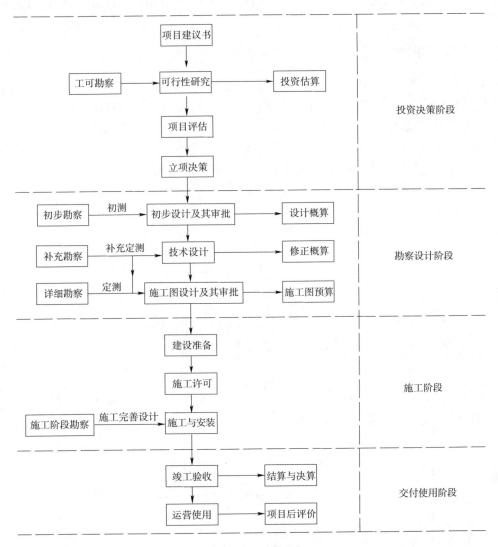

图 2-1　工程建设程序

二、各阶段隧道设计工作要求

在可行性研究阶段,隧道工程常常被作为路线的组成部分加以研究,隧道的功能发挥与整条线路密切相关。因此,技术人员要充分理解路线的修建意义,熟悉路线场地、沿途走向、道路等级、主要技术指标和通行能力,在广泛搜集相关资料的基础上,提出合理的隧道布设方案,初步确定建设规模和投资估算。

在勘察设计阶段,隧道工程常常是作为独立项目进行设计的。设计人员要对隧道的主要技术条件、主要的隧道方案进行比选;设计成果应保证经济合理、技术可行、施工安全;要注意建设规模远期近期相结合、建设内容相互协调、建设布局合理适用。

在施工完善设计阶段,隧道设计人员应关注现场地质条件和施工情况,根据隧道监测及超前地质预报等信息,判断洞身的稳定状态,及时修正支护参数,调整设计方案,配合施工解决现场问题。

三、隧道工程勘察设计阶段划分

通常所说的隧道工程勘察设计是针对一座隧道或一个工程项目内的多座隧道而言的。在完成项目可行性研究后,根据隧道的使用性质、技术等级、建设规模及建设难度,勘察设计阶段可分为一阶段勘察设计、二阶段勘察设计和三阶段勘察设计。对于修建任务紧急、方案明确、技术比较简单的项目或一般小型隧道,可以采用一阶段勘察设计;常规隧道建设项目通常采用二阶段勘察设计;对于工程浩大、技术复杂或施工艰难的特殊隧道工程,在初步设计后应增加技术设计阶段,即三阶段勘察设计。

一阶段勘察设计工作流程如图 2-2 所示。

二阶段勘察设计工作流程如图 2-3 所示。

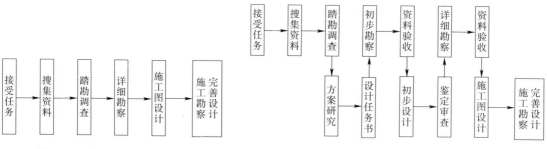

图 2-2　一阶段勘察设计工作流程

图 2-3　二阶段勘察设计工作流程

三阶段勘察设计工作流程如图 2-4 所示。

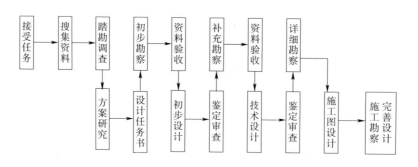

图 2-4　三阶段勘察设计工作流程

第二节　隧道工程勘察阶段划分及其工作内容

勘察工作是为方案研究、设计以及施工服务的,不同阶段需要提供不同深度和广度的勘察资料。针对可行性研究阶段、设计阶段(初步设计、技术设计、施工图设计)以及施工阶段的不同需求,对应有可行性研究阶段勘察、初步勘察、详细勘察和施工阶段勘察等。

一、可行性研究勘察阶段

1. 目的和任务

本阶段勘察的目的是为可行性研究阶段布置隧道线路可选方案提供基础资料。可行性研究分为预可行性研究和工程可行性研究,与其相对应的勘察阶段为预可行性研究阶段地质勘察(预可勘察)和工程可行性研究阶段地质勘察(工可勘察)。

预可勘察侧重于收集与研究已有的文献资料;工可勘察是在分析已有资料的基础上通过踏勘搜集、分析沿线地形、区域地质、气象等既有资料,核查沿线环境、地质灾害、既有建筑、道路交通及建设规划资料,对各个可能方案做实地调查,必要时对不良地质地段等重点区段进行勘探,大致查明地质情况。

2. 基本内容

(1) 调查搜集有关资料

对于新建路线的隧道方案,应搜集以下基础资料:

①路线设计基础资料,包括地形图、地形航空照片、地质图、地质说明书、遥感资料、地震资料、水文资料等。

②路线范围内交通资料,主要是指交通运输业情况和发展规划资料。

③路线所经区域内的气象资料。

④路线范围内经济情况,包括当地城市、人口分布情况、工农业生产现状及发展规划、矿产分布及开发情况等。

⑤与隧道工程建设有关的资料,包括工程用地、环境和文物保护资料、隧道区域内自然灾害发生的规模和频率、国家规划(已建)的大型建设项目等。

⑥军队和当地政府、单位对隧道工程的要求。

对于改建或增建的公路隧道方案,除参照新建公路隧道方案搜集的资料外,还需向交通部门搜集下列资料:

①旧线交通量增长幅度和车辆组成的变化情况。

②旧线的通行能力和存在的问题,如道路线形、行车安全、自然灾害等方面存在的问题。

③对隧道运营、维护、管理方面的要求。

(2) 现场踏勘

根据初步拟定的路线方案,结合调查搜集的资料进行现场野外踏勘(图2-5)。在踏勘过程中重点核查以下内容:

①对于地形地貌复杂或场地变化很大的区段,应进行现场复查。

②当隧道穿越较大规模的地质构造、不良地质时,应进行现场核查。

③广泛征求和听取有关单位、人员关于隧道修建及运营对该地区工农业生产现状和发展规划影响的意见。

二、初步勘察阶段

1. 目的和任务

本阶段勘察的目的是为初步设计方案比选、概算编制及下阶段的勘察提供基础资料。初勘的任务是在批准的工可报告推荐建设方案的基础上,搜集、分析上阶段获取的资料,对初步设计中可比选方案的沿线隧址区地质进行初步勘察,对不良地质段和特殊岩性段进行必要的物探、钻探和测试,为选择或复查隧道位置及洞口位置的最佳方案进行工程地质论证。初步勘察结果能够为隧道初步设计提供必要的工程地质和水文地质资料,初步确定隧道支护类型、施工工法及工程造价等。

a)　　　　　　　　　　　　　　　　　b)

图 2-5　现场野外踏勘

2. 勘察大纲

通常情况下,隧道工程的勘察工作主要集中在初步勘察阶段。为了更好地把控勘察质量和工作量,在正式工作开展前有必要编制初步勘察大纲(方案),以便指导后期勘察工作。勘察大纲既是野外工作的指南,也是外业生产管理、计划(如人员组织、设备管理、经费预算、分配、生产进度等)的依据、质量要求及验收保证。隧道工程勘察大纲的主要内容有:

①勘察的目的、任务、工作范围、勘察阶段等。
②工作区的自然地理条件及区域地质概述。
③本阶段的重难点分析,提出初步勘察的针对性解决方案。
④野外勘察的工作方法及工作量。
⑤明确质量要求(如精度、数量等)以及各项工作的注意事项。
⑥按要求提交的资料、成果及图件。
⑦勘察工作计划日程表、工作步骤。
⑧人员组织、质量、安全保障措施及经费预算等。

3. 基本内容

隧道初步勘察应根据现场地形地质条件,结合隧道的建设规模、标准和方案比选,确定勘察的范围、内容和重点,并应基本查明以下内容:

①地形地貌、地层岩性、水文地质条件、地震等参数。
②褶皱的类型、规模、形态特征。
③断裂的类型、规模、产状,破碎带宽度、物质组成、胶结程度、活动性等。
④隧道围岩的完整性、风化程度、围岩级别。

⑤隧道进出口段的地质结构、自然稳定状况、隧道施工诱发滑坡等地质灾害的可能性。
⑥隧道浅埋段覆盖层的厚度、岩体的风化程度、含水状态及稳定性。
⑦水库、河流、煤层、采空区、瓦斯、含盐地层、膨胀性地层、有害矿体及富含放射性物质地层的发育情况。
⑧不良地质和特殊性岩土的类型、分布、性质。
⑨深埋隧道及构造应力集中地段的地温,围岩产生岩爆或大变形的可能性。
⑩岩溶、断裂、地表水体发育地段产生突水、突泥及塌方冒顶的可能性。
⑪傍山隧道存在偏压的可能性及其危害。
⑫洞门基底的地质条件、地基岩土的物理力学性质和承载力。
⑬地下水的类型、分布、水质、涌水量。
⑭平行导洞、斜井、竖井等辅助坑道的工程地质条件。

4. 主要手段及要求

初步勘察的主要手段包括收集资料、调绘、勘探、试验。其中,勘探以钻探为主(图2-6、图2-7),结合必要的物探、挖探等手段进行综合勘探。钻孔布置应重点考虑以下地段:
①地层分界线、断层、物探异常点、储水构造或地下水发育地段。
②高应力区围岩可能产生岩爆或大变形地段。
③膨胀性岩土、岩盐等特殊性岩土分布地段。
④岩溶、采空区、隧道浅埋段及可能产生突泥、突水地段。
⑤煤系地层、含放射性物质的地层。
⑥覆盖层较薄或地质条件复杂的隧道进出口。

图2-6 土层钻孔芯样

图2-7 岩层钻孔芯样

5. 应提交的资料

地质条件简单的短隧道可列表说明其工程地质条件,特长隧道、长隧道、中隧道和地质条件复杂的短隧道应按工点编制文字说明和图表资料。

1) 文字说明

应对隧道工程建设场地的水文地质及工程地质条件进行说明,分段确定隧道的围岩级别;分析隧道进出口地段边坡的稳定性及形成滑坡等地质灾害的可能性;分析高应力区岩石产生岩爆和软质岩产生围岩大变形的可能性;评估傍山隧道产生偏压的可能性;分析隧道通过储水构造、断裂带、岩溶等不良地质地段时发生突水、突泥、塌方的可能性;隧道通过煤层、气田、含盐地层、膨胀性地层、有害矿体、富含放射性物质的地层时,分析有害气体(物质)对工程建设的影响;对隧道的地下水涌水量进行预测;评估隧道工程建设对当地环境可能造成的不良影响及隧道工程建设场地的适宜性。

2)图表资料

1:10000 隧址区域水文地质平面图;1:10000 隧址区域工程地质平面图;1:2000 隧道工程地质平面图;1:2000 隧道工程地质纵断面图;1:50～1:200 钻孔柱状图;物探、测井资料;原位测试地应力测量资料;水文地质测试资料;岩、土、水测试资料;有害气体、放射性物质、地温测试资料;附图、附表和照片。

三、详细勘察阶段

1. 目的和任务

本阶段勘察的目的是根据批准的初步设计,对已选定的隧道线位进行详细的工程地质勘察,为编制隧道施工图提供工程地质资料。详细勘察的任务是在初步勘察的基础上进一步开展深入细致的工作,着重查明和解决初步勘察时未能查明解决的地质问题,补充、核对初步勘察时的地质资料,对初步勘察时建议深入调查、勘探的重大复杂地质问题做出可靠的结论。详细勘察阶段应根据查明的地质情况细化围岩分级,着重分析隧道围岩的稳定性及洞口边仰坡的稳定性,正确评价和预测隧道范围内的工程地质、水文地质条件及其发展趋势,提供设计、施工所需的定量指标,以及设计施工应注意的事项和整治措施意见。

2. 主要手段

详细勘察阶段应充分利用初勘取得的各项地质资料,采用以钻探及测试为主、调绘及简易勘探等为辅的综合勘察方法。地质调绘的范围、测点,物探网的网、线、点的范围和布置,以及钻探、坑探、槽探的位置等,应与初勘时地质情况未能查明的地段相适应。

3. 应提交的资料

野外工作结束后,对原始记录、计算成果、底图、勘察成果进行校检、分类整理,完成详细勘察报告,包括详细勘察说明书和图表(如地质平面图及剖面图、钻探及试验资料等)。

四、施工勘察阶段

受限于复杂的地质条件、现有的技术水平和不够充足的勘察周期,前期勘察阶段可能遗留一些难以完全查明的地质问题。因此,在施工期间需要进行动态勘察,即把施工期间的勘察工作视作前期勘察工作的重要补充。对于前期勘察进场困难、施工中发现新的地质问题、隧道调线偏离了原设计位置等情况,也需要重新进行勘察。

隧道施工中的地质勘察是一项十分重要的工作,常见的勘察方法有隧道开挖面的地质观察和素描(表2-1)、施工地质超前预报(图2-8)等。

图2-8 掌子面地质雷达探测

隧道掌子面地质素描记录示例

表 2-1

地层岩性	中等风化灰岩夹黏土					
掌子面状态	稳定		正面掉块		正面挤出	正面不能自稳
围岩级别		设计	Ⅳ级	实际	Ⅴ级	137°∠70°
岩石坚硬程度		坚硬岩		较坚硬岩	较软岩	软岩	极软岩
岩体结构类型		整体状或巨厚层状		块状或厚层状	裂隙块状或中厚层状;镶嵌碎裂状;中、薄层状	裂隙块状;碎裂状	散体状
						√
结构面发育程度(组数)		1~2(裂隙不甚发育)		2~3(裂隙稍发育)	3(裂隙发育)	大于3(裂隙发育)	杂乱无章(裂隙非常发育)
						√
隧道工程地质条件	岩石完整程度	完整		较完整	较破碎	破碎	极破碎
	节理裂隙充填情况	硅质充填		钙铁质充填	砂质充填	泥质充填	无充填
	结构面粗糙度	明显台阶状		粗糙波纹状	有擦痕		平整光滑
	地质构造影响程度	轻微		较重	严重		极严重
	地下水出露情况	干燥		渗、滴水	线状流水	股状出水	涌、突出水
			潮湿、湿润				
			√				
其他(如断层、临空面、岩溶、软弱夹层等不良地质)	开挖方向258°					

地质素描图

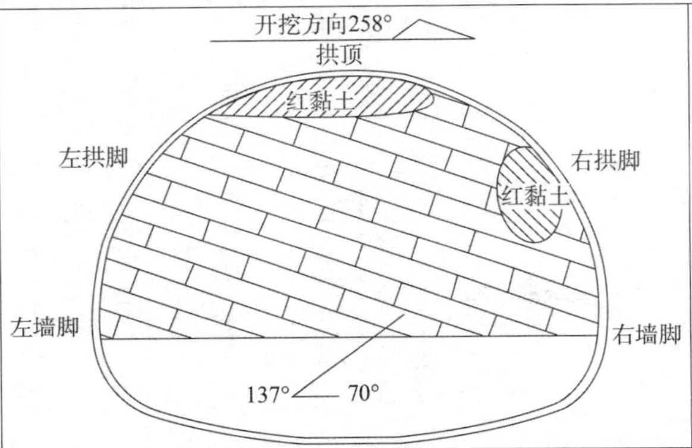

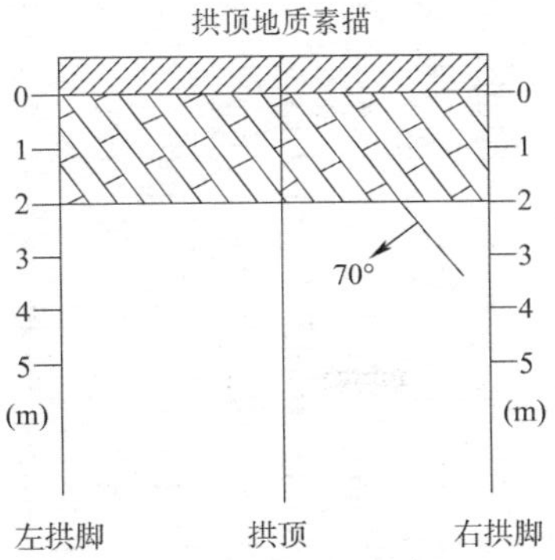

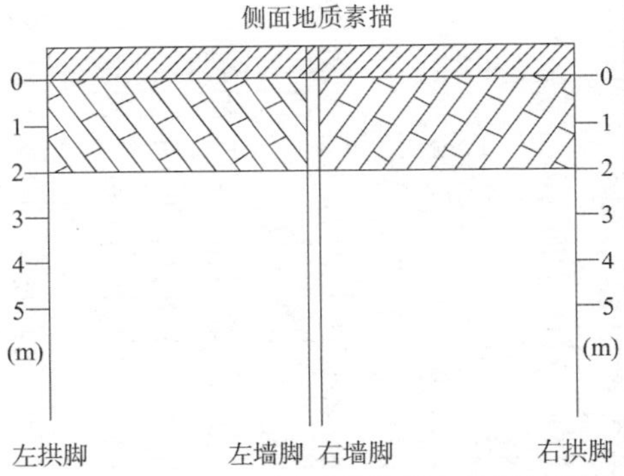

每次爆破后,都应立即安排专人对开挖面进行观察、素描或摄像,重点记录岩石的类型及特点、岩体特征、节理与裂隙分布、地下水状态、不良地质情况等内容,并对围岩级别进行预判。

施工地质超前预报工作应采用地质调查与物探相结合、中长距离预报与短距离预报相结合的方法。施工中对实际开挖的岩体进行直接观察、量测,如果出现岩性、地质构造、地下水状态、初始应力状况等与原有勘察资料不一致的情况,应及时对围岩稳定性、围岩级别进行修正,并纳入工程竣工文件。

此外,通过测定围岩的地应力、弹性波速度及岩石物理力学性质,修正围岩级别;测定开挖后的围岩变形、松弛范围随时间变化规律,进行围岩稳定性判断;通过测定支护系统的应力、应变,为支护参数及施工方案提供修改建议。

五、勘察资料的验收和检查

某个项目或某条线路的勘察通常是由道路、桥梁、隧道等多个专业会同进行的,再按各专业分册整理勘察资料。为了解各专册的工作情况,及时发现并解决各专册间互不协调的问题及线路方案变更引起的不衔接现象,需要对勘察资料进行验收和检查。

勘察资料验收过程如下:

①勘察队带领验收组进行现场踏勘。

②由勘察队向验收组汇报勘察经过、资料收集整理和质量情况。

③分专业逐项查验资料。如果验收组对资料有疑问,勘察队需给出详细解答。

④检验资料的内容。除符合相关规定外,对于资料的总体性、完整性以及专业间的协调配合等进行检查。如有不全、不确定的情况,还应进行外业补测或内业整理。

⑤验收完毕后,由验收组负责人召开验收会议,评价勘察工作的优、缺点,并给出验收意见。

⑥各专业分别填写勘察资料清单,以备交接。

⑦对尚待处理的遗留问题,根据设计阶段安排,分别进行处理。

⑧勘察资料验收完毕后,验收组应填写验收报告,以备查验。

勘察资料的检查内容包括:

①测绘及地质勘探的范围、深度和精度,是否符合勘察任务书要求的内容和有关规定。

②勘察资料是否符合现行的有关规程、规范、标准的相关要求,如测量、钻探、物探等试验工作的作业程序、操作方法、记录内容、计算方法、选用参数等。

③工程地质勘探工作是否取得了足够资料。

④各种有比较价值的方案有无遗漏,比较方案是否经济合理。

⑤施工组织调查资料是否满足设计及施工需要。

⑥防止与铁路、水库、航运、灌溉系统及电力线路互相干扰所采用的技术措施是否合理,是否取得书面协议。

⑦按设计阶段的要求,各种调查资料是否收集齐全、充分。

第三节 隧道工程设计阶段划分及其工作内容

一般情况下,隧道建设项目按两阶段设计,即初步设计和施工图设计。对于修建任务紧急、方案明确、技术比较简单的项目或一般小型隧道工程,可采用一阶段设计,即施工图设计;对工程浩大、技术复杂、施工艰难的项目采取三阶段设计,即初步设计、技术设计和施工图设计。

需要说明的是,由于隧道工程自身管状结构的特殊性及其所处建设环境的复杂性,隧道建设周期普遍较长、变更较多、风险较大,因此施工完善设计阶段是设计全过程中一个十分重要的阶段,其工作量也相对较大。另外,可行性研究阶段归属于项目投资决策阶段,是一个项目的前期研究阶段,严格意义上讲不属于设计阶段,但是由于该阶段与后续勘察设计工作密切相关,在此也一并进行介绍。

一、各设计阶段的工作流程

各设计阶段的设计深度和要求虽然有所不同,但其工作流程基本相同,主要包括:

①下达任务书。设计单位接到设计任务后,给设计人员下达任务书,任务书内容包括设计范围、设计原则、任务期限、设计工作量、设计要求等。

②分工开展设计工作。在设计过程中遇到问题时,需与其他专业的相关人员进行沟通、协调。

③审核设计文件。设计文件初稿完成后先进行设计单位内部技术审查,再提交咨询单位外部审查,然后召开设计审查会议,最后上报主管部门审批。

④签发设计文件。设计文件印制后由设计单位签发。

二、可行性研究阶段及其工作内容

可行性研究是针对某个项目建设的必要性和可行性进行研究论证。在该阶段,编制单位根据建设项目委托书中的任务,对建设项目进行调查研究,通过搜集资料、必要的测绘和勘探工作后,编制出可行性研究报告,作为主管建设部门编制建设项目计划任务书的基础资料。隧道是交通线路穿越地理障碍的地下建筑物,其研究内容也一并纳入整条线路的可行性研究报告之中。隧道工程可行性研究报告一般包括以下内容:

①总论。主要介绍隧道所在线路的修建意义,研究的依据和范围。

②地区概况。主要描述隧道线路范围内地域自然特征、社会现状、经济特点等。

③近、远期交通量、车辆组成及流向的预测。

④各种路线方案所含隧道的简介及方案比选意见。

⑤主要技术条件的推荐意见。

⑥需要进行科学试验和采用新技术的设想。

⑦外部协作条件和要求。

⑧环境保护。

⑨投资估算和建设年限。
⑩设计项目社会效益和经济效益评价。
⑪设计划分和设计进度。
⑫政府及军队的意见。
⑬研究结论和待进一步解决的问题。
⑭附送图表。

三、初步设计阶段及其工作内容

设计单位在接受建设项目计划任务书后,根据批复的可行性研究报告和设计任务合同,结合初步勘察阶段中搜集和实地勘察得到的若干个有比较价值的方案,选出一条满足交通规划需求、经济合理的隧道线路作为推荐方案。初步设计文件是根据初步勘察资料编制的,报送主管部门批准后作为详细勘察、编制施工图以及控制投资的依据。初步设计文件一般由设计图纸(说明书和设计图表)和设计概算组成。

初步设计文件主要包括以下内容:
①隧道线路比选方案和推荐方案(图2-9),及其经济效益和技术合理性的比较。
②隧道平面、纵断面和横断面(隧道建筑限界、内轮廓)的设计。
③隧道洞门、衬砌结构、防排水、路面及装饰等方面的初步设计。
④隧道通风、照明、消防、监控等机电设施的初步设计。
⑤施工组织设计方案比选和推荐。
⑥环境保护措施。
⑦主要工程数量、用地和拆迁数量及总概算。

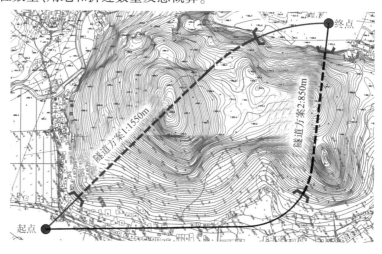

图2-9 某隧道路线方案比选示例

四、技术设计阶段及其工作内容

技术设计是在初步设计完成后,对重大、复杂技术问题进行深入勘察、科学试验或专题研究,提出更加合理、稳妥的技术方案,以解决初步设计中未解决的问题,并修正设计概算。技术

设计阶段的主要工作包括:
　　①对初步设计所定方案详加研究,进一步补充和修改。
　　②补充必要的地质、水文、气象、地震和地质钻探等资料。
　　③进行必要的专项试验和专题研究,并给出试验成果、专题报告。
　　④提出修正的设计及施工方案。
　　⑤设计环境保护措施。
　　⑥编制修正概算。
　　技术设计批准后可作为编制施工图和建设投资的依据。

五、施工图设计阶段及其工作内容

隧道工程施工图的编制是根据批准的初步设计或技术设计,以及详勘或补充勘测资料进行的。该阶段主要是在上一阶段的基础上进一步优化隧道路线方案和隧道洞口位置,对隧道衬砌结构、辅助措施及机电工程等进行深入细致的设计,完善隧道施工方案和施工图预算。

隧道施工图设计阶段的主要工作包括:
　　①根据详细勘察报告完善隧道平、纵断面及洞口设计。
　　②细化完善隧道土建结构设计图。
　　③补充完善不良地质处治设计。
　　④补充完善隧道监控量测方案及施工方案。
　　⑤补充细化隧道通风、照明、消防、监控等机电附属设施和交通工程的设计详图。
　　⑥更新工程数量表。
　　⑦编制施工图预算。

六、施工完善设计阶段及其工作内容

由于隧道工程的特殊性质,隧道施工过程中的完善设计是整个隧道设计过程中的重要环节。隧道施工是一项非常复杂的生产活动,需要建设管理单位、勘察单位、设计单位、施工单位及监理单位等参建各方密切配合,才能将描绘的蓝图变成实实在在的工程。

在施工过程中,隧道设计人员的主要工作是:向参建单位做工程的技术交底,详细介绍设计意图和重点工作情况;及时解决现场的技术问题;根据现场施工监测信息反馈设计,必要时对隧道设计进行变更并总结经验教训。

思考与练习

1. 简述隧道工程勘察设计的流程。
2. 隧道工程勘察工作分为哪几个阶段?各阶段主要有哪些任务?
3. 隧道工程设计工作分为哪几个阶段?各阶段主要有哪些任务?

第三章　隧道工程勘察与围岩分级

隧道工程勘察是通过收集、调查、测绘、勘探和试验等手段,对隧址区域内的地形、地貌、地质、水文、气象、周边建筑环境等工程建设条件进行的调查研究工作。勘察工作结束后,应根据勘察成果对围岩进行分级。围岩分级是隧道工程勘察的一项重要内容,也是隧道结构及施工方法设计的重要依据。准确的围岩定级是确保隧道工程方案经济合理、安全可靠的重要基础。本章主要介绍隧道工程常用的勘察方法和隧道围岩级别划分流程。

第一节　隧道建设环境调查

在进行隧道规划设计前,应首先对隧道相关资料进行收集和调查。由于规划、设计、施工等各阶段的目的、内容及深度不同,隧道建设环境调查通常按收集文献资料、初步调查和详细调查的顺序进行。各阶段的工作完成之后,应把所获得的资料整理成册,并归档妥善管理。

一、资料收集

收集和研究隧址区的有关既有资料,不仅是外业工作之前准备工作的重要内容,也是隧道勘察的一种主要方法。

通过对所收集到的资料进行分析研究和判断,可以初步掌握隧道所经过地区工程地质条件的概况和特点,粗略判定可能遇到的主要工程地质问题,并了解这些问题的研究现状和工程经验,这对于做好准备工作和外业工作是十分必要的。在隧道勘察工作中,正确运用这些方法,可以减少外业工作的盲目性,提高工作效率和质量。收集的资料主要包括以下内容:

1. 地形资料

地形资料通常是指地形图和遥感照片。一般可从测绘部门获取比例尺为 1/50000 ~ 1/25000 比例尺的地形图,主要用于路线规划。而 1/2000 ~ 1/1000 比例尺的地形图需要进行实地测绘,主要用于隧道方案比选和隧道定位。遥感照片所能提供的信息较为丰富,除能提供地形地貌资料以外,还能提供工程地质和水文地质资料。通过对它的判释可以直观地识别断层、滑坡、溶洞、塌陷等不良地质问题,查明大范围的地质构造。需要说明的是,遥感测绘区域内的地形地貌往往变化频繁,需要在现场核查航片和遥感照片。

2. 工程地质与水文地质资料

主要指工程地质图与水文地质图及其说明书。一般应从地质部门收集 1:200000 ~ 1:50000 比例尺的地质图,这类图通常是国家进行地质普查时完成的地质资料,可以给设计者提供大范围粗线条的地质资料,可供选线和进行方案比选时使用,有助于对区域地质的整体把握。

3. 气象资料

区域气象条件对隧道线路的选择影响较大,它可能影响线路运输功能的发挥,也可能影响整条线路工程结构物的数量、类型,还可能造成施工困难和造价增加,甚至会影响结构的质量和稳定性。气象资料主要包括气温、气压、湿度、风、雨、雾、雪、水温、地温等,可从气象台站和各种资料、期刊、汇编、年鉴等获得,不足时可以由现场观测取得。气象资料可用于隧道结构、通风、照明及交通工程等设计,也可作为施工参考。

4. 工程资料

主要指隧道线路附近或隧道范围内的已建工程和拟建工程的各方面资料。通过收集已有、近期计划建设以及远景规划中拟建的各类大型建筑物的分布情况,避免即将设计修建的隧道与其产生冲突,降低不利影响。同时,通过收集上述工程的设计文件、施工记录及工程报告总结等文件,获得隧址区工程地质、水文地质以及工程措施等资料,为新建工程提供借鉴。

5. 用地及环境资料

了解、收集拟建隧道线路所在区域或周边的土地用途、性质及其边界范围,如基本农田、林业用地、生态环境保护区、煤矿及采空区等范围边界划分等。环境资料包括自然环境、文物古迹、居民环境等,通常需要从土地管理部门、环境保护部门、文物保护部门获取。这些信息都是在隧道线路的规划或设计过程中需要充分考虑的。

6. 灾害资料

收集隧道线路所在地区历史上曾经发生过的暴雨、台风、洪水、地震、滑坡等灾害资料,一般可通过查阅有关资料、地方史志、对当地居民进行访问的方法获得。对于收集到的上述资料,应分析研究其对隧道线路规划、设计、施工与维护管理的影响,以及对进一步调查所起的作用等。

二、资料调查

资料调查是指对与工程有关的既有资料和尚需补充的资料进行调查的相关工作,主要包括以下内容:

1. 气象调查

在隧道选址、通风或保温设计、洞外建筑设施布置等方面,都需要充分考虑当地的气候环境。例如,选择洞口位置时需要考虑附近的风吹雪、雪崩、路面冻结、雾、洪水等气象条件。小区域范围内的气象资料一般需要通过实际调查、观察、询访当地居民的方法获得。区域性气象调查主要有下列内容:

①降雨:年降雨量、月平均降雨量、日最大降雨量、小时最大降雨量等。
②降雪:最大降雪量、最大日降雪量、最大积雪量、积雪期、雪密度等。
③气温、地温:年平均气温、绝对最高/最低气温、日温差、冻结期、冻结深度、多年冻土深度、水温等。
④风:风向频率分布、风速最大值、风速最小值等。

⑤雾：发生日数、滞留时间及能见度等。

⑥雪崩、风吹雪：发生地点、规模、频度、时期、种类等。

进行区域性的气象调查，应事先制订气象观测计划，根据目的和用途，选择观测项目、场所、时间、精度和仪器。观测场所应具有代表性，观测应按适当的时间间隔进行。

2. 环境调查

在前期规划、勘察设计以及施工期间，都应重视对隧道线路及其周边环境（图3-1）的调查，以便采取相应的措施尽量降低工程修建对周边环境的影响。环境调查主要包括以下内容：

①自然环境。对动物、植物的生态调查；对地表水、地下水的水资源调查（如水质、水量分布、饮用水源等），水资源调查通常与水文地质勘察结合进行。当隧道穿越山体（尤其是自然保护区）或选择弃渣场地时，需要评估隧道在施工及运营期间对周边环境的影响。

②土地利用。土地利用状况包括土地使用规划，农林用地分布，以及工业民用建筑、公园、风景区等的分布情况。

③建筑环境。主要是对隧道工程周边建筑物、交通设施、市政设施等情况进行调查。隧道施工可能会造成地表沉降、建筑物开裂、地表水体枯竭、山体地下水泄漏等不良影响，因此需要在勘察阶段对已有自然资源、建筑物的现状情况进行调查、测绘、评价或必要的标记，以便在设计和施工过程中采取针对性的应对措施。

a)　　　　　　　　　　　　　　　　b)

图3-1　隧址区生态环境及水系调查

3. 工程地质调查

工程地质调查的主要方法是直接观察（图3-2）和访问当地群众，必要时可配合适量的勘探和试验工作。

直接观察主要是利用自然迹象和露头，进行由此及彼、由表及里的观察分析，是工程地质调查最重要、最基本的方法。在野外地质调查中，常采用地貌学和地植物学的方法观察分析有关自然现象。前者根据地貌的形态特征，推断其形成原因和条件，并评价其工程地质条件；后者根据植物群落的种属、分布及其生态特征，推断当地的气候、土质及水文地质等条件，尤其适合于潮湿茂密的林区。

现场调查的范围一般为拟定路线中线两侧各500～2000m，应根据隧道的规模、已有资料的精度、现场情况的复杂程度等因素综合决定。现场调查时可使用1:25000~1:10000比例尺的地形图,对照地形把调查的实际情况随时标记在地形图上,并记入野外记录本上,以便调查完毕后进行归纳整理、分析研究。

a)

b)

图3-2 野外工程地质调查

访问当地群众也是工程地质调查常用的方法。通过对沿线居民调查访问,可以了解有关问题的历史情况及当地自然灾害情况,这是对直接观察的必要补充。例如,对历史地震情况的调查,对沿线洪水位的调查,对风沙、雪害、滑坡、崩塌、泥石流等不良地质情况的发生、活动过程和分布规律的调查,都离不开调查访问。

4. 水文调查

水文调查主要指勘察阶段地表水体的水位调查,以及施工期间的涌水调查和枯水调查。

对于临近山涧溪沟的隧道洞口,如果洞口高程定得过低,在施工过程中或建成运营后洪水容易倒灌进隧道内,危及人员、车辆和设备。对于隧道下穿或近邻地表水体的情况,设计人员需要根据水文地质情况确定隧道埋置深度、衬砌结构及施工方法。因此,在勘察期间进行水文调查时,应调查了解山涧溪沟、河流及水库的汛期水位变化情况,掌握水位涨落幅度的规律。

在隧道施工过程中容易遭遇两个水文地质问题,一个是洞内突涌水,另一个是地层枯水。前者给施工带来困难或灾难,后者影响地区的枯水范围、水质变化。因此,当施工期间遇到这些情况时也需要进行水文调查。为了预测施工中可能出现的涌水,需要通过对构造裂隙、地下水露头的调查,判明含水层、透水层、隔水层的范围及其与隧道的关系和影响程度;调查地下水的类型及其与地表水的相互补给关系、地下水的动态变化规律;调查地下水的流量、流向及水质等。在隧道开挖过程中,如果出现了涌水现象,就要把涌水的位置、初期水量、水量累计、稳定水量等各项内容调查清楚,同时要调查分析前述各项调查内容是否受到了涌水的影响。枯水调查的内容与涌水调查基本相同。根据在开工之前已经调查的供水水源、河溪水流、井、钻孔、泉等的水位、流量、电性(特别是电阻率)、pH值、化学成分(水质)等的实际情况,就可以明确判断枯水现象是由于开挖隧道引起的,还是由于气象条件变化所引起的。如果能收集到隧道附近以往工程的枯水资料,就更能印证相互联系,便于参考佐证。

5. 施工条件调查

施工条件调查内容包括施工场地条件、供电通信条件、施工给排水条件、施工道路条件、弃渣条件、修筑材料条件等。这些条件与施工的难易程度、施工进度、工程造价等密切相关，是隧道建设环境调查的重要内容。

①施工场地条件。施工场地多集中在隧道两端洞口处（图3-3），主要包括材料机具零件库房、大宗砂石材料堆放场、大型机械停放修理场、加工场、混凝土拌和场、预制件预制场和堆放场、生活办公房屋等。施工场地除需要一定的面积外，还应便于布置，尽量减少对场地内的施工干扰，便于运输。另外，还要满足防洪、防火、防爆等安全要求。

图3-3　施工场地及便道布置

②动力输入条件。隧道施工要耗费大量电能，一般以工程区域附近的商业电网为主要供电电源，也可将其作为隧道建成后运营用电的主要电源。调查的内容主要包括电网的输电线路、输电电压及供电量等。对于电力资源匮乏的偏远山区，应积极寻求当地政府和电力部门的支持，测绘出电网供电站点至隧道洞口的输电线路，尽量考虑永临结合的用电方案。

③施工给排水条件。施工给水条件调查主要包括对供水源地点、供水量、水质的调查。这是由于隧道的施工用水和生活用水条件会直接影响隧道工程造价、工程质量和施工人员身体健康。例如，在供水条件极为困难或水质不符合饮用标准的地区，隧道用水及生活用水需要远距离运输，会大幅增加工程造价；施工用水中如果含有过量的SO_4^{2-}、Cl^-等有害离子，会破坏混凝土结构。隧道施工排水调查包括对隧道洞口周边的排水条件进行详细调查，这是由于隧道施工废水会混入混凝土外掺剂，隧道排水应避免污染下游的水源、农田；从洞内排出的地下水需顺应周边的地形地势，避免冲毁下游构造物及田地。

④施工道路条件。调查时应考虑可利用的已有道路，以及必须修筑的进场便道和施工便道。对于前者，要调查道路的等级、车流量，施工车辆、机具是否能通过，是否需要加固、加宽，竣工后是否需要整修复原等；对于后者，要注重修筑便道的工程量、修筑时间的调查研究。此外，还要调查恶劣气候、洪水对便道运输的影响。

⑤弃渣场条件。隧道开挖出来的土石方量，除部分可作为石料或路基填料外，剩余的一般作为废渣。选择弃渣场应考虑运输距离、松渣方量、环境保护、补偿农田等因素。弃渣场条件也是施工组织方案设计所需要的资料。

⑥建筑材料条件。砂、石、水泥等建筑材料是大宗材料，它们的运距、产量、质量直接关系到工程的造价和质量，需要做好充分调查。

6. 社会法律法规调查

听取隧道线路沿线政府、厂矿、驻军以及当地居民等对拟建工程的意见。收集国家、当地行政机关颁布的各种法令、法规，以及与工程有关的条文、政策等。

第二节　工程地质调查与测绘

调查与测绘是隧道工程地质勘察的主要方法之一。通过现场观察、访问和量测，对隧道线路所在区域的工程地质条件进行综合性的调查研究，将查明的地质现象和测量获得的资料填绘于相关图表与记录本中，这种工作统称为工程地质调查测绘（简称"调绘"）。隧道工程地质调绘一般在隧道沿线两侧带状范围内进行，通常采用沿线调查的方法；对于不良地质地段及地质条件复杂的路段，需要时应扩大调查测绘范围，以获取完整、可靠的地质资料。

一、工程地质调查测绘的作用及内容

调查测绘工作主要采取现场观察和访问的方式，可以在较短的时间内查明较大区域内的主要工程地质条件，在隧道线路方案研究和隧址选择对比评价中能发挥重大作用。根据调绘成果反馈，可以缩小下一步勘察范围，初步掌握某些规律和发现需要研究的问题，对地质结构、含水层及其位置、自然地质现象的形成条件等有一定的判断，为后续勘察工作奠定良好基础，节约工作量，提高工作效率。一般情况下，调查测绘是可行性研究阶段或方案研究阶段的主要勘察手段。在初勘阶段，调查测绘仍是重要的勘探手段，但应结合其他勘探手段共同完成初勘任务。在详勘阶段，调查测绘工作所占的比重很小，更多侧重于勘探手段。隧道工程地质调绘的主要内容如下：

①地形、地貌。地形、地貌的类型、成因、特征与发展过程；地形、地貌与岩性、构造等地质因素的关系；地形、地貌与工程地质条件的关系等。

②地层、岩性。地层的层序、厚度、时代、成因及分布情况；岩性、风化程度及风化层厚度等。

③地质构造。断裂、褶曲的位置，构造线走向、产状等形态特征和地质力学特征（图3-4）；岩层的产状和接触关系，软弱结构面的发育程度等。

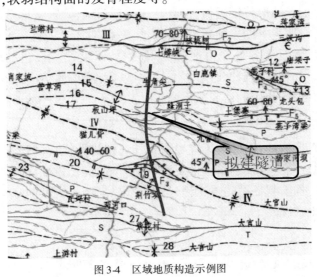

图3-4　区域地质构造示例图

④第四纪地层。第四纪沉积物的成因、类型;土的工程分类及其在水平与垂直方向上的变化规律;土的物理、水理、化学、力学性质;特殊土及地区性土的研究和评价等。

⑤地表水及地下水。江、河、湖、溪等地表水系的水位、流量、流速、冲刷、淤积、洪水位等情况;地下水的类型、化学成分与分布情况;地下水的补给与排泄条件、地下水的埋藏深度、水位变化规律与变化幅度;地面水及地下水对隧道的影响等。

⑥不良地质与特殊地质。各种不良地质现象及特殊地质的分布范围、形成条件、发育程度、分布规律及其对隧道工程的影响。

⑦地震。根据沿线地震基本烈度的区域资料,结合岩性、构造、水文地质等条件,通过访问,对隧址区地震资料进行调查。

⑧工程经验。对所在地区既有隧道工程及其他建筑物的稳定情况和工程措施进行调查访问,以便借鉴其工程经验。

二、工程地质调查测绘中对工程地质条件的研究

在工程地质调查测绘中,应将各种工程地质现象与隧道工程结合起来进行深入研究,以便对隧道的工程地质条件做出正确的评价。

1. 对地质构造的研究

地质构造之所以是工程地质调查测绘中的重要研究对象,有以下几点原因:

①决定区域稳定性的首要因素是地质构造,尤其是现代构造运动与活断层,所以修建长隧道时需要在大范围内研究活断层和地震等情况,并研究其错动方式和现代构造应力场。

②各种性质不同的岩体的空间位置、岩体的均一性和完整性以及岩体中软弱结构面的空间位置等对隧道设计影响很大,是选择隧道建筑场地必须详细研究的内容。

③在选定的隧道建筑区内评价岩体稳定性,需要首先查明岩体结构特征,这就必须详细研究地层、褶皱、断层、破碎带及各种不连续面(如层理、节理、劈理、片理)的发育程度及其相互组合关系。

2. 对地貌的研究

相同的地貌单元不仅地形特征近似,而且其表层地质结构、水文地质条件及自然地质作用也具有相似之处。研究地貌有助于判断岩性、构造、新构造运动的性质和规模,判明表层沉积的成因和结构,进而可以了解各处动力地质作用(例如滑坡、岩溶、松散堆积物等)的发展历史、河流的发育史等。进行地貌研究时应以大地构造、岩性、地质结构等方面的研究为基础,并与水文地质条件、自然地质作用的研究联系起来。

3. 对岩石的研究

在查明岩层分布、成因的基础上,还应根据野外观察初步判断岩石与隧道建筑物相互作用时的性能。在野外调查测绘不仅可以直接观察各种岩石类型、分布及构造特征,还可以通过现场试验判断岩石类型、构造特征对隧道工程建设的影响。调查测绘时还应特别关注岩石的天然状态,特别是其风化状况。

4. 对水文地质的研究

研究地下水的水量、水质及露头分布等,重点研究水文地质条件对拟建隧道的影响。例

如:研究洞口段滑坡与某些含水层的关系以便判定滑坡的成因;研究岩溶水的循环交替条件有助于判定岩溶的发育程度及其对隧道修建的影响;研究地下水的埋深和毛细水上升高度有助于判断隧道内产生冻胀的可能性等。

5. 对自然地质现象的研究

研究自然地质现象,一方面是要查明隧址区是否会受到现代自然地质作用的影响;另一方面是研究自然地质现象的发育条件,有助于预测工程地质作用。要注意自然地质现象与岩性、构造、水文地质条件的关系,以便查明其成因和发育条件。

6. 对既有建筑物的研究

对既有建筑物的调查是工程地质调查测绘所特有的工作内容。研究既有建筑物是否适应该地质环境,总结工程经验,为新建项目提供借鉴。

三、工程地质测绘的范围、比例尺和精度

1. 测绘范围

在进行正式测绘工作之前,首先需要明确测绘范围。主要考虑两个方面:隧道的类型、规模及设计阶段;区域地质条件的复杂程度。

隧道的类型及规模不同,则其与自然条件相互作用的范围及强度也不同。例如,长或特长隧道可能会穿越复杂多变的地层,引起较大范围内的自然条件变化,要想查明影响范围内的工程地质条件,则测绘范围必然要扩大;对于孤山中的中、短隧道,主要影响因素通常是山体压力和岩体质量,因此测绘范围就可以缩小;如果隧址区范围内的地质结构并不复杂,但在邻近区域有能够威胁隧道建设的地质作用,例如产生泥石流的汇水盆地、强烈的地震断层等,此时需要扩大测绘范围来评价整个区域的稳定性;当隧址区或邻近区域已有其他地质研究资料时,在工程地质勘察时可借鉴其成果。

2. 测绘比例尺

隧道地质测绘比例尺的选择原则与测绘范围的选择基本一致,也主要取决于区域地质条件及隧道特征。其中,设计阶段的要求起主要作用。随着设计阶段的深入,隧道场地的位置越来越具体,范围越来越小,对地质条件的详细程度的要求越来越高,测绘比例尺也越来越大。工程地质测绘的比例尺可参考下列划分原则选用:

①小比例尺测绘(1:50000～1:200000):一般在地质构造复杂地区研究隧道范围构造稳定性时采用,或研究岩溶发育段时采用。

②中比例尺测绘(1:10000～1:25000):一般在范围较大且条件复杂的地区进行隧道选址时使用。

③大比例尺测绘(1:5000～1:1000):适用于对选定的隧址区进行工程地质详细测绘、专门研究隧道洞口开挖以及研究活动断裂带、滑坡、溶岩等特殊地质作用时采用。

3. 测绘精度

测绘精度应与图纸的比例尺相适应。观察、描述的详细程度用每单位测绘面积上的观测点数目和观测路线长度来表示。通常以图上每一平方厘米内一个点的精度要求来控制平均观

测点的数目。观测点的布置不应是均布的,而是复杂地段多些,简单地段少些,且都应布置在关键点上,如各种单元的界线点、泉点、自然地质现象或工程地质现象点等。如果测绘比例尺增大,观测点数目增多而天然露头不足,则需要以人工露头勘探来补充,即在测绘时采用剥土、探槽、试坑等轻型勘探手段。

为保证图的详细程度,还要求工程地质条件的单元划分与图的比例尺相适应,即比例尺越大,划分的单元越小,每一单元内部的均一性越强。划分的详细程度应遵循下述规定:岩层厚度在图上的最小投影宽度或其他单元轮廓线的最窄宽度大于 2mm 时应按比例尺将其反映在图上,例如 1:2000 测绘可以将厚为 4m 的岩层(图中 2mm)按比例反映在图上;对于厚度小于 2mm 的重要单元,如软弱夹层、构造特征的标志层、自然地质现象等,可用超比例尺的办法标注,即不按比例尺而用一定符号进行标记。

四、工程地质测绘的方法和程序

工程地质测绘的方法与一般地质测绘相同,即沿一定路线做沿途观察,在关键点位上进行详细观察描述。在测绘区域较大的中比例尺测绘时,一般按照穿越岩层走向或横穿地貌、自然地质现象单元来布置观测路线。在详细测绘时,应追索走向和追索单元边界来布置路线。大比例尺测绘中,路线布置以穿越走向为主,配以部分追索界线的路线,以圈定重要单元的边界。

在勘察过程中,要把不同观测点、线观察到的现象联系起来,避免孤立地在各个点上观察。其次,要将工程地质条件与隧道工程活动的特点联系起来,以便能确切预测两者之间相互作用关系。此外,地质测绘时要随时整理,及时发现问题,以便现场进行必要的补充观测。

在开展工程地质测绘工作前,应充分收集和研究工作区既有的各种地质资料,确定工作重点和难点,制订工作计划。遥感解译是工程地质测绘的一种重要手段,具有覆盖面广、信息量丰富等特点,既可以进行区域宏观分析,又可指导地面地质工作,减少测绘的盲目性。但遥感解译受信息处理和比例关系等因素的影响,存在图像失真、假象或难以识别一些地质现象的局限性。因此,采用遥感解译与地面地质测绘相结合的方法开展工作,可以取长补短,提高测绘的质量和效率。

1. 无航测资料时的工程地质测绘

主要依靠野外工作,需要考虑测绘方法与精度,以期用较少的工作获得符合要求的结果。

1) 标测方法

根据不同比例尺的精度要求,对观察点、地质构造及各种地质界线等的标测方法有以下 3 种:

①目测法。根据地形、地物目估或步测距离。适用于小比例尺的工程地质测绘。

②半仪器法。用简单的仪器(如罗盘、气压计等)测定方位和高程,用徒步式测绳量距离。此方法适用于中比例尺的工程地质测绘。

③仪器法。仪器法是用测量仪器测定方位和高程的方法,适用于大比例尺的工程地质测绘。

2) 工程地质测绘的基本方法

①路线法。沿着选择的路线穿越测绘场地,并把观测路线、沿线查明的地质现象、地质界线填绘于地形图上。路线形式有直线形与"S"形等。路线法适用于各类比例尺测绘。

②布点法。根据地质条件复杂程度和不同的比例尺,预先在地形图上布置一定数量的观测点及观测路线。布点法适用于大、中比例尺测绘。

③追索法。沿地层、构造和其他地质单元界线布点追索,以便查明某些局部的复杂地质构造。追索法多用于中、小比例尺测绘。

2. 有航测资料时的工程地质测绘

遥感技术是根据电磁波辐射(发射、吸收、反射)的理论,应用各种光学、电子探测器,对远距离目标进行探测和识别的综合测绘技术。下面简要介绍用航测资料绘制工程地质图的方法。

①立体镜判释。立体镜是航空相片立体观察仪器。利用判断标志,结合区域地质资料,将判明的地层、构造、岩性、地貌、水文地质条件、不良地质现象等绘制在单张相片上,据此确定需要调查的地点和路线。

②实地调查测绘。对判释的内容,通过实地调查测绘进行核对、修改及补充。

③绘制工程地质图。根据地形、地貌、地物的相对位置,将测绘在相片上的地质资料用转绘仪器绘制于等高线图上,并进行野外核对。

第三节 工程地质勘探

隧道修筑于地层之中,其地质条件复杂多变,仅靠工程地质调查测绘,难以确切查明地面以下较深处的工程地质条件,所以隧道工程勘察还应采用工程地质勘探手段。

目前隧道工程的地质勘探方法主要有3类:挖探、钻探和地球物理勘探(简称"物探")。物探是一种间接勘探方法,能经济、迅速地进行三维探测,了解测区范围内的空间地质结构。钻探和挖探是直接勘探方法,但只能了解某处的垂直剖面。实际钻探或挖探时,通过一个勘探点可以得到一维资料,通过数个勘探点连成的勘探线可以取得二维资料,通过多个勘探点组成的勘探网可以取得三维资料。以物探纵、横剖面所得资料为基础,配以少量钻孔的验证,可以比较经济、快速地查明地下地质情况。挖探成本较高且耗时较长,多与原位测试试验配合使用。因此,在进行隧道工程地质勘探时,应综合运用3类勘探方法,充分发挥各勘探方法的优势,不同勘察阶段的勘测方法应有不同的侧重。

在初步勘察阶段,勘探的主要任务是配合工程地质测绘查明隧址区内的一般工程地质条件和水文地质条件,以满足隧道选址论证需求。所以,在该阶段宜先物探,再用钻探验证,并开展必要的现场试验。

在详细勘察阶段,为满足隧道工程地质及水文地质的勘察深度和精度要求,最有效的勘探方法是在初勘基础上加密钻探。

在施工勘察阶段,为了进一步核对隧道建筑环境的适宜性和结构设计的合理性,仍然需要在隧道内进行勘探及量测。由于隧道工程位于地下深层的立体空间中,水文地质情况比其他工程要复杂得多,因此隧道工程与其他工程的地质工作差异较大:桥梁桩基、路基的地质勘察工作大部分可以在勘察阶段完成,在施工过程中只需进行少量的补充修正;而隧道工程的地质勘察工作,在勘察阶段只能进行定性或局部定量的评价,还有很大一部分地质勘察工作需要在隧道施工过程中进行。隧道施工过程中采用的勘察手段主要有地质雷达探测、地震法探测、水平超前钻探及监控量测等,其结果用于指导设计变更、改变施工方法及施工管理等。

一、挖探

坑探与槽探是地表土层中常用的两种挖探方法。对于一些地质构造特别复杂或深埋地层中隧道工程,必要时还应进行洞探。

1. 坑探

用机械或人力垂直向下掘进土坑,深者称为探井。探坑断面形状有圆形、椭圆形、方形、长方形等,断面有 1m×1m、1.5m×1.5m 等不同尺寸,应根据土层性质、用途及深度选择。坑探方法允许直接在坑中观察地质结构细节,采集原状试样,为原位测试提供条件。

2. 槽探

挖掘出狭长的槽形探坑,其宽度一般为 0.6~1.0m,长度视需要而定,深度通常小于 2m。槽探适用于基岩覆盖层较薄的地段,常用来追索构造线,查明坡积层、残积层的厚度和性质,揭露地层层序等。探槽一般应垂直于岩层走向或构造线布置。

3. 洞探

洞探是开挖小断面垂直或水平导坑以获取深部地质资料的勘探方法。洞探一般在岩层中采用,其深度或长度视岩层性质和工程需要而定,用以了解深部岩层的构造特征、风化程度等性质,查明不良地质的类型与特征,还可在洞内进行岩体原位力学性质测试、弹性波速测试等。洞探的造价较高,但能提供原位岩层的状况,多用于大型复杂岩体工程。开挖长大隧道所用的平行导坑也可用于洞探。

二、钻探

1. 简易钻探

简易钻探是土质浅层地层中采用的勘探方法。其优点是工具轻、体积小、操作方便、进尺较快、劳动强度较小;缺点是难以取样,且在密实或坚硬的地层内不易钻进。常用的简易钻探工具有小螺纹钻、钢钎、洛阳铲等。

①小螺纹钻由螺纹钻头和钻杆等组成,人工加压回转钻进,适用于黏性土及亚砂土地层,可以取得扰动土样。钻探深度一般小于 6m。

②钎探又称锥探,是用钎具向下冲入土中,凭感觉探查疏松覆盖层的厚度或基岩的埋藏深度的钻探方法,其探深一般可达 10m 左右。常用来查明黄土陷穴、沼泽、软土的厚度及其基底的坡度等。

③洛阳铲借助自重冲入土中,钻成直径小而深度较大的圆孔,可采取扰动土样,冲进深度一般为 10m,在黄土层中可达 30m 以上。

2. 常规钻探

在工程地质勘察中,钻探是应用最广泛的一种勘探手段。由于钻探可获取深部地层的可靠地质资料,并对物探结果进行验证,较其他勘探手段具有突出优势,因此,布置勘探工作的地段一般均需采用钻探手段。

与物探相比,钻探是一种比较直接的勘探方法,可以根据提取的岩芯(岩样)来描述岩性,能够比较准确地查清地质结构;可揭露地下水,采集试验用的岩样及水样;在钻孔中可进行各种试验和长期观测。

与坑探相比,钻探比较轻便,勘探深度不受地下水的限制。

常规钻探不能观察岩层的天然产状,不易取得软弱层和破碎带的岩芯。为了克服上述缺点,近年来发展了钻孔摄影技术和钻孔电视技术,以观测岩体中的裂隙、软弱夹层等现象。

根据钻进时破碎岩石的方法,钻探可分为冲击钻进、回转钻进、冲击回旋钻进和振动钻进。

1) 钻探的布置和设计

钻探的成本相对较高,难以抵达山体陡峻位置,应以最少的勘探工作取得尽可能多的资料,这就要求每一钻孔都能布置在关键位置,使每一钻孔获得尽可能多的信息。为此,应当在勘探开始之前根据隧道的类型、规模及勘察阶段布设钻孔,明确钻孔的位置、间距、深度等控制要素。

钻孔应沿隧道轴线布置,构成勘探线。钻探通常分两步:

①在物探基础上对各比选方案轴线进行控制性钻探,基本查明各比选方案轴线位置的地质情况。

②对推荐方案隧道轴线进行技术钻探,取得详细的工程地质、水文地质资料。钻孔位置一般沿隧道轴线两侧交错成梅花状布置,一般距轴线 30~50m;不同勘探线上的钻孔布置以能够阐明岩层的空间变化规律为宜,最终绘制出工程地质纵、横剖面及轴线投影图。例如当隧道轴线穿过断层时,应在断层上盘布置钻孔,勘探线应平行断层走向布置以便揭露断层;又如,隧道洞口的勘探线应垂直隧道轴线布设,以便了解洞口段地层条件。在岩性异常或构造异常的地段允许有少量钻孔偏离勘探线。

钻孔间距也与勘察阶段、地质条件和工程规模有关。早期勘察阶段主要根据工程地质条件布置孔位,后期勘察阶段主要根据隧道设计要求布置孔位。工程地质条件越是复杂多变,两钻孔间的间距越小;隧道规模越大,钻孔的数量越多;当遇到岩溶发育、断层破碎带、滑坡等特殊地质情况时,钻孔间距可适当加密。

钻孔的方向主要取决于勘探对象的产状。应力求以最短的钻孔进尺获得最多的地质信息。目前多采用竖直钻孔,也有在一处孔位上钻出多个不同方向的定向斜孔的案例,这样可以减少钻孔设备的搬迁,提高工效。钻孔深度以查明对隧道有影响的地层为原则,一般要求达到隧道底部以下 10~20m,岩溶发育带的钻孔深度要求达到隧底以下 30m 甚至更深。

2) 钻孔的编录工作

勘探过程中的观察、地质条件的描述和资料的编录是一项很基础但又很重要的工作,直接关系到资料的完备性和准确性。钻探的观察、描述和编录工作包括:

①岩芯观察、描述和编录。确定岩芯的成分、状态及产状,描述其矿物及颗粒成分、结构及构造;对疏松砂和黏性土,应观察其致密程度、稠度、含水情况;对岩石应观察其坚硬程度、裂隙、风化程度以及风化带状况;计算岩芯采取率,记录每块岩芯的大小、裂隙间距及倾角,以便定量描述裂隙的发育程度。近年来,利用岩石质量指标(RQD)判断岩体完整程度的方法得到较为广泛的使用。岩石质量指标与"岩芯获得率"的概念是近似的,即在取出的岩芯当中选取长度大于10cm 的柱状岩芯,量出其长度,算出它们在该钻程中所占的长度百分比。岩石质量

指标越好或者岩芯获得率越高,则表明勘探的岩层越完整,反之则表示地层越软弱破碎。钻孔结束后,应根据钻孔记录编制钻孔柱状图。

②钻孔动态的观察和记录。根据钻孔的钻进动态可以判断岩石的完整程度和裂隙发育程度。例如,进尺速度低于该可钻级别岩体的平均速度且钻进不平稳,一般代表着岩体裂隙发育;如有掉钻现象,一般是有溶洞或张开的裂隙;如有孔壁掉块甚至卡钻,则表明岩石极其破碎。记录这些钻孔异常现象在钻孔中出露的高程和长度,就可以结合岩芯共同判定该段的地质情况。钻孔冲洗液的消耗也会由于岩石完整性不同而有所变化,岩石破碎、岩溶发育则往往出现返水很少甚至不返水的情况。

③地下水的观测和记录。主要包括钻孔中的初见水位和静止水位,记录其高程。每班工作开始前、钻具取出后和下放前都要测定水位。每次钻进停止时应先将钻孔内的残水汲干,待观测水位恢复后再测定水位。检查分层止水的情况时,需分层采取水样和测定水温,记录各试验段的单位吸水量。

④钻孔摄影和钻孔电视观察。在钻进过程中如遇强风化、裂隙、破碎带及软弱夹层发育的岩层,往往岩芯采取率很低,此时只能根据岩屑和钻进动态间接判断;如遇孔洞,则更难以直接了解孔洞情况。为了直接观察这些钻孔内部情况,近年来广泛采用了钻孔摄影和钻孔电视观察技术。使用钻孔摄影机可以获得岩层内裂隙方向、裂隙发育程度、风化程度、断层破碎带的情况;用钻孔电视摄像机可以在电视荧光屏上拍摄孔洞形态的清晰照片,如图 3-5 所示。

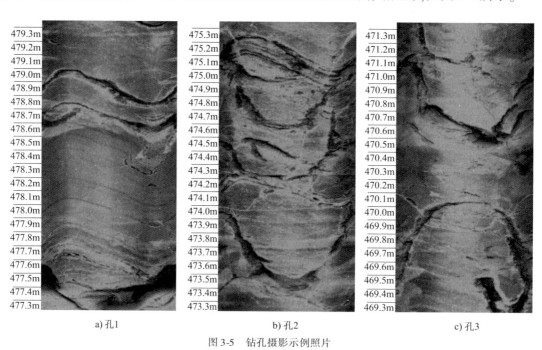

图 3-5　钻孔摄影示例照片

三、地球物理勘探

地球物理勘探(简称物探)以被探测的地质体与围岩的物性(如电性、磁性、弹性波、放射性、重力、热等)差异为基础,探测和识别地质体。物探法具有设备轻便、成本低、效率高、工作空间广等优点。但由于不能取样,不能直接观察,故常常与地质调绘、钻探等手段配合使用。

物探是根据物理现象对地质体或地质构造进行解释推断,是一种间接勘探方法。物探结果可以提供如下信息:地质体的要素特征,包括地层结构、地层岩性、地质构造等;地质体的地球物理场的变化特征,包括电场、电磁场、温度场、弹性波场等;地下含水体信息,包括含水体的埋深、厚度、地下水溶解性、孔隙率等参数。通过地球物理场的变化特征分析,结合工程地质、水文地质条件,判断地下水的补、径、排关系。

目前比较成熟的物探方法包括地面物探和孔内物探两大类,见表3-1。

常用的物探方法   表3-1

类别		方法	类别	方法
地面物探	直流电法	电阻率测深法	电阻率法	视电阻率测井法
		电阻率剖面法		侧向测井法
		高密度电阻率法		井液电阻率测井法
		自然电位法	电化学活动法	自然电位测井法
		充电法	声测法	声速测井法
		激发极化法		超声成像测井法
	电磁法	音频大地电方法	放射性法	自然伽马测井法
		频率大地电磁法		自然伽马能谱测井法
		瞬变电磁法	流量法	流量测井法
		核磁共振法	扩散法	扩散测井法
	地震法	反射波法	其他方法	井温测井法
		折射波法		井径测井法
	放射性法	测氡法		井斜测井法

由于不同的物探方法对应的探测深度差别很大,因此在选择物探方案时,除考虑地形、地质条件外,还要结合隧道的埋深综合确定。另外,物探是一种间接勘探手段,影响物探解释成果的因素也较多。在地质条件复杂、地层及岩性的物理性质不明、外界干扰严重的情况下,物探解译结果具有一定程度的不确定性。因此,对于物探异常区往往需要采用钻孔验证。

物探工作宜在1:2000隧道工程地质调绘工作的基础上进行,其成果可补充工程地质调绘,指导钻孔布设。隧道洞身段应沿轴线布置纵向测线,洞口段应布置横向测线。对于工程地质条件复杂的越岭深埋隧道,宜进行综合物探。当需进一步探测岩溶、采空区等异常范围时,应根据隧道工程的地质评价加密测线、测点或布置测网。

下面介绍隧道工程勘探中常用的直流电法勘探、电磁法勘探和部分测井物探,以及在施工过程中常用的隧道超前地质预报等技术。

1. 直流电法勘探

直流电法勘探的基本原理是通过仪器测定岩、土导电性的差异来判断地下地质情况。当地层间具有一定的导电性差异、所测地层具有一定的体量且相对的埋藏深度不太大时,或者地形较平坦、杂散电流与工业交流电等干扰因素不大时,直流电法勘探能取得较好的效果。

高密度电法是在常规电法勘探基础上发展起来的一种新的勘探方法,它仍然以地下介质导电性差异为基础,通过观测和研究与这些差异有关的人工电场的分布规律,可查明地下介质分层、地质构造和寻找地下电性不均匀体(如岩溶、风化层、断层等)。高密度电法的勘测深度可达30~50m,适用于探测隧道地表第四纪覆盖层厚度和浅部岩溶发育情况。图3-6为采用高密度电法探测的某隧道一条测线成果图。

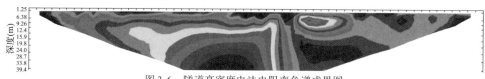

图3-6 隧道高密度电法电阻率色谱成果图

2. 电磁法勘探

电磁法勘探的基本原理是通过发射天线向地下发射高频电磁脉冲波,在地下传播中遇到介电常数和导电率存在差异的不同介质时,将在其分界面上发生反射,返回地表的电磁波被接收天线接收。根据接收的回波可以判断目标的存在,计算其距离和位置,并以此来探测地层的地质情况。

电磁法勘探适用于探测相邻介质之间电性存在差异的地质体,可探测其分布位置、埋深及规模。例如,采空区、节理裂隙通常与较强烈的电阻率异常区相关,而断层、节理裂隙为地下水提供了储存空间,富水的断层、节理裂隙会在电阻率断面上反映出局部的低阻特征。所以大地电磁测深法被广泛应用于断层、裂隙等构造探测,其探测深度可达地下1000m以上,适用于各种不同的地质条件和比较恶劣的野外环境。通过仪器现场探测采集数据,经过数据处理及反演计算,得到测线二维电阻率等值断面图和电学地质断面成果图(图3-7),整理后可应用在隧道工程地质纵断图上。

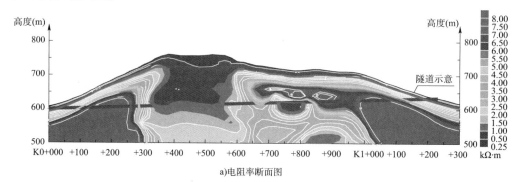

a) 电阻率断面图

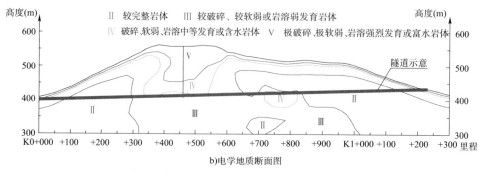

b) 电学地质断面图

图3-7 应用于隧道的大地电磁法勘探成果断面示例图

3. 测井物探

测井物探应根据具体的任务、目的和要求,结合钻孔测试条件确定适宜的方法,可选电测井、地震波速测井、声波测井、超声波成像测井、放射性测井、电视测井、井温测井、井径测井等。

近年来测井物探技术在公路工程地质勘察、工程质量检测和物性参数测试等方面的应用日趋广泛,如地震波速测井用于场地类别划分,电测井用于含水层的确定;声波测井主要用于探测隧道钻孔的地层岩性和岩体风化、完整程度,为隧道围岩分级提供依据和定量指标;尤其是隧道地质条件复杂、岩体破碎、钻孔岩芯采取率较低时,声波测井能够辅助钻探测明隧道地质情况。此外,电视测井配合钻探在溶洞、采空区地层勘测中也可发挥较好的作用。

表3-2为某一个钻孔中测试得到的不同深度的声波速度。

钻孔声波速度测试成果示例表　　　　表3-2

孔号	钻孔深度(m)	岩性	纵波波速(m/s)	岩块声波速度(m/s)	岩体完整性指数	岩体风化程度
HUSZK3	0.5~3.3	页岩	2248~2304	—	—	强风化
	3.3~34.5		2170~2733	3202	0.46~0.73	中风化
	34.5~68.6	灰岩	5545~6084	7840	0.50~0.60	
	68.6~126.4	页岩	2198~2686	3202	0.47~0.70	

将钻孔声波(V_p)测试结果绘制成曲线图,如图3-8所示。

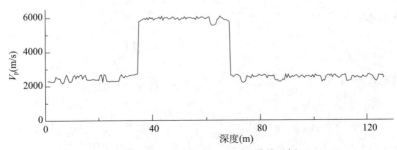

图3-8　钻孔声波速度(V_p)测试曲线示例

在实际勘探中常常利用地质钻孔进行综合测井勘探。随着物探设备的进步,目前电阻率测井法、放射性测井(自然伽马测井)、扩散法、井温测井等测井方法都可通过专用智能测井仪器采集数据,通过分析软件进行数据计算和图形处理。

①电阻率测井。电阻率测井是一种测定岩石电阻率(导电率)的方法。测试时在地层中加一电场,用仪器所记录的电阻率曲线反映地层导电率的差异。

②自然伽马(γ)测井。自然伽马测井是一种测定岩石中放射性元素相对含量的方法。由于岩石自然放射性的高低与岩石中所含泥质的多少有密切的关系,因而根据测井结果可以划分钻孔的地质剖面,确定砂泥岩剖面中砂岩泥质含量,并能定性判断岩层的渗透性。

③扩散法。扩散法是在钻孔中投入一定量的试剂(如氯化钠、同位素等),在地下水的作用下发生扩散,观察相应物理量随时间的变化,从而了解地下水的运动情况。

④井温测井。井温测井主要通过测量钻孔地层剖面中各岩层的温度,可为隧道设计、施工提供各地层温度。

勘察人员通过进一步整理,绘制成钻孔综合柱状图,用于编制隧道工程地质勘探资料。

4. 超前地质预报

在施工过程中利用物探手段对隧道掌子面前方进行超前探测,主要用于发现隧道掌子面前方的断层破碎带、溶洞、采空区、富水带等地质异常,并确定其位置及规模,评价其可能引起的施工地质灾害及对隧道施工的影响,以便在施工中提前采取预防措施,防患于未然。隧道超前地质预报常用的物探方法主要有弹性波反射法、电磁波反射法、高分辨直流电法、红外探测法等。由于物探的局限性和不确定性,对于采用物探发现的重大异常情况,需采用钻探等直接勘探手段进行验证。

第四节　水文地质勘察

当隧址区的水文地质条件较为简单时,水文地质勘察可与工程地质勘察合并进行。当隧址区内的水文地质条件较为复杂时,仅靠工程地质勘察难以全部揭示其水文地质状况,此时应进行水文地质专项勘察。水文地质勘察宜在工程地质勘察成果的基础上进行。水文地质勘察测点、测线及测区的布置也应与工程地质勘探工作相结合,以便综合利用勘探成果。

一、地下水分类

1. 按埋藏条件分类

按埋藏条件,地下水分为上层滞水、潜水、承压水,如图3-9所示。

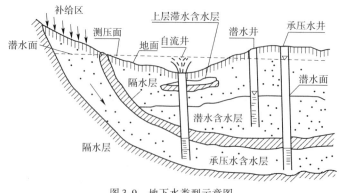

图3-9　地下水类型示意图

1)上层滞水

上层滞水是一种局部的、暂时性的地下水。当透水层中夹有不透水或弱透水的透镜体时,地表水便可汇集于此形成上层滞水。上层滞水接近地表,故受气候因素的影响很大,动态变化极不稳定:雨季或融雪期水量增大,地下水位升高;旱季则水量大幅度减少,地下水位迅速降低,甚至可能全部蒸发、下渗。埋深较浅的隧道或山岭隧道洞口段常会遇到上层滞水,这种地下水本身压力不大,不会产生有危害的水压力,但由于水位变化较大,易导致土质地层和泥质胶结的岩层软化,造成围岩压力增大。

2)潜水

潜水是位于地表下面第一个连续隔水层之上、具有自由水面的重力水,一般存在于第四纪松散堆积物孔隙、基岩裂隙或溶洞中。潜水通过包气带与地表相通,大气降水和地表水是潜水的主要补给来源;在大多数情况下,潜水的分布与补给区是一致的。气象、水文因素的变化可直接影响潜水:雨季潜水面上升,埋藏深度变小,含水层厚度随之增大;旱季则相反。潜水具有自由表面,在重力作用下,自水位较高处向水位较低处渗流,流动快慢取决于含水层的渗透性能和潜水面的水力坡度。在隧道开挖过程以及排水型隧道运营工程中,会在隧道处汇集地下水,为潜水提供新的泄水通道。隧道长期泄水,会带走裂隙的充填物,软化结构面,使地层的渗透性能发生变化。

3)承压水

承压水是充满于两个隔水层之间的地下水。承压水多集中于向斜构造或单斜构造的地层中。承压水的上部由于连续隔水层的覆盖,受气候条件影响较小。在隧道结构设计时,应根据承压水压力的大小,选择合适的衬砌结构和防排水措施。

2. 按含水层性质分类

按含水层性质,地下水分为孔隙水、裂隙水和岩溶水。

1)孔隙水

孔隙水是赋存于松散沉积物颗粒孔隙中的地下水,在堆积平原和山间盆地内的第四纪地层中分布广泛。孔隙水的分布、补给、径流和排泄取决于沉积物的类型、地质构造和地貌等因素。不同成因的沉积物中,存在着不同的孔隙水。例如:在山前地带形成的洪积扇内,近山处的卵砾石层中有巨厚的孔隙潜水含水层;到了平原或盆地内部,由于沙砾层与黏土层交互成层,形成承压孔隙水含水层。第四纪松散岩类孔隙水主要分布于槽谷及洼地等零星地带,厚度数米至 30m 以上,岩性主要为崩坡积碎块石土、残坡积含碎石粉质黏土等。该类含水岩组富水性差,透水性好。

2)裂隙水

裂隙水是埋藏于基岩裂隙中的地下水,岩石裂隙的发育情况决定了裂隙水的分布情况和富集程度。在裂隙发育区段,含水丰富,裂隙的张开程度和连通性比较好,常成为地下水径流的主要通道;裂隙不发育区段,含水少,导水性差。所以在同一构造单元或同一地段内,岩体的含水性和富水性可能会存在较大差异。

3)岩溶水

岩溶水是赋存和运移于可溶岩的溶隙溶洞(洞穴、管道、暗河)中的地下水。我国岩溶分布广泛,特别是在南方地区。溶洞是由于地下水对可溶岩层的长期溶蚀和塌陷作用而形成的。岩溶发育的不均匀性使岩溶水在垂直和水平方向上的变化很大。岩溶管道是岩溶水活动的通道,暗河是多股地下岩溶水汇集而成的较大规模的排泄通道。部分暗河与地面的槽谷伴随存在,通过槽谷底部的漏斗、落水洞使两者互相连接。

二、地下水对隧道的影响

由于山岭隧道工程建造于山体内部,无论是在建设过程中还是建成后的运营过程中,都不能忽视地下水对隧道的影响。

1. 地下水对隧道施工阶段的影响

在施工阶段,地下水的存在可能诱发隧道围岩松弛、岩质软化,导致围岩中软弱夹层泥化而降低岩层间的阻力,造成围岩失稳甚至塌方;在裂隙发育、地下水丰富的地层中开挖隧道,作业困难,施工质量难以保证;当地下水涌水量过大,将带出大量泥沙,造成严重的突水、突泥事故;对于高压富水或含有有害离子(SO_4^{2-}、Cl^-等)的地下水的区段,设计隧道时还需要采取一些特殊的应对措施。

2. 地下水对隧道运营阶段的影响

在运营阶段,由于地下水的长期侵蚀作用,隧道围岩和衬砌逐渐被软化,衬砌结构的可靠性、耐久性降低,对隧道整体稳定性影响较大。地下水易从隧道施工缝、变形缝、裂缝或衬砌混凝土不密实的部位穿透隧道防排水体系,从而造成隧道内部环境潮湿,使洞内供电、照明及通信设备等发生锈蚀,缩短这些设备的使用寿命。渗漏水较多时,在北方或高寒地区冻融循环会加剧隧道结构破损,引起路面结冰、车辆滑移;在南方雨季容易引起拱墙渗漏水、路面积水,严重时造成洞内涌水(图3-10)、结构破损(图3-11)等问题,危及行车安全。

图3-10 地下水造成洞内涌水

图3-11 地下水造成路面隆起破损

三、水文地质勘察方法

水文地质勘察与工程地质勘察的方法基本相同,但更加侧重于水文方面,主要分为以下几种:

①收集资料。收集、整理勘察区内与隧道工程有关的自然地理、区域地质、工程地质、水文地质、气象、河流水文和地震等资料,为隧道水文地质勘察工作打好基础。

②工程测量。主要用于地形、水文地质剖面测量及勘探孔定位测量。

③调查观测。通过水文观测,可以掌握地表河流枯水季节和洪水季节的水位变化曲线;通过地下水的补给、径流、排泄条件的调查,可以查清地下水与地表水的相互作用关系。岩溶管道调查如图3-12所示。

④水文地质、工程地质综合测绘。目的是掌握工作区内各类地层的分布规律和特征,掌握其地质构造的分布和发育程度,查明隧道工程的水文地质条件和工程地质条件。

⑤水文地质物探。目的是充分了解测区内含水层结构、厚度变化及富水性。水文地质物探应在水文地质测绘的基础上进行,以确定地下水的异常分布区,为合理布置勘探孔提供依据。有钻孔的工作区应采用综合测井、孔内电视及跨孔物探等方法进行井(孔)物探工作。

⑥水文地质钻探。在测绘与地面物探工作的基础上,结合地下水的补给、排泄条件,在构造复杂、岩溶发育和物探确定的异常区段应布设水文地质勘探孔(图3-13)。目的在于揭露隧道区含水层结构特征,查明隧道地层结构岩性、各时代地层分布厚度,以及含水层分布位置、厚度、埋深、结构等信息,并通过勘探断面揭示含水层的空间变化特征对物探成果进行验证。水文地质钻孔应与地质钻孔结合使用,钻孔深度应至隧道洞底设计高程以下 10~20m,必要时还应根据实际情况加深。

图 3-12　岩溶管道调查

图 3-13　水文地质钻孔

四、隧道涌水量预测

隧道涌水量预测是一项复杂的技术工作,其结果的可靠与否直接决定着隧道防排水体系设计的成败。例如,在设计隧道排水系统时,通常会选择与该座隧道的预测最大涌水量相匹配的管沟来排水。如果勘察预测的隧道涌水量远远低于隧道建成后的实际涌水量,则会造成设计的管沟排水能力不足,在运营期间诱发隧道病害(图3-14);反之,则可能造成排水管沟尺寸过大,导致排水系统的浪费。在勘察阶段如果对隧道涌水段勘探不够准确,施工过程中可能会遭遇涌水突泥事故,严重时将危及人员生命、机械设备的安全(图3-15)。

隧道涌水量预测主要是指对整座隧道及其各个区段的最大涌水量和正常涌水量的预测。目前隧道涌水量的预测方法主要有工程比拟法、水均衡法、地下水动力学法、数值计算法(有限元法、有限差分法)、非确定性方法(模糊数学法)和施工超前预报法等。不同预测方法适用于不同的地质条件和勘察精度。工程比拟法适用于水文地质条件相同或相似的隧道工程。水均衡法用于补给流域内补给水量全部通过隧道涌出区段的涌水量预测,它要求边界准确界定,但难以计算管道初始瞬时突水,难以客观反映隧道所处地下水分带位置,故应用时应根据不同岩溶发育特征和水文地质条件对涌水量进行适当修正。地下水动力学法适用于相对均质的饱水带含水体的涌水量预测;当在岩溶区应用该方法时,需要较充分的勘探工作来界定地下水补给边界、水动力条件和渗流场性质、特征。数值计算法是依靠水文地质勘察成果(如地质结构、地层物性参数、含水层参数等)建立数值计算模型来计算涌水量的方法,该方法具有反演求参、正演拟合的优势,在矿井、隧道涌水预测中应用广泛。

图 3-14　运营隧道管沟涌水　　　　　　图 3-15　施工隧道突泥涌水

初步设计阶段可采用水均衡法(大气降水渗入法、地下径流模数法)、工程比拟法等进行概略预测。施工图设计阶段应根据勘察试验资料,采用地下水动力学法进行预测,并结合其他方法进行综合确定。施工过程中可根据实际抽、排水情况,对预测结果进行修正。

1. 大气降水渗入法

根据隧址区的地下水类型、地形地貌、地层岩性、自然地理特点、降雨量分布状况,将隧道分段分别进行计算,计算段面积按隧道附近垂直补给带含水层面积计算,计算公式为:

$$Q_{补} = 1000 \times \lambda \times h \times A/365 = 2.74 \times \lambda \times h \times A \tag{3-1}$$

式中:$Q_{补}$——地下水补给量(隧道涌水量)(m^3/d);

λ——渗入系数,根据区域水文地质报告结合经验取值;

h——年降水量(mm),如年平均降水量、年最大降水量(月最大降水量×12)等;

A——集水面积(km^2),可根据地形图圈定含水层出露面积。

2. 地下径流模数法

对于地表水体不发育的山岭隧道,也可采用地下径流模数法计算。根据各岩组地层出露位置、地貌形态、岩溶发育部位并结合本水文地质单元中的径流条件,采取以下公式计算:

$$Q_{径} = M \times A \tag{3-2}$$

式中:$Q_{径}$——地下径流量(隧道涌水量)(m^3/d);

M——地下径流模数[$m^3/(d \cdot km^2)$],根据区域水文地质普查报告及地区经验综合选取;

A——隧道通过含水体地段的集水面积(km^2)。

3. 地下水动力学法

根据隧道工程穿越区内的含水层厚度、性质、渗透系数等参数,当隧道通过潜水含水体时,可采用裘布依理论公式计算隧道单洞正常涌水量:

$$Q_s = L \times K \times (H^2 - h^2)/(R_y - r) \tag{3-3}$$

式中:Q_s——隧道正常涌水量(m^3/d);
　　L——隧道通过含水体的长度(m);
　　K——含水体的渗透系数(m/d);
　　H——洞底以上潜水含水体厚度(m);
　　h——洞内排水沟假设水深(一般考虑水跃值)(m);
　　R_y——隧道涌水地段的引用补给半径(m);
　　r——洞身横断面等价圆半径(m)。

需要说明的是,尽管目前有多种涌水量预测方法,但是由于涌水量的大小与地形地貌、地层岩性、地质构造、气象、水文条件等诸多因素有关,想要得到准确的涌水量预测结果非常困难,对于岩溶区尤其是条件复杂的特长隧道更是如此。因此,需要运用多种方法相互校核、综合确定。

第五节 室内试验及现场测试

测绘、勘探只能查明隧道建筑场地的地层结构分布情况,要想定量测定与隧道工程活动有关的岩土物理力学性质和水文地质情况,还需要借助室内试验或现场测试来完成。需要开展的试验项目和试验方法,应根据工程要求和岩土性质来确定。室内试验与现场测试可相互补充、印证,以保证测试结果的准确性。

一、土的室内试验及现场测试

1. 土的分类

土是岩石在风化作用后经搬运作用在原地或异地的各种环境下形成的堆积物。土由作为原生矿物的固体颗粒、水和气体组成。在隧道洞口段、洞身浅埋段、断层破碎带或黄土地层等建设环境中普遍会遇到土。不同类型、不同区域、不同埋深和不同成因的土有着不同的工程地质性状。因此,有必要对土进行工程分类,以便在工程建设中对不同的土采取针对性的处理措施。《公路工程地质勘察规范》(JTG C20—2011)对土的分类如下:

①按地质成因,可分为残积土、坡积土、崩积土、冲积土、洪积土、风积土、湖积土、海积土和冰积土等。

②按土所具有的工程地质特性,可分为黄土、冻土、膨胀土、盐渍土、软土、红黏土和填土等。

③按颗粒级配或塑性指数,可分为碎石土、砂土、粉土和黏性土。

——碎石土:粒径大于2mm的颗粒质量超过总质量50%的土。

——砂土:粒径大于2mm的颗粒质量不超过总质量的50%,且粒径大于0.075mm的颗粒质量超过总质量50%的土。

——粉土:塑性指数I_p≤10,且粒径大于0.075mm的颗粒质量不超过总质量50%的土。

——黏性土:塑性指数I_p>10,且粒径大于0.075mm的颗粒质量不超过总质量50%的土。

2. 室内土工试验分类

绝大多数岩土材料的物理力学参数(如土粒相对密度、颗粒成分、土的重度等)是通过室内试验来测取的。室内土工试验的方法有很多种,大体可分为如下几类:

①土的物理性质试验。砂土:颗粒级配、比重、天然含水率、天然密度、最大和最小密度。粉土:颗粒级配、液限、塑限、比重、天然含水率、天然密度和有机质含量。黏性土:液限、塑限、比重、天然含水率、天然密度和有机质含量。

②土的压缩、固结试验。

③土的抗剪强度试验。包括直剪试验、各种常规三轴试验、无侧限抗压强度试验等。

④土的动力性质试验。包括动三轴试验、动单剪试验等。

3. 土的原位测试

原位测试是在天然条件下原位测定土体的各种工程性质。由于原位测试是在土原来所处的位置进行的,因此它不需要采取土样,被测土体在测试前不会受到扰动而基本保持其天然结构、含水率及原有应力状态,因此测得的数据比较准确可靠,与室内试验结果相比,更加符合土体的实际情况。尤其是对灵敏度较高的结构性软土和难以取得原状土样的饱和砂质粉土和砂土,原位测试具有不可替代的作用。原位测试具有下列优点:

①可以测定难以取得不扰动土样的土(如饱和砂土、粉土、流塑状态的淤泥或淤泥质土)的工程力学性质。

②影响岩土体的范围远比室内试样大,因而更具有代表性。

③很多原位测试方法可连续进行,因而可以得到完整的地层剖面及物理力学指标。

④原位测试一般具有速度快、经济的优点,能大大缩短勘察周期。

原位测试也存在一定的局限性,比如各种原位测试具有严格的适用条件,若使用不当会影响其效果甚至得到错误的结果。

原位测试的方法有很多种,主要可分为三大类:

①岩土力学性质试验。包括载荷试验、静力触探试验、圆锥动力触探试验、标准贯入试验、十字板剪切试验、旁压试验、扁铲侧胀试验、现场剪切试验、岩土原位应力测试、声波测试、点荷载试验等。

②水文地质原位试验。包括钻孔抽水试验、压水试验、渗水试验等。

③改善岩土性能的原位试验。包括灌浆试验、桩基承载力试验等。

二、岩体(石)工程地质试验

除了常规的岩体(石)物理力学性质试验外,常见的岩体(石)工程地质试验还有岩体变形性能试验、岩体抗剪强度试验、岩体弹性抗力系数试验以及地应力测试等。

1. 岩体变形性能试验

在坚硬的岩石地层中修建隧道,需要测定岩石的变形模量和弹性模量。根据试验施加荷载的特性,可分为静力法和动力法两大类,也可分别称为直接法和间接法。

2. 岩体抗剪强度试验

岩体的破坏形式主要是剪切破坏,所以岩体的抗剪强度是判断围岩稳定性的重要指标之一。岩体抗剪强度指标的测定和土体相似,方法、原理也基本相同:在制备好的试样上,施加一定垂直荷载,然后逐渐施加水平剪力将试样剪断,整理出不同垂直压力下的资料即可得到剪应力-正应力关系线,就可以求出内聚力和内摩擦角值。

3. 岩体弹性抗力系数试验

荷载-结构模型在隧道工程设计中被广泛采用,而荷载-结构模型中弹性抗力系数是体现围岩-支护相互作用关系的重要参数,如何获取准确的弹性抗力系数值决定着基于荷载-结构模型进行隧道设计的成败,因此必须利用科学的试验方法测试岩体的弹性抗力系数。在实际工程中,岩体弹性抗力系数一般通过荷载板试验确定,由荷载板试验的压力和沉降关系曲线计算弹性抗力系数值。

4. 地应力测试

隧道开挖后周边应力会重新分布,影响应力分布的主要因素是洞形和岩体的初始应力状态。在应力重分布过程中,对于深埋高地应力隧道,容易出现岩爆或软岩大变形等地质灾害,可通过现场测试得到围岩的初始应力状态,以便进一步了解地下洞室开挖后的应力分布规律,从而采取针对性的结构设计和施工措施,使隧道结构设计更加经济、安全。

测定地应力的方法主要有应力解除法、应力恢复法和水力压裂法3种。图3-16为采用水力压裂法得到的一个深孔的主应力值与孔深的关系。

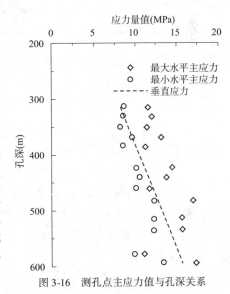

图3-16 测孔点主应力值与孔深关系

现场试验工作能在天然条件下测定较大范围岩土体的各种性能,其试验结果比在实验室内用小块试样所得资料更符合实际情况,更能反映岩体由于节理裂隙、层理及软弱夹层等的切割而造成的非均质性和各向异性。但这类工作一般需要大型设备,费时且成本较高,因此大部分现场试验只在特殊地段或大型隧道工程有需求时才开展。

三、水文地质试验

隧道工程水文地质试验应结合现场工程地质钻孔进行,主要包括抽水试验、注水试验、压水试验、连通试验等。在水文地质试验中,应进行必要的观测和测试工作,以便获取更多的信息。

1. 抽水试验

抽水试验的主要目的是查明隧址区地层的渗透性和富水性,确定降落漏斗的形状、大小及扩展过程;研究井的涌水量与水位降深的关系及其与抽水延续时间的关系,求得含水层及越流层的水文地质参数;了解地下水与地表水、岩溶水等不同含水层(组)之间的水力联系。

抽水试验需在试验现场打一个钻孔(井),沉入抽水管进行抽水。自井中抽水时,井中水位降低,与周围含水层产生水位差,水即向井内流动,导致井周围的水位相应降低,其降低幅度

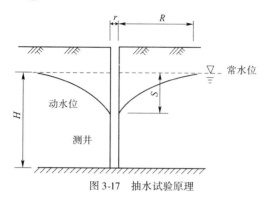

图 3-17　抽水试验原理

随远离井壁而逐渐减小,水面形成以井为中心的漏斗状,称为降落漏斗,如图 3-17 所示。降落漏斗范围随井中水位不断降低而扩大,当井中水位稳定不变后,降落漏斗也渐趋稳定。此时漏斗的范围即为抽水的影响范围。井壁至影响范围边界的距离称为影响半径,以 R 表示。

在抽水试验过程中,需要及时对抽水试验的基本观测数据——抽水流量(Q)、水位降深(S)及抽水延续时间(t)进行现场检查与整理,并绘制出各种关系曲线(图 3-18),展现测井内地下水流量和水位在抽水过程中的变化规律。最终将试验数据代入稳定流计算公式,计算出渗透系数 K 和影响半径 R。为了获得较为准确、合理的渗透系数 K,以进行小流量、小降深的抽水试验为宜。

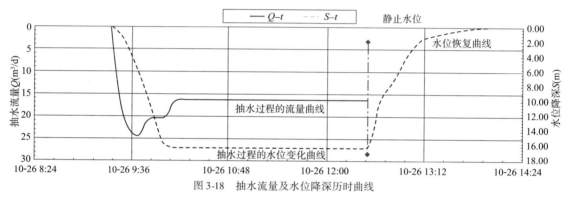

图 3-18　抽水流量及水位降深历时曲线

在野外进行抽水试验,有条件时宜布设观测孔,应尽可能地利用抽水孔附近的工程地质勘察钻孔或天然出水点作为观测点。当地表水及隧道上覆各含水层水力联系较强、对隧道(涌)出水影响较大时应进行分段抽水。反之,可进行混合抽水试验。

2. 注水试验

注水试验是指向钻孔或试坑内注水,通过定时量测注水量、时间、水位等相关参数,测定目标层介质渗透系数 K 的试验。其原理与抽水试验相似,注水可以看作是抽水的逆过程。注水试验主要适用于松散地层,特别是地下水水位埋藏较深或干燥的土层中。在透水性较强的喀斯特化岩体和破碎基岩中,也可用注水试验取代钻孔压水试验。注水稳定时间因注水试验的目的和要求而异,一般为 $4\sim8h$。

注水试验有降水头法、常水头法和变水头法 3 种:

①降水头法:适用于地下水水位以上或以下的粉土、砂土及渗透性不强的碎石土。其操作要点是向孔内注清水,使孔内水位高出试验目的层和地下水水位,而后跟踪观测水位下降过程,定时记录水位下降值及注入水量。

②常水头法:适用于地下水水位以下渗透性较强的土层,其操作要点是向孔内注清水,使孔中水位高出地下水水位并保持固定,定时记录注水时间和注水量。

③变水头法:可视为上述两种方法的结合,其操作要点是分 3 次抬高水头并保持固定,定

时观测流量。

3. 压水试验

压水试验可以定性地了解不同深度处岩层的相对透水性和裂隙发育的相对程度，为评定岩层的完整性和透水性提供基本资料。压水试验多用于富水高压隧道、水下隧道等项目中。

压水试验是用专门的止水设备把一定长度的钻孔段隔离出来，然后用固定的水头向此段钻孔压水，水从孔壁裂隙向周围渗透，最终渗透的水量会趋于稳定。根据压水水头、试段长度和渗入水量，即可确定裂隙岩石的渗透性能。

4. 渗水试验

渗水试验采用单环法进行，目的在于确定表层第四系土层的垂向透水能力。在隧址区选取试验点，清除表层土，挖好试坑，放入铁环，注入清水，在铁环内水柱高度保持为10cm的情况下，读取稳定的入渗水量，从而求取土层的渗透系数。

5. 连通试验

连通试验即在试验孔与观测孔之间，采用示踪物进行地下水跟踪试验，查明隧址区地表水与隧道内地下水之间的连通关系，真实反映试验场区的地下水流场特征，为设计提供必要的水文地质依据。

由于示踪物需要水作为试验载体，因此只有在有水的状态下才能进行连通试验。供试验用的示踪物质不能造成环境污染，一般可采用荧光红、磷酸铵、同位素及食盐等。为确保试验效果，应根据前期水文地质调查、工程地质勘察和隧道洞内施工突涌水调查情况分析示踪剂投放点和接收点的合理位置。一般情况下，示踪剂投放点宜选择在地下水补给和径流区，或隧址区所在水文地质单元的中上游，如隧道上方的地表洼地、漏斗和落水洞等位置；示踪剂接收点宜选择在地下水排泄区，如暗河出口、岩溶区以及隧道施工期间揭露的突涌水位置等。投放点和接收点之间的距离越长，则示踪剂到达接收点的时间就越久，水流沿途的稀释和周边环境的吸附就越强，接收点处的观测就越困难。

6. 溪沟及泉点测流

测量溪沟及泉点的流速是确定隧址区地下水天然排泄量的一种行之有效的方法，其目的是查明地下水与地表水的补、排联系。测流时视溪沟大小、流速情况使用不同的仪器测量，确保测流资料的准确性，通常采用的仪器有三角堰、流速流量仪或旋杯流速仪等。

7. 水质分析

水质分析的目的是了解隧址区地表水及地下水的物理、化学性质，评价地下水腐蚀性及隧道排水对周围自然环境的污染程度。地下水腐蚀性主要指地下水对混凝土及混凝土结构中钢筋的腐蚀性。通过水质分析，查明SO_4^{2-}、Cl^-、Na^+等腐蚀性离子的含量，这与衬砌设计和选择建筑材料品种有直接关系，为隧道内构件是否应具备耐酸蚀性提出可靠依据。当地下水中SO_4^{2-}含量过多时，将与水泥硬化后生成的$Ca(OH)_2$起作用，生成石膏结晶，石膏再与混凝土中的铝酸四钙起作用，生成铝和钙的复硫酸盐，这一化合物的体积比化合前膨胀2.5倍，能破坏混凝土衬砌。另外，水中的钠离子与金属中的碳元素会发生电解作用，导致钢筋锈蚀。

第六节 隧道工程围岩分级

一、围岩稳定性及其影响因素

1. 围岩的基本概念

围岩是指受隧道开挖影响而在其周围产生应力重分布的岩体,或指隧道开挖对其稳定性产生影响的隧道周围岩体。并不是隧道周围的地层为岩石时才称为围岩,隧道周围的土体也是围岩的一种,因为土可被认为是一种全风化的特殊岩石。因此,围岩包括隧道周围的各类地层。

围岩的范围是一个相对概念,并没有准确的边界划分。从工程应用的角度,围岩的范围是因隧道开挖而受到扰动的那部分岩体;从力学分析的角度,围岩的边界应在隧道开挖引起的应力或位移变化量接近于0的位置。一般来说,围岩的范围在横断面上大约是3~5倍的隧道直径D(图3-19)。

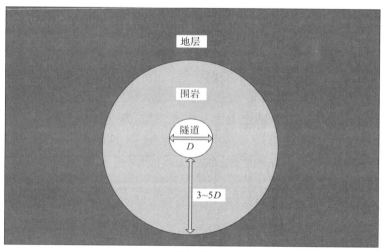

图3-19 围岩范围示意图

2. 围岩稳定性

隧道开挖后,隧道自身在不支护条件的稳定程度称为围岩的稳定性。根据现代隧道工程设计理念,隧道工程设计以围岩为中心,如何在隧道开挖过程中保持围岩的稳定是隧道设计人员考虑的首要问题。围岩稳定意味着隧道开挖扰动影响下地层产生的力学响应处于可控状态,能够在短时间内逐步趋于稳定。从一定意义上讲,一个好的隧道工程设计,首先其设计的隧道开挖方法和支护结构应能够确保围岩在隧道全寿命周期内保持稳定,其次还要保证设计的开挖方式和支护结构简单易行、经济合理。

3. 影响围岩稳定性的因素

影响围岩稳定性的因素众多,概括起来可以分为两大类:一为地质因素,属于客观因素,如岩体的结构特征、岩石的力学性质、地下水状况、初始地应力状态等；二为人为因素，属于主观因素，如隧道的形状、几何尺寸、支护结构类型、支护时机等，人为因素对围岩的质量和稳定性有较为明显影响，在某些情况下甚至起到决定性作用。

1）地质因素

围岩在隧道开挖时的稳定程度是岩体力学性质的一种表现形式。影响岩体力学性质的因素众多，主要有：

①岩体结构特征。岩体的结构特征是长时间地质构造运动的产物，是影响岩体破坏形态的关键因素。岩体的结构特征可以用岩体的破碎程度或完整性来表示。实践证明，围岩的破碎程度对隧道稳定起主导作用，在相同岩性的条件下，岩体越破碎，隧道就越容易失稳。因此，围岩分级方法将岩体的破碎或完整状态作为分级的基本指标之一。

②结构面性质及其空间组合。在块状或层状结构的岩体中，控制岩体破坏的主要因素是软弱结构面的性质以及它们在空间的组合状态。对于隧道工程来说，围岩中存在单一的软弱结构面，一般不会影响隧道围岩稳定性，只有当结构面与隧道轴线相互关系不利，或者出现2组或2组以上的结构面时，才可能具备形成岩块掉落的条件。例如，有2组或2组以上的垂直或斜交的结构面，就可能构成屋脊形分离岩块（图3-20）。至于分离岩块是否会塌落或滑动，还与结构面的抗剪强度以及岩块之间的相互咬合作用有关。

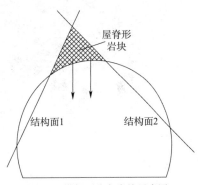

图3-20　拱部不稳定岩块示意图

③岩石的力学性质。在结构较完整的岩体中开挖隧道时，控制围岩稳定性的主要因素是岩石的力学性质，尤其是岩石的强度。一般来说，岩石强度越高，隧道越稳定。围岩分级中的岩石强度指标，是指岩石的单轴饱和极限抗压强度，因为其试验方法简便，数据离散性小，而且与其他物理力学指标有良好的换算关系。

④围岩的初始应力场。围岩的初始应力场是隧道围岩变形和破坏的根本作用力，直接影响围岩的稳定性。

⑤地下水状况。实践证明，地下水是造成施工塌方、使隧道围岩丧失稳定的重要影响因素之一，在围岩分级中切不可忽视地下水的作用。

2）人为因素

人为因素也是造成围岩失稳的重要条件。其中，隧道的尺寸（主要指跨度）、形状以及施工方法等因素的影响最为显著。实践证明，在同种围岩中，隧道跨度越大，隧道围岩的稳定性就越差；施工方法对隧道围岩稳定性的影响较为明显。例如，在同一岩体中，采用普通爆破法和控制爆破法，采用矿山法和掘进机法，采用全断面开挖和分部开挖（图3-21），对隧道围岩的影响各不相同。所以，围岩分级也应与隧道施工方案相匹配。

二、围岩分级的概念与方法

1. 围岩分级的概念与意义

目前，隧道工程的设计方法仍以工程类比法为主，而工程类比法本质上是围绕围岩稳定性开展的。对于新建的隧道工程,如果具有与已建隧道类似的围岩稳定状态和断面几何特征,则新建隧道的支护结构和施工方法可以参考已建隧道的相关设计参数。隧道工程所处的地质条件千变万化,想要找到两种完全相同的围岩是不现实的。但是,根据隧道工程的建设经验,工程师们意识到不同围岩的物理力学性质存在一定的内在联系和规律,即具有某些类似物理力学性质的围岩具有相似的稳定性,这给隧道工程建设者们一个很大的启发。为了便于工程师们理解掌握,隧道界的专家学者开展了围岩稳定性分级(简称围岩分级)工作,即根据一个或几个主要指标将自然界中的全部围岩划分为若干种具有相似稳定性的级别。

a) Ⅴ级围岩侧壁导坑开挖　　　　　　　　b) Ⅲ级围岩全断面开挖

图 3-21　不同围岩级别条件下的隧道开挖方法

隧道工程的设计方法,尤其是工程类比法和标准设计法,都是以围岩分级为基础的。围岩分级的意义是:

①围岩分级是隧道结构设计的基础。通过围岩分级,可以确定支护结构荷载、支护结构的类型及尺寸等参数。

②围岩分级是隧道施工方法设计和施工管理的依据。

③围岩分级是确定工程造价的依据。在隧道线形及几何尺寸一定的前提下,工程造价主要取决于施工工艺和支护参数,而这些参数主要是由围岩级别决定的,因此,围岩级别决定着隧道工程造价。

2. 围岩分级的主要技术指标

在国内外各类围岩分级方法中,作为围岩分级的主要技术指标大致有以下 3 类:

①与岩性有关的技术指标,如硬岩、软岩、膨胀性岩等,其分级采用岩石强度和变形特征等指标,如岩石的单轴饱和抗压强度、岩石的变形模量、弹性波速度等。

②与地质构造有关的技术指标,如软弱结构面的分布与形态、风化程度等。其分级指标是岩体完整性指标、结构面状态指标等。

③与地下水有关的技术指标,如地下水的水质、发育程度、水压力、地下水位及其升降规律等,对围岩稳定和级别划分有重要影响。

3. 围岩分级的主要方法

目前,国内外围岩分级方法有上百种,根据其分级依据的技术指标不同,主要分为以下 4 类:

1)以岩石强度或岩石的物性指标为代表的分级方法

①以岩石强度为基础的分级方法

这种围岩分级仅以岩石的强度为依据,如 20 世纪 40~50 年代的土石分级法,将岩石分为坚石、次坚石、松石及土,并设计出相应的 4 种隧道衬砌结构类型。

②以岩石的物性指标为基础的分级方法

在这种分级方法中,具有代表性的是苏联普洛托季雅柯诺夫提出的岩石坚固性系数分级法(或称普氏分级法)。这种分级法曾在我国隧道工程中得到广泛应用。

2)以岩体构造和岩性特征为代表的分级方法

①泰沙基分级方法

该分级方法把不同岩性、不同构造条件的围岩分成 9 类,每类都有相应的地压范围值和支护措施。泰沙基分级以隧道有水条件为基础给出地压取值,当确认无水时,4~6 类围岩的地压值应降低 50%。这一分级方法曾长期被各国所采用,目前仍有广泛的影响。

②以岩体综合物性指标为基础的分级方法

20 世纪 60 年代,我国在积累大量铁路隧道修建经验的基础上,提出了以岩体综合物性指标为基础的岩体综合分级法,于 1975 年经修正后成为铁路隧道围岩分级方法,后列入我国铁路隧道设计规范。

3)与地质勘探手段相联系的分级方法

①以弹性波(纵波)速度为指标的分级方法

1970 年前后,日本提出了以围岩弹性波速度为基础的分级方法。围岩弹性波速度是判断岩性、岩体结构的综合指标,它既可反映岩石软硬程度,又可表征岩体结构的破碎程度。根据岩性、地质状况及地应力大小,将围岩分成 7 类。1986 年后,我国围岩分级中引入了围岩弹性波(纵波)速度指标。

②以岩石质量为指标的分级方法——RQD 法

RQD 法是以岩石质量指标为基础的分级方法,是美国伊利诺伊大学迪尔等人于 1964 年提出的,他们认为钻探获得的岩芯完整程度与岩体的原始裂隙、硬度、均质性等特征有关,因此可用岩芯复原率来表征岩体质量。岩芯复原率即钻孔中 10cm 以上的岩芯的累计长度占钻孔总长度的比例。根据 RQD 值的不同,将围岩划分为若干级别。

4)组合多种因素的分级方法

①Q 分级方法

1974 年,挪威学者巴顿(N. Barton)提出了岩体质量指标 Q 的概念,Q 的值可由 RQD、节理组数(J_n)、节理面粗糙度(J_k)、节理蚀变程度(J_a)、裂隙水影响因素(J_w)以及地应力影响因素(SRF)共 6 项指标组成的计算式计算求得。Q 分级方法提供了上述 6 个参数的对应取值,可以较为方便地计算出 Q 值。Q 值取值范围为 0.001~1000,根据 Q 值的大小,可将岩体质量划分为 9 个等级,Q 值从小到大代表围岩从特别差到特别好。

②岩体地质力学(RMR)分级方法

RMR 分级方法是 1973 年由宾尼亚夫斯基(Bieniawski)根据 49 个隧道案例的调查结果提出的,后续又增加了 300 多个工程案例进行指标修正。它给出了一个岩体评定分值 RMR,作为衡量岩体工程质量的综合特征值。RMR 分级方法考虑了岩石强度、RQD 值、节理间距、节理条件、地下水共 5 个参数。在进行岩体分级时,根据各类参数的实测资料,按照标准分别评分,将各类参数的评分值相加得岩体质量总分 RMR 值,按节理分类对其进行修正,用修正后的 RMR 值将岩体分级。根据不同的 RMR 值,可将岩体划分为 5 个级别。

综上所述,围岩分级方法种类繁多,但由于影响围岩质量的因素较多,且部分围岩参数难以准确获取,导致围岩分级结果具有很大的模糊性和不确定性,因此,目前世界上没有通用的围岩分级标准,围岩分级的标准化和国际化还有很多工作需要继续开展。

三、我国隧道围岩分级方法——以公路隧道围岩分级方法为例

为统一我国工程岩体分级方法,并为工程勘察、设计、施工和运营提供基本依据,住房和城乡建设部于 2014 年 8 月 27 日发布了国家标准《工程岩体分级标准》(GB/T 50218—2014),该标准适用于各类型岩石工程的分级。《工程岩体分级标准》(GB/T 50218—2014)中的地下工程岩体分级是针对岩石隧道及其他地下工程提出的,不包括土质隧道围岩分级。为适应公路隧道的岩石、土质等实际地质条件,交通运输部 2018 年 12 月 25 日发布的公路工程行业标准《规范》在《工程岩体分级标准》(GB/T 50218—2014)规定的分级方法基础之上,增加了结构状态和土体特性等相关内容,将土质围岩分级引入公路隧道围岩分级体系中。但土质围岩分级尚无统一标准,在今后的实践中,还需对土质围岩进行专门研究,逐步建立起定性和定量相结合的土质围岩分级方法。《规范》将隧道围岩划分为 6 级,由好至差依次为Ⅰ级、Ⅱ级、Ⅲ级、Ⅳ级、Ⅴ级和Ⅵ级。

根据《规范》,隧道围岩分级分两步:

①根据岩石的坚硬程度和岩体完整程度两个基本因素的定性特征和定量指标(岩体基本质量指标 BQ),对围岩进行初步分级。

②在岩体基本分级的基础上,考虑修正因素的影响,修正岩体基本质量指标值,得出岩体修正质量指标[BQ],再结合岩体的定性特征进行综合评判,确定围岩的详细分级。

《规范》规定的公路隧道围岩级别划分标准见表 3-3。

公路隧道围岩级别划分　　　　　　　　　　　　表 3-3

围岩级别	围岩岩体或土体主要定性特征	岩体基本质量指标 BQ 或岩体修正质量指标[BQ]
Ⅰ	坚硬岩,岩体完整	>550
Ⅱ	坚硬岩,岩体较完整; 较坚硬岩,岩体完整	550~451
Ⅲ	坚硬岩,岩体较破碎; 较坚硬岩,岩体较完整; 较软层,岩体完整、整体状或巨厚层状结构	450~351
Ⅳ	坚硬岩,岩体破碎; 较坚硬岩,岩体较破碎~破碎; 较软岩,岩体较完整~较破碎; 软岩,岩体完整~较完整	350~251
Ⅳ	土体: 压密或成岩作用的黏性土及沙性土; 黄土(Q₁、Q₂); 一般钙质、铁质胶结的碎石土、卵石土、大块石土	350~251

续上表

围岩级别	围岩岩体或土体主要定性特征	岩体基本质量指标 BQ 或岩体修正质量指标 [BQ]
V	较软岩,岩体破碎; 软岩,岩体较破碎～破碎; 全部极软岩和全部极破碎岩	≤250
V	一般第四系的半干硬至硬塑的黏性土及稍湿至潮湿的碎石土、卵石土、圆砾、角砾土及黄土（Q_3、Q_4）。非黏性土呈松散结构,黏性土及黄土呈松软结构	
VI	软塑状黏性土及潮湿、饱和粉细砂层、软土等	

注：本表不适用于特殊条件的围岩分级,如膨胀性围岩、多年冻土等。

值得注意的是,表 3-3 给出的确定围岩级别的方法是定性和定量相结合的方法,既可以按照定量指标 BQ 或 [BQ] 进行围岩级别划分,也可以按照围岩岩体或土体主要定性特征进行围岩级别划分,而最终的围岩级别划分需综合定性和定量的围岩级别划分结果来确定。

1. 围岩级别定量划分的流程

围岩级别定量划分的核心工作是确定岩体基本质量指标 BQ 和岩体修正质量指标 [BQ] 的计算值。

1）岩体基本质量指标 BQ 的计算

岩体基本质量指标 BQ 根据岩石单轴饱和抗压强度 R_c（MPa）数值和岩体完整性系数 K_v 值,按式(3-4)计算：

$$BQ = 100 + 3R_c + 250K_v \tag{3-4}$$

并应遵守下列限制条件：

①当 $R_c > 90K_v + 30$ 时,应以 $R_c = 90K_v + 30$ 和 K_v 代入,计算 BQ 值。

②当 $K_v > 0.04R_c + 0.4$ 时,应以 $K_v = 0.04R_c + 0.4$ 和 R_c 代入,计算 BQ 值。

R_c 宜采用实测值；无实测值时,可采用实测的岩石点荷载强度指数 $I_{S(50)}$ 的换算值,即按式(3-5)计算：

$$R_c = 22.82 I_{S(50)}^{0.75} \tag{3-5}$$

K_v 宜采用弹性波速探测值按照式(3-6)换算：

$$K_v = (v_{pm}/v_{pr})^2 \tag{3-6}$$

式中：v_{pm}——代表性岩性段的岩体弹性纵波波速(km/s)；

v_{pr}——代表性岩性段的岩石弹性纵波波速(km/s)。

若无弹性波速实测值,可根据岩体体积节理数（J_v）按表 3-4 确定对应的 K_v 值。

J_v 与 K_v 对照表　　　　表 3-4

J_v（条/m³）	<3	3～10	10～20	20～35	≥35
K_v	>0.75	0.75～0.55	0.55～0.35	0.35～0.15	≤0.15

岩体体积节理数 J_v 的测试和计算方法,应针对不同的工程地质岩组或岩性段,选择有代表性的露头或开挖掌子面进行节理（结构面）统计。除成组节理外,对延伸长度大于 1m 的分

散节理也应进行统计。可不统计硅质、铁质、钙质充填再胶结的节理。每一测点的统计面积不应小于 $2 \times 5 m^2$。根据节理统计结果,按式(3-7)计算 J_v:

$$J_v = S_1 + S_2 + \cdots + S_n + S_k \tag{3-7}$$

式中:S_n——第 n 组节理每 1m 长测线上的条数;

S_k——每立方米岩体非成组节理条数(条/m^3)。

计算出岩体基本质量指标 BQ 后对照表 3-3,即可完成围岩的初步分级工作。BQ 值的计算仅考虑了岩石单轴饱和抗压强度 R_c 和岩体完整性系数 K_v 两个指标,虽然这两个指标反映了岩体质量的基本特征,但不是影响岩体稳定性的全部影响因素。实际上,隧道围岩稳定性还受地下水、主要软弱结构面、初始地应力状态等因素的影响。因此,为了实现对围岩的详细定级,还应根据地下水、主要软弱结构面、初始地应力状态的影响程度,对岩体基本质量指标 BQ 进行修正,从而获取岩体修正质量指标[BQ]。

2)岩体修正质量指标[BQ]的计算

岩体修正质量指标[BQ]可根据地下水的出水状态、结构面产状及其与洞轴线的组合关系和初始地应力状态等按式(3-8)进行计算:

$$[BQ] = BQ - 100(K_1 + K_2 + K_3) \tag{3-8}$$

式中:K_1——地下水影响修正系数;

K_2——主要软弱结构面产状影响修正系数;

K_3——初始应力状态影响修正系数。

K_1、K_2、K_3 可分别按表 3-5、表 3-6 和表 3-7 进行取值,当无表中所列的情况时,对应的修正系数可取 0。

地下水影响修正系数 K_1 表 3-5

地下水出水状态	BQ				
	>550	550~451	450~351	350~251	<250
潮湿或点滴状出水,$p \leq 0.1$ 或 $Q \leq 25$	0	0	0~0.1	0.2~0.3	0.4~0.6
淋雨状或线流状出水,$0.1 < p \leq 0.5$ 或 $25 < Q \leq 125$	0~0.1	0.1~0.2	0.2~0.3	0.4~0.6	0.7~0.9
涌流状出水,$p > 0.5$ 或 $Q > 125$	0.1~0.2	0.2~0.3	0.4~0.6	0.7~0.9	1.0

注:1. p 为隧道及地下工程围岩裂隙水压(MPa)。

2. Q 为每 10m 洞长每分钟的出水量[L/(min·10m)]。

3. 在同一地下水状态下,岩体基本质量指标 BQ 越小,修正系数 K_1 值越大。

4. 同一岩体,地下水量、水压越大,修正系数 K_1 值越大。

主要软弱结构面产状影响修正系数 K_2 表 3-6

结构面产状及其与洞轴线的组合关系	结构面走向与洞轴线夹角<30°,结构面倾角 30°~75°	结构面走向与洞轴线夹角>60°,结构面倾角>75°	其他组合
K_2	0.4~0.6	0~0.2	0.2~0.4

注:1. 一般情况下,结构面走向与洞轴线夹角越大,结构面倾角越大,修正系数 K_2 值越小;结构面走向与洞轴线夹角越小,结构面倾角越小,修正系数 K_2 值越大。

2. 本表特指存在 1 组起控制作用结构面的情况,不适用于有 2 组或 2 组以上起控制作用结构面的情况。

初始应力状态影响修正系数 K_3 表3-7

初始应力状态	BQ				
	>550	550~451	450~351	350~251	≤250
极高应力区	1.0	1.0	1.0~1.5	1.0~1.5	1.0
高应力区	0.5	0.5	0.5	0.5~1.0	0.5~1.0

注:BQ 值越小,修正系数 K_3 取值越大。

在岩体(围岩)开挖过程中,如果发生岩芯饼化或岩爆现象,则表明围岩存在极高及高初始应力状态,可按表3-8详细评估围岩的应力状况。

高初始应力地区围岩在开挖过程中出现的主要现象 表3-8

应力情况	主要现象	围岩强度应力比 R_c/σ_{max}
极高应力	1. 硬质岩:开挖过程中有岩爆发生,有岩块弹出,洞壁岩体发生剥离,新生裂缝多,成洞性差。 2. 软质岩:岩芯常有饼化现象,开挖过程中洞壁岩体有剥离,位移极为显著,甚至发生大变形,持续时间长,不易成洞	<4
高应力	1. 硬质岩:开挖过程中可能出现岩爆,洞壁岩体有剥离和掉块现象,新生裂缝较多,成洞性差。 2. 软质岩:岩芯时有饼化现象,开挖过程中洞壁岩体位移显著,持续时间较长,成洞性差	4~7

注:σ_{max} 为垂直洞轴线方向的最大初始应力。

在确定出岩体基本质量指标 BQ 或岩体修正质量指标[BQ]的计算值后,即可根据表3-3定量划分岩质围岩级别。

2. 围岩级别定性划分的流程

围岩级别定性划分的核心工作是确定"岩石坚硬程度"和"岩体完整程度"两个定性指标的分类,根据表3-3定性判断围岩级别。

1) 岩石坚硬程度的划分

岩石坚硬程度本质上体现的是岩石强度。需要强调的是,这里的研究对象是岩石,不是岩体。岩石坚硬程度的定性划分可按照经验性的定性感官指标,必要时辅以简单的定量指标进行划分。岩石坚硬程度按定性分类标准一般分为硬质岩和软质岩两大类,其中,硬质岩分为坚硬岩和较坚硬岩2个子类,软质岩分为较软岩、软岩和极软岩3个子类。岩石坚硬程度的定性划分标准可按表3-9执行。

岩石坚硬程度的定性划分 表3-9

名称		定性鉴定	代表性岩石
硬质岩	坚硬岩	锤击声清脆,有回弹,震手,难击碎;浸水后,大多无吸水反应	未风化~微风化的花岗岩、正长岩、闪长岩、辉绿岩、玄武岩、安山岩、片麻岩、石英片岩、硅质板岩、石英砂岩、硅质胶结的砾岩、石英砂岩、硅质石灰岩等
	较坚硬岩	锤击声较清脆,有轻微回弹,稍震手,较难击碎;浸水后,有轻微吸水反应	1. 中等(弱)风化的坚硬岩; 2. 未风化~微风化的熔结凝灰岩、大理岩、板岩、白云岩、石灰岩、钙质胶结的砂页岩等

续上表

名 称		定性鉴定	代表性岩石
软质岩	较软岩	锤击声不清脆,无回弹,较易击碎;浸水后,指甲可刻出印痕	1. 强风化的坚硬岩; 2. 中等(弱)风化的较坚硬岩; 3. 未风化~微风化的凝灰岩、千枚岩、砂质泥岩、泥灰岩、泥质砂岩、粉砂岩、页岩等
	软岩	垂击声哑,无回弹,有凹痕,易击碎;浸水后,手可掰开	1. 强风化的坚硬岩; 2. 中等(弱)风化~强风化的较坚硬岩; 3. 中等(弱)风化的较软岩; 4. 未风化的泥岩、泥质页岩、绿泥石片岩、绢云母片岩等
	极软岩	垂击声哑,无回弹,有较深凹痕,手可捏碎;浸水后,可捏成团	1. 全风化的各种岩石; 2. 强风化的软岩; 3. 各种半成岩

为了便于理解和掌握表 3-9 中的岩石坚硬程度的定性划分标准,尤其是通过代表性岩石的风化程度掌握岩石坚硬程度的定性划分方法,表 3-10 给出了岩石风化程度的定性划分标准(野外特征)和定量划分标准(风化程度参数指标)的对应关系。岩石风化程度的定性划分标准和定量划分标准在实际操作时可能会出现结果不一致的现象,当波速比 k_v、风化系数 k_f 及野外特征与表 3-10 中的数据不对应时,宜对岩石风化程度进行综合判断。

岩石风化程度划分 表 3-10

风化程度	野外特征	风化程变参数指标	
		波速比 k_v	风化系数 k_f
未风化	岩石结构构造未变,岩质新鲜	0.9~1.0	0.9~1.0
微风化	岩石结构构造、矿物成分和色泽基本未变,部分裂隙面有铁锰质渲染或略有变色	0.8~0.9	0.8~0.9
中等(弱)风化	岩石结构构造大部分破坏,矿物成分和色泽已明显变化,长石、云母和铁镁矿物已风化蚀变	0.6~0.8	0.4~0.8
强风化	岩石结构构造大部分破坏,矿物成分和色泽已明显变化,长石、云母和铁镁矿物已风化蚀变	0.4~0.6	<0.4
全风化	岩石结构构造完全破坏,已崩解和分解成松散土状或砂状,矿物全部变色,光泽消失,除石英颗粒外的矿物大部分风化蚀变为次生矿物	0.2~0.4	—

注:1. 波速比 k_v 为风化岩石弹性纵波速度与新鲜岩石弹性纵波速度之比。
2. 风化系数 k_f 为风化岩石单轴饱和抗压强度与新鲜岩石单轴饱和抗压强度之比。

表 3-11 给出了岩石单轴饱和抗压强度 R_c 与岩石坚硬程度的对应关系。

R_c 与岩石坚硬程度定性划分关系 表 3-11

R_c(MPa)	>60	60~30	30~15	15~5	<5
坚硬程度	坚硬岩	较坚硬岩	较软岩	软岩	极软岩

2)岩体完整程度的划分

岩体完整程度,又称为岩体完整性,指的是岩体在遭受构造运动和浅表次生改造后的完整程度。岩体完整程度主要考虑岩体的几何完整性,即从结构面的发育程度出发衡量的、肉眼可以看到的岩体完整程度,并采用定性的岩体完整程度分类方法。岩体结构面指抗拉强度极低的或没有抗拉强度的不连续面,包括一切地质分离面,如节理、裂隙、层面等。岩体完整程度的主要表征指标有结构面发育程度、主要结构面的结合程度、主要结构面类型及岩体的结构类型等,其定性划分标准可按表3-12执行。

岩体完整程度定性划分 表3-12

名称	结构面发育程度		主要结构面的结合程度	主要结构面类型	相应结构类型
	组数	平均间距(m)			
完整	1~2	>1.0	好或一般	节理、裂隙、层面	整体状或巨厚层结构
较完整	1~2	>1.0	差	节理、裂隙、层面	块状或厚层状结构
	2~3	1.0~0.4	好或一般		块状结构
较破碎	2~3	1.0~0.4	差	节理、裂隙、层面、小断层	裂隙块状或中厚层结构
	≥3	0.2~0.4	好		镶嵌碎裂结构
			一般		中、薄层状结构
破碎	≥3	0.2~0.4	差	各种类型结构面	裂隙块状结构
		≤0.2	一般或差		碎裂状结构
极破碎	无序		很差		散体状结构

注:平均间距指主要结构面(1~2组)间距的平均值。

结构面的结合程度主要指结构面的张开度、胶结与充填情况。根据张开度和结构面的胶结与充填两项指标,结构面的结合程度可分为好、一般、差和很差四类,具体的划分标见表3-13。

结构面结合程度划分 表3-13

结合程度	结构面特征
好	张开度小于1mm,为硅质、铁质或钙质胶结,或结构面粗糙,无填充物; 张开度1~3mm,为硅质或铁质胶结; 张开度大于3mm,结构面粗糙,为硅质胶结
一般	张开度小于1mm,结构面平直,钙泥质胶结或无填充物; 张开度1~3mm,为钙质胶结; 张开度大于3mm,结构面粗糙,为铁质或钙质胶结
差	张开度1~3mm,结构面平直,为泥质胶结或钙泥质胶结; 张开度大于3mm,多为泥质或岩屑胶结
很差	泥质充填或泥夹岩屑充填,充填物厚度大于起伏差

岩体完整程度的"结构类型"指标的划分标准主要是岩层厚度分类,一般情况下,可按照表3-14确定。

岩层厚度分类 表 3-14

单层厚度 h(m)	h>1.0	0.5<h≤1.0	0.1<h≤0.5	h≤0.1
岩层厚度分类	巨厚层	厚层	中厚层	薄层

为了与岩体的定量指标岩体完整性系数 K_v 进行对照分析,表3-15给出了岩体完整性系数 K_v 与定性划分的岩体完整程度的对应关系。

K_v 与定性划分的岩体完整程度的对应关系 表 3-15

K_v	>0.75	0.75~0.55	0.55~0.35	0.35~0.15	<0.15
完整程度	完整	较完整	较破碎	破碎	极破碎

根据上述围岩分级的定量和定性方法,可以计算出岩体基本质量指标 BQ 或岩体修正质量指标[BQ],然后根据调查、勘探、试验等资料,并结合隧道岩质围岩定性特征(岩石坚硬程度、岩体完整程度)、土质围岩中的土体类型、密实状态等定性特征,按照定性和定量相结合的方法,按表3-3给定的评判标准确定围岩级别。在确定了围岩级别以后,即可在围岩定级的基础上按照表3-16对围岩的稳定性进行评判。

隧道各级围岩自稳能力判断 表 3-16

围岩级别	自稳能力
Ⅰ	跨度≤20m,可长期稳定,偶有掉块,无塌方
Ⅱ	跨度10~20m,可基本稳定,局部可发生掉块或小塌方; 跨度<10m,可长期稳定,偶有掉块
Ⅲ	跨度10~20m,可稳定数日至1月,可发生小~中塌方; 跨度5~10m,可稳定数月,可发生局部块体位移及小~中塌方; 跨度<5m,可基本稳定
Ⅳ	跨度>5m,一般无自稳能力,数日至数月内可发生松动变形、小塌方,进而发展为中~大塌方;埋深小时,以拱部松动破坏为主;埋深大时,有明显塑性流动变形和挤压破坏; 跨度≤5m,可稳定数日至1月
Ⅴ	无自稳能力,跨度5m或更小时,可稳定数日
Ⅵ	无自稳能力

注:1. 小塌方:塌方高度<3m,或塌方体积<30m³。
   2. 中塌方:塌方高度3~6m,或塌方体积30~100m³。
   3. 大塌方:塌方高度>6m,或塌方体积>100m³。

需要注意,在某些情况下,采用定性指标(岩石的坚硬程度、岩体完整程度)确定的围岩定性分级与采用定量指标(BQ或[BQ])确定的围岩定量分级结果会出现分歧,其原因主要是岩体基本质量指标 BQ 的计算公式是在现有抽样总体的基础上确定的,无法覆盖公路隧道所有的围岩类型,特别是对于Ⅳ级和Ⅴ级围岩,误差很大。随着实际工程经验数据的不断积累,对公式中的系数可能要做进一步调整。因此,出现定性分级与定量分级不吻合的情况是正常的,必要时应重新审查定性特征和定量指标计算参数的可靠性,并对它们进行重新观察、测试,在此基础上经综合分析,重新确定围岩级别。

根据目前我国公路隧道建设的实际情况,在隧道工程可行性研究和初步勘测(初步设计)

阶段,中、短隧道或三级公路以下的隧道工程,在缺乏岩石物理力学测试和弹性波(声波)探测数据而难以评价岩体基本质量指标 BQ 时,可以将定性划分作为确定围岩级别的主要依据,或采用工程类比的方法进行围岩级别划分。

四、围岩分级的发展趋势

由于岩体的复杂性,目前所有的围岩分级方法都存在一定的局限性。针对围岩分级的现状,未来的围岩分级方法应该向以下几个方向发展:

①围岩分级宜与先进的地质勘探手段有机地联系起来。随着地质勘探技术的发展,新型高精度、快速勘探手段不断涌现,成为围岩分级工作的重要技术保障。

②围岩分级逐渐转向定量化。目前仍有大量的分级指标是定性的,或虽有定量化手段却无法在隧道全长范围内全部采用,导致围岩分级结果存在分歧。

③围岩分级逐步走向智能化。随着数字图像和自动识别技术在隧道工程的逐步应用和发展,掌子面围岩级别划分由人工判别发展为机器智能化识别并迅速做出相应判别的技术已经取得了重大进展,未来围岩分级的智能化程度一定会越来越高。

第七节 工程地质评价与勘察报告的编制

一、工程地质评价

隧道工程地质评价是对可能影响隧道工程安全的地质问题进行分析判断,给出隧址区地质环境的稳定性、适宜性评价。按部位可分为洞口工程地质评价和洞身工程地质评价。隧道工程地质评价的主要内容有:

①评价自然状态下洞口坡体的稳定性,并对洞口开挖后的边仰坡稳定状态进行评判。

②评价洞口滑坡滑动面位置、产状对隧道施工的影响,为确定隧道位置提供依据。

③应重点查明洞身不同地段的岩溶发育程度和分布规律、岩溶洞穴的形态与规模、含水特性、岩溶水富水程度、补给排泄条件,评价其对隧道施工产生的影响。

④重点研究大型断裂构造是否为活动断裂以及是否富水。隧道应尽量避开富水断层破碎带,当不能避免时,应采取与之垂直或大角度斜交通过。

⑤膨胀岩多见于黏土、页岩、泥质砂岩等地层,应重点研究膨胀岩的分布产状、膨胀潜势,分析评价膨胀岩对隧道工程安全和稳定性的影响。

⑥高地应力会导致隧道洞壁岩体在开挖过程中出现饼化、岩爆等问题,应评价高地应力对隧道成洞的影响。

⑦地温高低与埋深有关,随埋深增大而升高,应评价高地温对隧道施工的影响。

⑧对于存在放射性物质的地层(如花岗岩地层),应加强勘察和监测,保证隧道施工人员的健康与安全。

⑨应查明瓦斯等有毒有害气体的含量、压力、性质,并判断这些气体对隧道施工、运营的影响。

二、勘察报告的编制

勘察报告是勘察成果的集中体现，一般由文字和图表两部分组成。经过资料收集、调查测绘、勘探、试验等一系列前期勘察工作之后，对相关成果进行整理、分析、总结，最终形成一套完整的隧道工程地质勘察报告。对于水文地质条件复杂的隧道，还应单独形成一套隧道水文地质勘察报告。

勘察报告是设计文件的一项重要前置依据。在开展设计工作前，设计人员首先应充分熟悉勘察报告并对其进行必要的校核；对于尚有遗漏或不满足设计需求深度的区段，需及时反馈给勘察单位进行补充。通过熟读、研判隧道工程地质勘察报告，隧道设计人员可以了解、掌握隧道的建设条件，以便在后面的设计过程中进行综合考虑，采取针对性的设计措施。例如：根据区域地形、地质来确定洞口位置和洞门形式；根据围岩级别来确定衬砌类型及参数；根据隧道地下水涌水量确定管沟的尺寸；针对勘探出的断层破碎带、瓦斯、高地应力等不良地质采取特殊的支护结构和应对措施等。因此，设计过程可以看作是对勘察报告中揭示出来的工程建设条件相关问题的响应，通过设计创作实现目标工程的使用功能。在设计文件的编制过程中，应对勘察成果进一步提炼、加工，使其成为设计文件的一部分。隧道勘察成果在设计文件中最常见的应用包括文字说明部分、隧道工程地质平面图及纵断面图等。

1. 文字说明

在设计过程中，可引用或摘录勘察报告的文字说明或结论，并将其纳入隧道设计说明中。设计说明部分中有关地质勘察成果的内容主要包括：

①隧道地理位置及交通条件。介绍拟建隧道所处的具体位置、隧道周边的既有道路条件。

②隧址区内的自然条件。对隧址区内的地形地貌、气候、气温、主导风速与风向、日照、降雨、植被、地表水系、地下水系、洪水及排泄条件等进行描述；对隧道沿线自然环境及人文历史环境进行整体评价。

③工程地质及水文地质条件。介绍隧址区地质构造、地层岩性、区域稳定性、水文地质条件、主要岩体物理力学指标、地下水、地震等情况。

④隧址区岩土体工程地质特征及围岩级别划分。展示岩土物理力学参数、物探、试验等勘察成果，分析围岩岩体结构特征，给出隧道围岩段落分级。

⑤隧道洞身主要工程地质条件评价。对隧道洞身围岩条件进行总体评价，包括围岩级别、稳定性、涌水量及修建隧道的适宜性等内容。

⑥隧道洞口工程地质条件评价。介绍隧道洞口的地形条件、地质条件，分析洞口边、仰坡稳定性，评价洞口高边坡、危石等对工程的危害。

⑦不良地质条件。简述对隧道工程建设有影响的不良地质现象（如断层破碎带、堆积体、溶洞、地下水、采空区、有害气体地层、滑坡、泥石流等），在存在不良地质条件的地段应分析工程中可能存在的安全风险。

⑧地下水环境影响分析。评价隧道修建对隧址区地下水环境的影响。

⑨建设影响范围内的主要建构筑物。简要介绍建设影响范围内的主要建筑物的位置分布、结构形式和基础条件，与隧道的空间位置关系等，并对隧道施工可能会给相关建筑物造成

的影响进行评价。

⑩天然建筑材料、施工用水及弃渣场的选择。主要介绍砂、石等天然建筑材料和水泥厂的分布情况,施工用水和弃渣场的调查情况等。

2. 隧道工程地质平面图

在勘察报告中,隧道工程地质平面图(图3-22)应主要包括以下信息:

①地形、地物(含地下建筑)、指北针等。

②地层岩性、产状、地层界线、地质构造及其产状等。

③钻孔、坑、槽探和物探测线等位置及编号。

④隧道路线及里程桩号等。

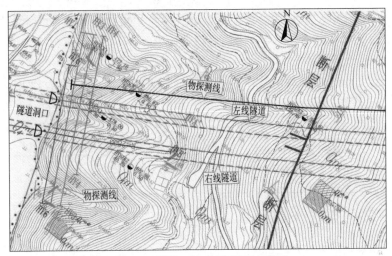

图3-22 隧道工程(地质)平面布置图

设计文件在勘察报告提供的隧道工程地质平面图上,需要进一步补充和突显以下设计信息:

①绘制隧道路线测设中线、隧道衬砌轮廓边线、隧道平面布置(包括影响范围内的主要构筑物)。

②导线点及曲线要素。

③洞口、横通道、紧急停车带位置。

④斜井、竖井、辅助通道布置等。

⑤分离式与小净距隧道结构的区段划分。

3. 隧道工程地质纵断面图

隧道工程地质纵断面图一般分为上、下两部分,上部为图示区,下部为文字说明区(图3-23)。

在勘察报告中,隧道工程地质纵断面图中的图示区(图3-24)应能反映以下信息:

①地面线、岩土分界线、岩体强弱风化界线等。

②剖面位置处主要建(构)筑物及其基础或投影等。

③物探异常区、地下水位等。

④钻孔柱状图示、钻孔位置、分层高程。

⑤地层岩性、构造带、结构面及地层界面线,溶洞、采空区可能出现的区域等。

⑥隧道纵断面布置,进出口位置、桩号、高程,斜井、竖井、横通道、紧急停车带、辅助通道接口位置和高程标尺等。

⑦地质图例、制图比例及高程坐标系等。

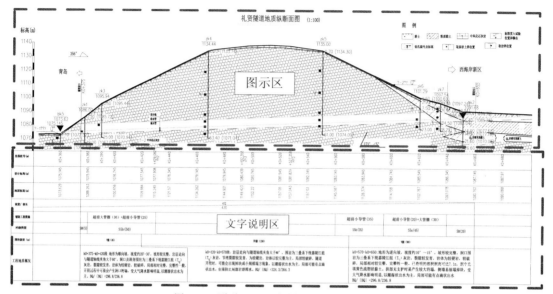

图3-23 隧道工程地质纵断面图分区示意图

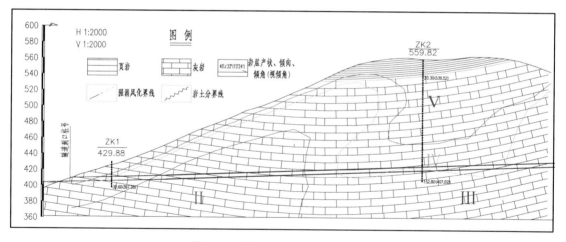

图3-24 隧道工程地质纵断面图图示区

勘察报告提供的隧道工程地质纵断面图中的文字说明区(图3-25)应包括以下内容:

①工程地质与水文地质栏:分段描述工程地质及水文地质,包括地层岩性、地层产状与隧道轴线的夹角关系、结构面、地下水分段涌水量、主要物理力学参数、弹性波速、BQ(或[BQ])值等。

②围岩级别栏:隧道围岩级别及分段长度。

③隧道纵坡及坡长栏:标注纵坡方向、纵坡值、纵坡长度和洞内坡长。

④地面高程栏:标注主要地面特征点高程。

⑤设计高程栏:在 100m 桩、围岩级别分界点、衬砌类型分界点、横通道、紧急停车带中桩、纵坡变化点标注高程。

⑥里程桩号栏:按 10~20m 间距列出桩号。

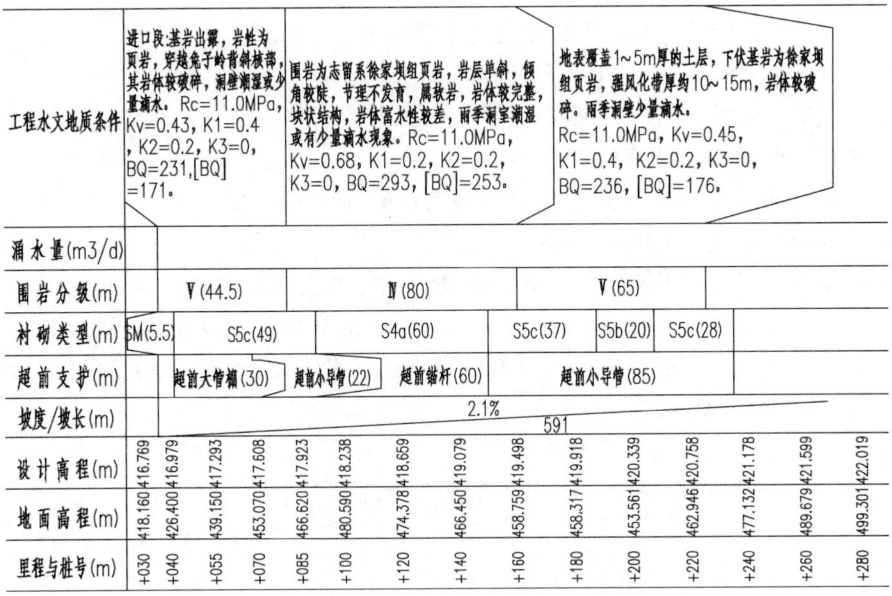

工程水文地质条件	进口段:基岩出露,岩性为页岩,穿越兔子岭青斜核部,其岩体较破碎。Rc=11.0MPa, Kv=0.43, K1=0.4, K2=0.2, K3=0, BQ=231,[BQ]=171。	围岩为志留系徐家冲组页岩,岩层单斜,倾角较陡,节理不发育,属较软,岩体较完整,块状结构,岩体富水性较差,雨季洞室潮湿或有少量滴水现象。Rc=11.0MPa, Kv=0.68, K1=0.2, K2=0.2, K3=0, BQ=293, [BQ]=253。	地表覆盖1~5m厚的土层,下伏基岩为徐家冲组页岩,强风化带厚约10~15m,岩体较破碎。雨季洞室少量滴水。Rc=11.0MPa, Kv=0.45, K1=0.4, K2=0.2, K3=0, BQ=236, [BQ]=176。					
漏水量(m³/d)								
围岩分级(m)	Ⅴ(44.5)		Ⅳ(80)		Ⅴ(65)			
衬砌类型(m)	SM(5.5)	S5c(49)	S4a(60)	S5c(37)	S5b(20)	S5c(28)		
超前支护(m)	超前大管棚(30)	超前小导管(22)	超前锚杆(60)	超前小导管(85)				
坡度/坡长(m)			2.1% / 591					
设计高程(m)	416.769 / 416.979	417.293 / 417.608	417.923 / 418.238	418.669 / 419.079	419.498 / 419.918	420.339 / 420.758	421.178 / 421.599	422.019
地面高程(m)	418.160 / 426.400	439.150 / 453.070	466.620 / 480.590	474.378 / 466.450	458.759 / 458.317	453.561 / 462.946	477.132 / 489.679	499.301
里程与桩号(m)	+030 / +040	+055 / +070	+085 / +100	+120 / +140	+160 / +180	+200 / +220	+240 / +260	+280

图 3-25　隧道工程地质纵断面文字说明区

隧道工程设计阶段应在勘察报告提供的隧道工程地质纵断面图的基础上,应进一步补充和突显以下文字说明:

①衬砌类型栏:根据围岩级别段落划分隧道所采取的衬砌支护结构类型(包括明洞衬砌)和长度,且衬砌类型应与围岩级别对应。为确保隧道结构的安全,在围岩级别变化处,较差围岩段的衬砌应向较好围岩段延伸一定距离。根据《规范》要求,这个距离一般为 5~10m。

②辅助工程措施栏:根据围岩级别和不良地质段落划分出需采取辅助工程措施和应对措施的区段及长度。

③施工方案栏:明确各级围岩段落尤其是特殊地质段落的开挖方法(如控制爆破、非爆开挖)及长度、施工方案(如全断面法、台阶法及 CD 法)及其长度。

除了上述内容外,还应在设计说明书中列出整座隧道各类衬砌长度和围岩级别统计表。

自勘察设计行业诞生以来,无论是勘察报告还是设计文件,基本都以文字说明、图表为主要表现形式。随着工程经验的积累、技术更新以及社会需求的变化,其内容和深度也在不断丰富、完善。近年来,随着计算机技术的开发应用,基于三维可视化的立体建筑信息模型技术(Building Information Modeling,简称 BIM)正在逐步应用于交通建设领域,使勘察设计成果更加直观、生动,这也是未来隧道工程设计的发展方向。

思考与练习

1. 简述隧道建设环境调查的内容。
2. 工程地质调绘的范围、比例尺和精度有何要求?
3. 工程地质勘探主要有哪些技术手段?
4. 地下水在隧道施工和隧道运营期间都有哪些影响?
5. 隧道涌水量的预测方法有哪些?
6. 围岩稳定性的含义是什么?影响围岩稳定性的因素有哪些?
7. 围岩分级的主要技术指标有哪些?
8. 某公路隧道工程,其洞身某段围岩的参数如下:主要软弱结构面走向与洞轴线夹角为25°,倾角70°;实测的岩石点荷载强度指数 $I_{s(50)}=4.0$ MPa;岩块弹性纵波速度为4100m/s;垂直洞室轴线方向的最大初始应力为15MPa;洞室地下水呈淋雨状出水,水量为80L/(min·10m),围岩重度为25.5kN/m³,试根据《规范》确定该范围围岩的级别。
9. 隧道工程地质评价主要有哪些内容?
10. 隧道工程地质勘察报告应体现哪些信息与内容?

第四章 隧道位置选择与线形设计

隧道是交通路线的重要组成部分。隧道工程(尤其是特长隧道工程)因为具有工程规模大、投资高和工期长等特点,往往成为整条交通路线建设过程中的控制性节点工程。因此,合理选择隧道位置在交通路线设计中尤为重要。隧道位置确定后,即可对隧道线形进行设计,良好的平纵线形指标及平纵线形组合关系可以让整条路线更加协调,行车更加安全,同时还能降低隧道施工难度和工程造价,节约工期。本章主要介绍隧道位置选择和线形设计的基本原理和方法。

第一节 隧道线形设计的基础知识

隧道设计应在路线总体设计原则的指导下,满足路线总体功能要求,选择恰当的隧道规模,尽量节约土地资源,保护生态环境。为了更好地学习和掌握隧道位置选择和线形设计的知识,本节简要补充有关道路勘测设计的一些基础知识,重点介绍基本概念与基本原理,详细的设计标准与设计方法可参考相关教材和规范。

一、公路等级划分

公路是指连接城市、乡村和工矿基地等,主要供汽车行驶,具有一定技术条件和设施的道路。根据使用任务、功能和适应的交通量,公路分为高速公路、一级公路、二级公路、三级公路和四级公路,各等级公路的特点如下:

①高速公路为专供汽车分方向、分车道行驶,全部控制出入的多车道公路。高速公路的年平均日设计交通量宜在15000辆小客车以上。

②一级公路为供汽车分方向、分车道行驶,可根据需要控制出入的多车道公路。一级公路的年平均日设计交通量宜在15000辆小客车以上。

③二级公路为供汽车行驶的双车道公路。二级公路的年平均日设计交通量宜为5000~15000辆小客车。

④三级公路为供汽车、非汽车交通混合行驶的双车道公路。三级公路的年平均日设计交通量宜为2000~6000辆小客车。

⑤四级公路为供汽车、非汽车交通混合行驶的双车道或单车道公路。双车道四级公路年平均日设计交通量宜在2000辆小客车以下;单车道四级公路年平均日设计交通量宜在400辆小客车以下。

根据《公路路线设计规范》(JTG D20—2017),各级公路的设计速度应符合表4-1的相关规定。

各级公路设计速度 表4-1

公路技术等级	高速公路			一级公路			二级公路		三级公路		四级公路	
设计速度(km/h)	120	100	80	100	80	60	80	60	40	30	30	20

二、公路的基本组成

公路的组成主要分为线形组成和结构组成两大类。

1. 公路线形组成

线形是指公路中线在空间的几何形状和尺寸。公路中线是一条三维空间曲线,由直线和曲线组成。公路线形是由平面线形、纵断面线形和空间线形(又称为平、纵组合线形)三部分组成的。公路平、纵断面线形投影示意图如图4-1所示。

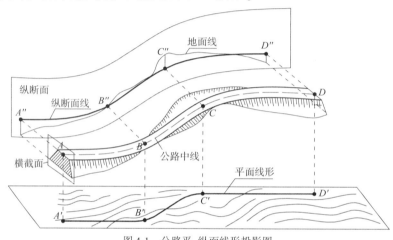

图4-1 公路平、纵面线形投影图

2. 公路结构组成

公路的结构组成主要包括路基、路面、桥涵、隧道、路线交叉、交通工程及沿线设施等(图4-2)。

a) 公路 b) 桥梁

c) 隧道 d) 路线交叉

图4-2 典型公路构筑物

三、公路平面线形设计

公路为带状构造物,它的中线是一条空间曲线。公路中线在水平面上的投影称为路线的平面。路线平面上的形状及特征称为公路的平面线形。当受到各种自然条件、环境及社会因素影响和限制时,路线须改变方向,发生转折,即其形状和几何特征发生变化。为了消除这些转折给汽车行驶带来的不利影响,需要在路线转折处设置曲线,让公路的平面线形与汽车行驶的轨迹相吻合,以保证汽车在公路上能够安全、顺适且经济地行驶。

汽车行驶轨迹线主要有以下3个特征:

①汽车转向角(即汽车转向机构中的转向轮与车身纵轴面之间的角度)为零时,轨迹线是连续的,即在任何一点上不出现错头、折点或间断,此时汽车的轨迹线是直线。

②当汽车的转向角为常数时,轨迹线的曲率是连续的,即轨迹上任何一点不出现两个曲率值,此时汽车的轨迹线是圆曲线。

③当汽车的转向角为变数时(即逐渐转向),其轨迹线为曲率渐变的曲线,此时汽车的轨迹线是缓和曲线。

公路平面线形的设计应与汽车行驶轨迹线相匹配,因此,公路的平面线形须由直线、圆曲线和缓和曲线3种基本几何线形构成,它们被称为公路平面线形三要素,如图4-3所示。

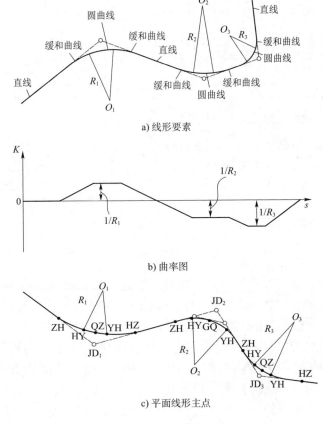

图 4-3　公路平面线形组成

公路的平面线形设计是研究平面线形三要素特征,合理确定三要素的参数、比例的设计工作。平面线形设计是从线形几何学和汽车行驶力学的角度,研究平面线形参数如何满足行车安全、快速、顺适的要求,并以此建立平面线形设计标准。

四、公路纵断面线形设计

沿着公路中线竖直剖切后展开形成的断面即为路线纵断面。由于自然地理因素的影响及经济性要求,路线纵断面总是一条有起伏的空间线。公路纵断面线形设计的主要任务是根据汽车的动力特性、公路等级、当地的自然地理条件以及工程造价等因素,研究起伏空间线的几何构成(如大小和长度等),以便达到行车安全、运输经济及驾乘舒适的目的。

图 4-4 为公路纵断面示意图。纵断面图是公路纵断面设计的主要成果,也是公路设计的重要技术文件之一。把公路的纵断面图与平面图结合起来,就能准确地确定道路的空间位置。在纵断面图中有两条主要的线:一条是地面线,它是根据中线上各桩点的高程绘制的一条不规则折线,反映了沿中线的地面起伏变化情况;另一条是设计线,它是通过技术、经济和美学等方面的研究后确定的一条具有规则形状和合理参数的几何线,反映了公路路线的起伏变化情况。

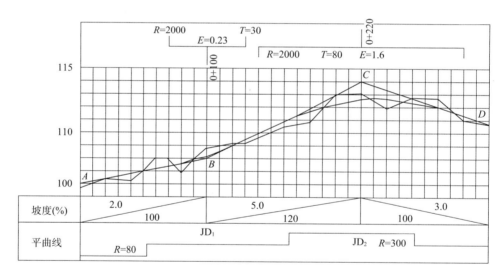

图 4-4　公路纵断面示意

纵断面设计线由直线和曲线组成。直线有上坡直线和下坡直线两类,可用高差和水平长度表示。直线的坡度和长度影响着汽车的行驶速度、运输的经济性以及行车的安全性,因此必须合理确定坡度、坡长等技术指标的临界值,并进行必要的限制。

当直线发生坡度转折时,为平顺过渡,需要设置竖曲线。竖曲线的线形可采用抛物线或圆曲线,两者的使用范围几乎没有差别,但宜选用圆曲线。按照坡度转折方向的不同,竖曲线分为凸形竖曲线和凹形竖曲线,其大小用半径和水平长度表征。凸形竖曲线和凹形竖曲线是根据坡度角的正、负区分的。坡度角 ω 是纵断面上的变坡点处由于坡度改变而形成的角度。当 $\omega<0$ 时设置凸形竖曲线;当 $\omega>0$ 时设置凹形竖曲线。纵断面线形要素如图 4-5

所示。

公路纵断面设计指标是根据汽车行驶的要求,规定的道路纵断面上纵坡和竖曲线设计的技术指标。纵坡设计指标主要有最大纵坡、坡长限制、缓和坡段以及其他纵坡指标等。竖曲线设计指标主要有竖曲线最小半径、竖曲线最小长度。具体要求可以查阅现行《公路工程技术标准》(JTG B01)。

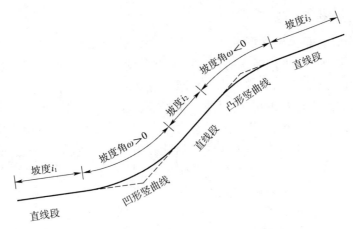

图 4-5　公路纵断面线形要素示意图

五、公路平、纵线形组合设计

1. 公路平、纵线形组合要素

平面线形有直线和曲线共 2 种,纵断面线形有直线、凸形竖曲线和凹形竖曲线共 3 种,因此可形成 6 种不同的组合要素,分别为:

①平面直线与纵断面直线组合要素。
②平面直线与凹形竖曲线组合要素。
③平面直线与凸形竖曲线组合要素。
④平曲线与纵断面直线组合要素。
⑤平曲线与凹形竖曲线组合要素。
⑥平曲线与凸形竖曲线组合要素。

2. 公路平、纵线形组合原则

公路平面与纵断面的线形组合是指在满足汽车运动和力学要求的前提下,研究如何让组合后的平、纵线形满足视觉和心理方面的连续性、舒适性,研究如何让线形与周围环境协调并具有良好的排水条件。公路平、纵线形组合的基本原则是:

①应能在视觉上自然地诱导驾驶员的视线,并保持视觉上的连续性。尽力避免使驾驶员感到茫然、迷惑或者判断失误的线形。在视觉上能否自然地诱导视线是衡量平、纵线形组合的最基本标准。

②平面与纵断面线形的技术指标应大小均衡,避免差别过大,使线形在视觉上和心理

上保持协调。纵断面线形反复起伏而在平面上采用高标准的线形是没有意义的;反之亦然。

③选择组合得当的合成坡度,以利于路面排水和行车安全。

④注意与道路周围环境的配合,减轻驾驶员的疲劳和紧张程度,并可起到引导视线的作用。

3. 公路平、纵线形组合要点

平、纵线形组合设计是公路线形设计中应着重考虑的问题。路线平面或纵断面设计仅是从满足汽车行驶要求及安全方面考虑的,而平、纵组合设计还同时考虑了路线几何线形对驾驶员的心理、生理及视觉等因素的影响,其组合设计要点如下:

①平曲线与竖曲线应相互重合,且平曲线稍长于竖曲线。平曲线与竖曲线完全对应,能保证视觉上的连续性,具体的做法是使平曲线包含竖曲线。若平面线形与纵断面线形不对应,如竖曲线的顶点设在平曲线的起点上,就无法给驾驶员顺滑的视线诱导,还会在纵断面凹部底点附近产生排水问题,并且路线会产生"断开"错觉。此外,在一个平曲线中设多个竖曲线时,会在视觉上让驾驶员觉得路线被分为几段,这也是不适当的。

②平曲线与竖曲线的大小应保持均衡。平曲线与竖曲线的大小应配合均衡,否则不仅造成工程浪费,还会在视觉上失掉均衡。根据德国的研究,若平曲线的半径小于1000m,竖曲线半径约为平曲线半径的20倍时,才可达到均衡。

③选择适当的合成坡度。在山岭地区,当纵坡较陡而又插入小半径平曲线时,易造成合成坡度过大的问题,对行驶安全极为不利;在平坦地区,当纵坡接近水平时,容易造成平曲线起迄点附近的合成坡度过小,会导致排水问题。因此,选择能够形成适当合成坡度的平曲线与竖曲线组合是必要的。

④暗、明弯与凸、凹竖曲线。暗弯与凸形竖曲线和明弯与凹形竖曲线的组合是合理的、悦目的。对暗弯与凹形竖曲线和明弯与凸形竖曲线的组合,当坡差较大时会给人留下故意爬坡、绕弯的感觉。这两种组合在山区难以避免,但坡差不宜太大。

⑤平、竖曲线应避免的组合。平、竖曲线重合是一种理想的组合,但由于地形条件的限制,这种组合往往难以实现。平曲线的中点与竖曲线的顶(底)点位置错开不超过平曲线长度的四分之一时,仍然可以获得比较满意的外观效果。但是,如果错位过大或大小不均衡就会出现视觉效果很差的线形。

⑥直线与纵断面的组合。平面的长直线与纵断面的直坡线配合,在平坦地区易与地形适应,对双车道公路超车方便,但行车单调、易疲劳。平面长直线上一次变坡是很好的平、纵组合,从美学观点讲,以包括一个凸形曲线为最好,包括一个凹形曲线次之;直线中短距离内二次以上的变坡会形成反复凸凹的"驼峰"和"凹陷",看上去既不美观也不连贯,易导致驾驶员视线中断。

六、隧道与路线总体设计间关系

隧道是整条路线的重要组成部分,因此,隧道的设计应在路线总体设计原则的指导下进行,须符合整条路线的技术标准和总体功能要求,遵循"安全、耐久、经济、节能、环保"的基本原则。

隧道根据长度分为特长隧道、长隧道、中隧道和短隧道。早期的隧道设计规范中有"地质条件较差时,特长隧道的位置应控制路线走向"的理念,即修建复杂地质条件下的特长隧道时,路线走向应服从隧道位置;当修建普通隧道时,隧道位置服从路线走向。随着隧道修建技术的不断提高,特长隧道的建设瓶颈已逐步被克服,因此,现行的公路工程技术标准强调的是路线、桥、隧等结构物的综合设计和协调设计,已不再强调谁服从谁的问题。近年来的高速公路和一级公路一般是按照综合设计的理念进行设计的,只要符合路线的总体要求即可。

七、克服高程障碍的隧道方案与其他方案的比选

交通线路克服地形条件带来的高程障碍,可以选择绕行方案、路堑方案或隧道方案。

1. 绕行方案

绕行方案可以避开山岭地形,不修隧道或将长大隧道改为傍山的短小隧道。其技术要求低、投资省、工期短,曾经是我国早期修建公路和铁路的首选方案。但是,由于线路绕山而行,导致线路延长、弯道(尤其是小半径弯道)增多,极不利于后期运营。特别是沿线可能形成高大边坡,留下塌方、落石等隐患。随着我国经济的发展和隧道建造技术的进步,修建长大隧道的技术水平已得到大幅提升,应慎重采用绕行方案,只有在确认对运营不会造成不良影响时才考虑采用。

2. 路堑方案

路堑方案是一种常用的克服地形高程障碍的方案。当地形为平原微丘时,由于相对高差不大,可以考虑采用路堑方案;在重丘和山岭地区,当采用路堑方案时极易形成高大边坡,如果想避免高大边坡,就需要提高线路高程,从而导致展线困难,此时要求路堑的两端比较开阔以利展线。一般来说,边坡不高的路堑不存在技术问题,但高深路堑情况下为稳定边坡,往往需要采用多种工程措施加以处理,如果仍不能阻止塌方落石甚至滑坡,则只能以明洞方式穿越。从造价上来说,路堑投资一般比隧道少。我国过去的铁路建设中,比选隧道与路堑方案时往往侧重造价,只有当实在不适宜路堑方案时才考虑采用隧道方案,结果大量应修隧道的地段改为路堑穿越,形成许多高大边坡,严重影响线路的运营安全。此外,虽然路堑一次性投资比隧道少,但随着时间的推移,路堑的病害会日益严重,后期维护费用可能会远超隧道方案。另外路堑方案开挖范围大,易大面积破坏自然植被,不符合环保要求。

3. 隧道方案

与上述两种方案相比,隧道方案具有线路平缓顺直、病害少、维修养护简单等优点,能够提供良好的运营条件,使出行更为快捷和便利;还能最大限度地减少道路修建对自然植被的破坏,能够产生积极的社会效益和生态效益。

综上所述,从现代工程建设理念角度分析,当线路遇到高程障碍时,应该优先考虑隧道方案;但隧道方案是否最为合理,还应与其他方案从经济、技术、环保等方面综合比选,而一般只有当不具备修建隧道的条件时(主要是投资条件),才考虑采用其他方案。

第二节　隧道位置选择

隧址区地质条件好,则工程投资少,施工速度快;隧址区地质条件差,会造成工程投资增加,施工速度降低。因此,在交通线路设计中,如何合理地选择隧道位置是一个十分重要的课题。

隧道位置的选择受地形、工程地质、水文地质、路线技术条件、施工机具、技术水平、工期、运营养护要求以及工程造价等多种因素的影响,还不同程度地受到辅助通道、施工场地、弃渣场地、运输便道等其他条件的影响。

要选择好隧道路线位置,需要对沿线的地形、地质做详尽调查,充分掌握这两方面的资料,认识它们之间的内在联系,分清主次,统筹研究,处理好近期与远期、隧道工程与其他工程的关系,才可能选定理想的隧道路线位置。

隧道主要存在于山区交通线路中,而山区交通线路一般是傍山沿河而行,从一条河的流域跨过分水岭进入另一条河的流域。因此,山区交通线路按照地形条件主要分为越岭线和沿溪(河)线两大类,相应的,山岭隧道一般分为越岭隧道和和沿河傍山隧道两类。下面重点从地形条件和地质条件两个方面介绍隧道位置选择的基本要点。

一、越岭隧道位置的选择

当线路从一个水系进入另一个水系时,必须翻越两水系之间的分水岭,为缩短线路里程,克服高程障碍,在越岭线上设置的隧道即为越岭隧道。越岭隧道地段一般地形起伏陡峭,工程地质及水文地质条件较复杂,交通运输条件较差,施工及弃渣场地狭窄,越岭隧道往往成为控制整条交通线路施工工期的关键性节点工程。越岭路线的特点是要克服较大的高差,路线长度和平面位置又取决于路线纵坡,因此,选择越岭隧道位置时应综合分析,慎重比选。

越岭隧道位置的选择主要应解决以下3个问题:越岭垭口的选择、垭口两侧路线展线方案的布置以及越岭高程的确定。这三者既相互联系,又相互影响,处理好三者间的关系相当重要。因此,要全面考虑垭口的位置、高程、地形条件、地质情况和不同的洞外展线方式,方能做好隧道方案的比选工作。

1.越岭垭口的选择

分水岭山脊线上的高程较低处称为垭口(图4-6)。交通线路穿过绵延较长的分水岭时,一般将越岭隧道选择在垭口位置(图4-7)。但是,垭口可能不是单一的,往往有多个,通常选用接近线路控制点间航空距离最短、高程最低和两端引线的地形、地质条件等较好的垭口位置。但以上说的距离最短、高程最低不是绝对的,而是相对的。如有的垭口,虽然距展线起点直线距离最短,但高差大,需要大量展线,而距展线起点直线距离远的垭口,由于高程低,展线长度反而较短;如有的垭口虽高程最低,但山体厚,有的高程虽高,但山体却薄,用同等长度的隧道通过,进出洞口高程较低时,展线条件好。在实际选线中,有利因素往往难以同时具备,为此,越岭垭口的选择必须结合整条线路的基本走向,大范围地收集区域地形、地质、水文等资料,按照工期要求、可能采用的隧道长度以及两端引线等主要技术条件,并综合政治、经济等因素进行多方案的广泛调查研究和比选。

图 4-6　垭口

图 4-7　公路隧道穿越垭口

1)据不同位置及高程选择垭口

各个越岭垭口,由于所处位置及高程不同,工程造价和运营费用也不同。一般来说,低垭口优于高垭口,因为低垭口有利于缩短线路长度和越岭隧道长度,可采用较缓的坡度,减少越岭隧道两端的引线工程。但实际情况不尽如此,如有的低垭口由于地质条件差,或两端河谷平面过分曲折,或较大幅度地偏离线路方向,此时,低垭口反不如高垭口有利。特别是随着隧道施工技术的不断发展,选用较长隧道尽可能地减少两端展线的优越性越来越突出。此时,单纯地选择最低垭口就不一定完全合理了。

例如,某公路越岭线路,越岭时有两个越岭垭口可以选择,一个为低垭口,另一个为高垭口(图4-8)。当整条公路选择高位线路时,穿越高垭口的高位隧道长2330m,穿越低垭口的高位隧道长1540m,此时,在不考虑洞口两侧展线条件时,有利垭口为低垭口;而当整条公路选择低位线路时,穿越高垭口的低位隧道长3475m,穿越低垭口的低位隧道长5965m,此时的有利垭口为高垭口。

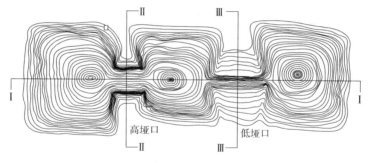

a) 路线越岭垭口平面

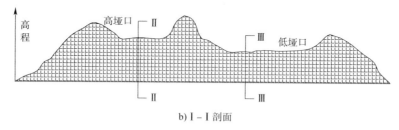

b) Ⅰ–Ⅰ剖面

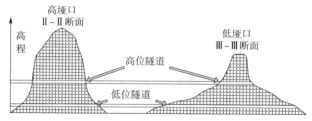

c) 路线方向高垭口、低垭口剖面

图 4-8　某公路越岭垭口方案

2) 根据不同地质及施工条件选择垭口

由于受地质构造作用影响，越岭垭口地段的岩层往往受地应力作用而形成一系列断层、褶皱、节理、劈理等构造形迹，岩体的完整性及坚实性大为降低，处于欠稳定或相对稳定状态，加之由于施工而引起自然山体稳定条件的破坏，极易引发地质灾害。因此，从工程地质条件考虑，越岭隧道不宜选在沟谷发育的垭口通过，可以考虑偏离垭口的山体完整、埋藏较深的位置，其工程地质条件往往远好于沟谷发育地段垭口位置。为此，应当加强地质勘探及大面积地质测绘，以指导选线。

施工条件的好坏对垭口选择的影响也很大，例如越岭隧道两端的施工场地、出渣条件和导坑条件等都关系到隧道施工工期和工程造价。因此，选择垭口时也要结合工期要求、施工条件等因素，进行综合研究考虑。

3) 根据两端引线条件选择垭口

在越岭选线中，垭口位置固然重要，但两端引线条件对垭口选择的影响也很大。两端引线的选择：一是要从工程地质条件考虑，注意不要轻易被平缓地貌的表面现象所迷惑，要选择有利的线路走向，选择岩性较好的地段，选择浅层、相对比较稳定的部位通过；二是要从地形条件考虑,如果单就垭口本身来说其高程较低,属于理想垭口,但其两端引线条件较差,存在沟谷陡峭、平面曲折、河床坡降大、展线条件差等问题,此时应避免选择该垭口。相反,有的河谷开阔顺直、纵坡适宜,展线条件和地质条件也好,即使垭口位置偏高,也应着重选择。此外,也有因为两端引线位置距离工矿或城镇太远而不能选用的情况。

2. 越岭高程的选择

合理选择越岭高程是山区越岭选线的重点,它常与越岭隧道长度、限制坡度等密切相关,并相互制约。选择的越岭高程合理与否,对后期运营影响也较大。

一般情况下,如选用的高程过低,易造成隧道长度增加,工期延长,但优点是线路短、坡度缓、展线系数小;如选用的高程较高,虽可缩短隧道长度,却延长了两端引线工程,加大了展线系数,对后期运营不利。

例如,某公路隧道项目,在同一个垭口,按不同的隧道线路高程拟定了 3 个隧道方案,如图 4-9 所示。其中,高位隧道总长 990m,中位隧道总长 1230m,低位隧道总长 2560m。高位隧道虽短,但隧道两侧展线长,公路技术指标差,工程总造价并不占优;中位隧道虽然比高位隧道略有延长,但整条线路高程下降了近 40m,隧道进出口展线明显缩短,整条线路技术指标较好,总工程造价最低;低位隧道两侧公路展线条件最好,展线最短,各线形指标最优,但隧道长度大大增加,总工程造价最高,经综合比选,最后选用了中位隧道方案。

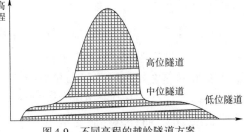

图 4-9 不同高程的越岭隧道方案

值得注意的是,选择越岭垭口高程应根据实际的地形、地质和引线条件等因素,分别进行比选。如山岭两侧的自然纵坡较陡,高差大,河流长,则压低越岭高程,加长隧道,可明显降低线路高程,改善引线条件;如分水岭的山体宽厚、高程受地形控制,即使降低越岭隧道高程,加长隧道,也无明显的技术经济效果,此时,不宜过分降低越岭高程。因此,越岭高程一定要根据隧址区的地形、地质条件及洞外的展线条件综合确定。

二、沿河傍山隧道位置的选择

山区河谷地貌形态有如下特点:由于流水的垂直侵蚀和旁蚀,在河道弯曲处,凹岸往往形成峭壁,凸岸形成伸出的缓坡山咀。山区的主河流及其支流的终端均与山岭的垭口相连,往往有几条不同的河谷通向各个越岭垭口。因此,河谷选线首先要研究地区水系的分布情况,除了选择河谷比较开阔、平缓和地质条件良好地段以外,最主要的是应尽量选择顺线路方向或部分顺线路方向的河谷,以避免增加展线。山区沿河谷选线的优点是:可充分利用河谷纵向坡度比较平缓和除部分陡岸峭壁外地形起伏较小的特点,采用较缓的限制坡度,工程量较小,便于施工,有较好的运营条件,经过的居民集中的城镇较多,对工农业发展和人民生活都有利。但是,山区河谷并非都很理想,如有些地段的河谷过分弯曲,这就需要研究傍岸绕行与一河多次跨越方案的比选;有些地段由于河谷发育特征与地形、地质构造影响,形成滑坡、堆积、崩塌、泥石流、岩溶等不良地质,这就要求从整个河段着眼,从局部的具体方案着手,做好河道两岸的比选,对严重地质不良地段要逐段、逐点地进行比选分析。

为改善线形、提高车速、缩短里程,常修建沿河傍山隧道。这种隧道一般埋深较浅,尤其是沿河一侧的覆盖层厚度一般较小,极易形成偏压隧道,且地质条件复杂,通过地段常有山体崩塌、滑坡、松散堆积等不良地质现象,施工开挖容易破坏山体平衡,产生各种地质灾害。沿河傍山隧道位置选择的主要工作是确定隧道高程、隧道山体外侧覆盖层厚度以及比选短隧道群和长隧道方案等。

1. 沿河傍山隧道高程的确定

山区河流的特点是:洪水猛,流速大,冲刷严重,水位涨落和河弯冲刷的幅度都很大,高、中水位时糙度系数(糙率)和比降不同,流向也不同。确定洪水位时,还须考虑河道上下游断面的变化。

傍山隧道多与桥梁涵洞相连。隧道高程过低,会造成洪水灌入隧道;高程过高,连接桥涵工程量增加。因此,要进行综合比选。

河谷线路跨越支流沟谷时,要注意其上游有无发生泥石流的可能。如有可能时,傍山隧道高程不仅要考虑暴雨径流,还要避开泥石流,并以能为跨越此沟谷的桥梁留有足够净空为宜。

如果河谷作为预留水库区,则穿越河谷的隧道高程要根据水库设计蓄水高程,推算水线并考虑浪高后,综合确定。

2. 沿河傍山隧道山体外侧覆盖层厚度的确定

受河谷地形限制,在道路绕行、明挖路堑或路基支挡困难时,往往需要设置沿河的浅埋隧道或隧道群。在选择傍山隧道位置时,如果偏向河流一侧,隧道会较短,但埋深浅,隧道极易坐落于山体的风化表层中。因此,应尽量将隧道位置向山体一侧内移,以保证隧道具有足够的山体覆盖层厚度,而且内移后的地质条件也好一些。为了避免沿河傍山隧道产生显著偏压,应该使隧道外侧最小覆盖层厚度满足一定的要求。《铁路隧道设计规范》(TB 10003—2016)给出了不形成偏压效应的隧道外侧最小覆盖层厚度,见表4-2。

不形成偏压效应的铁路隧道外侧拱肩山体最小覆盖层厚度 t(单位:m)　　表4-2

地面坡度 (1:m)	线别	围岩级别				示意图
		Ⅲ	Ⅳ石	Ⅳ土	Ⅴ	
1:0.75	双线	7	—	—	—	
1:1	单线	—	5	10	18	
	单线	7	—	—	—	
1:1.25	双线			18		
1:1.5	单线	—	4	8	16	
	双线	7	11	16	30	
1:2	单线	—	4	8	16	
	双线	7	11	16	30	
1:2.5	单线			5.5	10	
	双线	—	—	13	20	

注:1. Ⅵ级围岩的 t 值应通过计算确定。
　　2. Ⅲ、Ⅳ级围岩的 t 值应扣除表面风化破碎层和坡积层厚度。
　　3. "—"表示缺少统计资料,设计时可通过工程类比或经验设计取值。

《公路隧道设计细则》(JTG/T D70—2010)给出了双车道公路隧道拱肩最小覆盖层厚度的建议值,见表4-3。

双车道公路隧道拱肩最小覆盖层厚度 t(单位:m)   表4-3

围岩级别	坡　度(1:m)				示意图
	1:1	1:1.5	1:2.0	1:2.5	
Ⅲ	5	5	—	—	
Ⅳ(石质)	8	6	6	—	
Ⅳ(土质)	15	12	9	9	
Ⅴ	27	24	21	18	

注:1. 表中所列数值应扣除表面腐殖覆盖层厚度。
   2. Ⅵ级围岩的 t 值应通过分析计算确定。
   3. "—"表示缺少统计资料,设计时可通过工程类比或经验设计取值。

当覆盖层厚度小于上述两表中数值时,隧道会存在较为明显的偏压,此时隧道结构应按照偏压结构设计。在河道窄、冲刷力强的地段,还应考虑水流的长期冲刷对山体和洞身稳定性的影响,必要时应设置护坡和支挡结构。

3. 沿河傍山长隧道与短隧道群的比选

山势陡峻、地质复杂的沿河傍山线路,经常遇到修建长隧道还是修建短隧道群的问题。当交通线路沿河谷傍山展线时,由于地形起伏不定,若线路向河流一侧偏移,可能需要修建若干座短隧道穿越;而当线路向山体内侧偏移后,仅修建一座长隧道即可满足线路设计要求。图4-10反映了长隧道方案与短隧道群方案的关系。

长隧道方案与短隧道群方案的选择主要取决于地质条件,并综合考虑山体稳定性、经济合理性、运营照明难易以及弃渣处理等因素。隧道群方案的线路一般傍山通过,由于沿河山体岩层风化破碎较为严重,隧道多存在浅埋偏压现象,施工问题多,沿岸路基加固工程量大、病害多,有的甚至竣工后还留有后患;运营照明多属短隧道照明,难以达到良好效果;但因洞口多、施

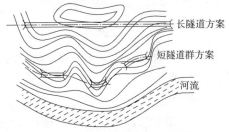

图4-10 沿河傍山长隧道与短隧道群方案比选示意图

工面多,短隧道群的施工工期一般较短。相对于隧道群方案,长隧道方案线路短且顺直,埋深大,地质条件相对较好,但造价相对高,工期长。总体来看,长隧道取直线路方案虽工程造价可能较高,但可缩短线路,取消一部分小半径曲线,避免一些路堑边坡隐患,尤其适用于傍山临谷、山坡陡峻、地质不良地段;如果岩层较好,构造单一,采用隧道群后不会出现高边坡路堑,且沿线能服务更多的村镇,则隧道群方案也是合理的,需要进行综合比选。

三、地质条件与隧道位置的选择

不论是越岭路线还是沿河傍山路线,在选择隧道位置时,都应力求选择在地质构造简单、岩性较好的稳固地层中通过,尽量避免通过断层、崩塌、滑坡、流沙、溶洞、陷穴、显著偏压、地下水丰富等不良地质地段。当绕避有困难时,应采取必要的工程措施加以处理。

1. 单斜构造与隧道位置的选择

单斜构造是指成层的岩层向一个方向倾斜的地质构造,常见的工程地质问题为不均匀的地层压力、偏压、顺层滑动等,故隧道中线以垂直于岩层走向穿越最为有利。按岩层倾角不同,可分以下 3 种情况:

1) 水平或缓倾角岩层

如图 4-11 所示,当隧道通过坚硬的厚层岩层时,较为稳定。当通过破碎薄层围岩时,施工时顶部易产生掉块现象,以不透水的坚硬岩层作顶板为宜。

2) 陡倾角岩层

陡倾角岩层一般存在偏压和不均匀压力问题,当有软弱夹层伴以有害节理切割时,极易产生塌方和顺层滑动。在此情况下,以明洞通过时应慎重对待。隧道开挖虽处于约束状态,但开挖造成临空后,洞壁如有 2 组及以上软弱结构面或节理裂隙为有害组合时,同样会引起较大偏压或顺层滑动。

当隧道中线可能沿两种不同岩性的岩层走向通过时,应避免将隧道置于两种不同的岩层软弱构造(破碎)带,如图 4-12 中的方案①;宜将隧道置于岩性较好的单一岩层中,如图 4-12 中的方案②。

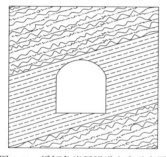
图 4-11　缓倾角岩层隧道方案示意图

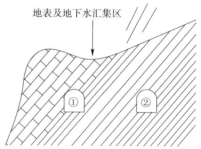
图 4-12　陡倾角岩层隧道方案示意图

3) 直立岩层

隧道通过直立岩层时,中线宜垂直于岩层走向穿过,如图 4-13 所示。如隧道中线与岩层走向一致时,如前所述,仍应避开不同岩层接触带。尤其需要注意的是,当层状岩层较薄,伴有软弱夹层、微量地下水活动时,会产生不对称压力,在隧道开挖过程中易产生坍塌(图 4-14),甚至会导致大的塌方,致使地面形成"天窗",在选择隧道位置时应加以重视。

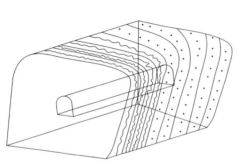
图 4-13　直立岩层隧道方案示意图

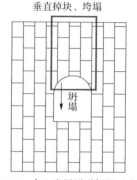
图 4-14　直立岩层隧道坍塌示意图

2. 褶皱构造与隧道位置的选择

褶皱构造有向斜和背斜两种基本类型。当隧道通过褶皱构造时,应尽量避免将隧道置于向斜或背斜的轴部,如图4-15中的①、③,而应将隧道置于翼部,如图4-15中的②,因为背斜或向斜的轴部岩层比翼部破碎,节理裂隙发育,施工时坍塌掉块风险较大,而翼部隧道处的地质条件类似单斜构造,隧道施工条件相对较好。当对隧道通过向斜轴部和背斜轴部作比较时,一般背斜轴部位置较向斜轴部好,因为向斜轴部往往处于富水地层中,其洞身开挖所出现的涌水及坍塌现象比背斜严重。

图4-15 褶皱构造隧道方案示意图

3. 断裂构造、接触带与隧道位置的选择

断裂构造及不同岩层的接触带,裂隙发育,并存在块碎石角砾及断层泥,地下水发育,常呈突水涌出,在该处开挖隧道易产生坍塌,给隧道施工带来一定的困难,同时因地层压力变化较大,衬砌结构受力复杂。因此,在选择隧道位置时切忌沿着(或小角度穿越)断层带或破碎带修建隧道,尤其应当注意绕避区域性大断裂(图4-16)。当隧道路线必须通过断层带时,应尽量使路线与断层走向正交,如图4-17所示,避开严重破碎带,使通过断层的隧道区段最短。

图4-16 平行于断层走向的隧道方案示意图

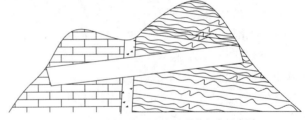

图4-17 垂直于断层走向的隧道方案示意图

四、不良地质和特殊地质地区隧道位置的选择

1. 不良地质地区隧道位置的选择

不良地质指滑坡、错落、崩塌、岩堆、危岩、落石、岩溶、陷穴、泥石流、流沙、断层、褶皱、涌水及第四纪堆积层等。如路线难以绕避或绕避有损于路线的总体性时,在技术条件和经济条件许可时,可因地制宜地采取相应工程措施后通过。

1) 滑坡地区隧道位置的选择

在山区修建隧道时,经常遇到滑坡,它给隧道施工和运营带来极大的安全隐患。当隧道路线必须通过滑坡地段时,应慎重对待。

① 采用隧道避开滑坡时,应使隧道洞身埋藏在滑床(可能的滑动面)以下一定厚度的稳固地层中,如图4-18中的位置②,以确保施工及运营过程中滑坡滑动时不影响隧道安全。当隧道通过古滑坡体时,应考虑隧道施工及运营期扰动因素是否会导致古滑坡体复活。

② 隧道或明洞必须通过滑坡体时,应在查明滑坡的成因、性质、类型、构造的基础上,采取上部减载、下部支挡、设抗滑桩(墙)、地表及地下排水、加强衬砌结构等工程措施,在确保滑坡稳定的情况下,才能允许隧道或明洞在滑坡体内通过。

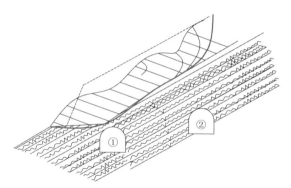

图 4-18　穿越滑坡的隧道方案示意图

③当隧道穿山体表层进洞,通过不稳定并有软弱夹层的岩体时,易引起山体滑动。选择隧道位置时,应充分预计由于河岸冲刷、剥蚀、施工开挖、爆破及其他人为扰动等影响所导致的软弱夹层不稳定和山体滑动。隧道宜避开软弱夹层而置于可能滑动面以下的一定深度处,确保有足够的覆盖厚度,对上述可能产生的危害必须采取相应的工程措施,以防患于未然。

2) 岩堆、崩塌、错落、堆积层及危岩落石地区隧道位置的选择

岩堆表面的坡度一般与该堆积物的安息角接近,常处于极限平衡状态或趋于暂时稳定的过渡状态。当基床陡峻时,一旦受到外界某种因素影响(如暴雨、地震、爆破等),会丧失平衡,产生滑坡或塌落。当隧道通过岩堆地区时,极易引起坍塌、衬砌开裂和难以处理的工程事故。

崩塌破坏急剧、猛烈,规模大者可达 10000m³ 以上,对隧道的威胁很大,可导致损毁隧道洞口或明洞衬砌,中断交通,甚至堵塞河道。

错落在外形和成因方面与滑坡有些类以,但其错动面或软弱带不像滑坡面那样光滑和有规律,对隧道的危害与滑坡类似。

堆积层一般呈松散状态,隧道开挖后容易坍塌,情况严重者会导致地表开裂、塌陷、洞内支撑压坏或衬砌变形等问题,对隧道施工安全威胁很大。

在上述不良地质地区选择隧道位置时,应查明工程地质及水文地质情况,原则上应避免从不稳定的岩堆、崩塌、错落、堆积层中通过,应将洞身置于稳定的地层,如图 4-19 中的位置②。当隧道必须通过时,首先应分析并确认其稳定性,在采取可靠的工程措施之后,方可从图 4-19 中位置①通过。

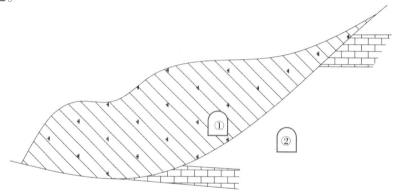

图 4-19　穿越坡积体的隧道方案示意图

危岩和落石的危害性很大，常常引起隧道交通中断，危及运营安全。危岩和落石区的隧道必须增加相应的工程措施，如为隧道施加缓冲层等，见图4-20中的隧道①。如有条件，尽量将隧道位置向山体侧内移，以彻底避开危岩和落石的影响，如图4-20中的隧道②。

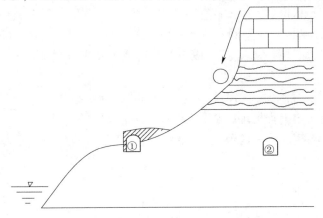

图4-20 穿越落石区的隧道方案示意图

3）泥石流地区隧道位置的选择

当路线通过泥石流地区时，首先应充分预计和判明泥石流的成因、规模、发展趋势和冲、淤变化规律，论证以路基、桥梁通过或者以隧道等方式绕避的合理性，判定工程安全度，以确定隧道方案的可行性。

在确定隧道位置时，应使洞身置于基岩中或稳定的地层内，其顶板覆盖厚度应充分考虑以下因素对隧道产生的最不利影响：

①预计河床最大下切及侵蚀基准面对隧道的影响。
②泥石流可能的改道和变迁对洞身的影响。
③充分预计隧道防排水的处理难度及泥石流沟床顶板坍塌等危害的影响。
④评估施工爆破可能带来的危害。

当采用明洞方案穿过泥石流地区时，除应考虑上述因素外，其基础必须置于基岩或牢固可靠的地基上。洞顶回填的处理，应考虑河床下切和上涨以及相互转化的各种不利情况。

在受彼岸山嘴或洪积扇影响而压缩河床，导致冲刷侧蚀威胁路线安全时，应考虑侧蚀作用对隧道或明洞的危害，在这种情况下，路线位置宜往里或往下靠，如图4-21中的隧道②。

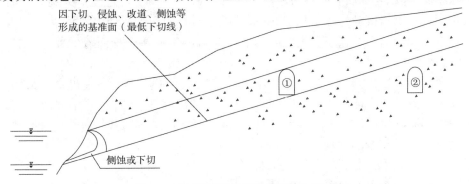

图4-21 穿越泥石流地区的隧道方案示意图

当隧道洞口位置毗邻泥石流沟时,应注意适当延长隧道以避免泥石流范围扩大后对其产生影响。

4)岩溶地区隧道位置的选择

当隧道通过岩溶地区时,应力求避免穿越岩溶严重发育的网状洞穴区、巨大空洞区及有利于岩溶发育的构造带,尽量避免将洞身置于碳酸盐岩与非碳酸盐岩(可溶岩与非可溶岩)的接触带。当不可避免时,应选择在较狭窄地段,以垂直或大角度穿越方式通过,使通过岩溶的隧道区段最短。

当洞身不能避开岩溶区时,宜使隧道与岩溶间(特别是顶板及底板)有足够的岩壁厚度(图4-22),或采取相应的工程处理措施,并选择在岩溶水不发育地带通过。特别注意岩溶水突然涌出的可能性,岩溶突涌水现象对隧道施工、运营危害极大,必须采取合理可行的预防措施。

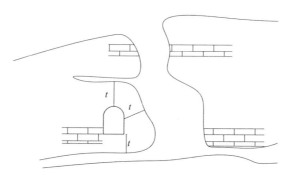

图4-22 穿越岩溶地区的隧道方案示意图

2. 特殊地质地区隧道位置的选择

特殊地质地区指膨胀岩(土)、含盐地层、煤系地层、黄土、多年冻土、地震地区以及水库坍岸区等。在这些地区选择隧道位置,首先应掌握特殊地质的工程特点和对隧道工程可能产生的危害程度。

1)膨胀岩(土)地区隧道位置的选择

膨胀性岩石有页岩、泥岩、含有长石、云母、辉石等的风化岩、蛇纹岩,其膨胀原因有以下3个方面:

①吸水膨胀。软岩、变质岩等含有蒙脱土等黏土矿物时,吸水后会呈现明显的膨胀性。

②风化膨胀。围岩接触外界空气引起风化,随着岩石的崩解呈现出膨胀性。

③潜在应力释放引起的膨胀。围岩内部潜在应力由于隧道开挖而得到释放,当围岩强度不足时,隧道即承受膨胀性压力。

当隧道通过膨胀岩(土)地区时,应在确定膨胀性围岩的范围后,以通过地段最短、地下水含量最少者为宜。同时应根据顶、底板隆起及侧帮的凸出程度、支撑变形情况等,分析膨胀力的大小和开挖不同部位产生的变化规律,以便采取合理的施工方法和衬砌结构加强措施。

2)含盐地层隧道位置的选择

含盐地层指岩石中含有盐类矿物(如岩盐、芒硝、钙芒硝、硬石膏、石膏等)的可溶岩地层。含盐地层在恒定天然含水率状态下具有较大的强度,但含水率变化会严重影响岩层的稳定性。

含盐地层对隧道的危害大致有下列3种类型：
①膨胀作用，导致衬砌结构承受附加压力。
②湿陷作用，使底板呈现不规则的隆起或沉陷，影响结构稳定。
③含有高浓度SO_4^{2-}的水溶液和芒硝矿物会对混凝土造成侵蚀，严重者会导致混凝土出现豆腐渣状病害，对钢筋也具有腐蚀作用。

当隧道通过含盐地层时，宜选择在干燥无水或地下水位低、含盐量最小的地段通过，并应对衬砌结构采取相应的加强措施。

3）煤系地层隧道位置的选择

当隧道通过煤系地层时，要注意有害气体、煤窑采空区以及地层膨胀等影响隧道结构安全的问题。有害气体危害施工、运营安全，且易发生燃烧和爆炸事故，煤窑采空区直接影响着隧道洞身稳定和运营安全。煤系地层易存在膨胀性岩石，隧道开挖后，围岩压力较大。在含水的情况下，一般水中易存在SO_4^{2-}，会对衬砌混凝土造成腐蚀破坏。

在选择隧道位置时，应设法避开有害气体含量较高和煤窑采空密集地段，当不可避免时，应选择以影响最小的方案通过，同时保证底板有足够厚度或预留煤柱，以减少其对隧道工程的影响，确保隧道施工安全和结构稳定。

4）黄土地区隧道位置的选择

黄土具有干燥时坚固、遇水易剥落和遭受侵蚀的特征。在黄土地区常存在冲沟、陷穴、滑坡及泥流等不良地质现象，对隧道的危害不容忽视，特别是在有地下水活动和陷穴密集的地段，在隧道施工中极易发生坍塌，产生较大的围岩压力，从而导致支撑变形、基础下沉及衬砌开裂等危害。因此，选择隧道位置时应避开沟壑、有地下水活动和地面陷穴密集的黄土地区。

5）多年冻土地区隧道位置的选择

温度低于或等于0℃，且含有固态水的土(石)称为冻土；这种状态能保持3年或3年以上者，称为多年冻土。

多年冻土地区多分布于我国东北大兴安岭和西北的青藏高原一带，由于气候严寒、防排水工程设计及施工均比较复杂，处理不当将引发隧道病害。

多年冻土地区修建的隧道，在洞口地段及衬砌背后会形成一个冻融圈。因冻融循环的交替作用，洞门易遭到破坏，冻融圈内的围岩强度则有所降低，在冻结时，对衬砌产生冻胀力，影响隧道衬砌结构的安全。

针对上述情况，当隧道穿越多年冻土地区时，应注意选择好隧道位置和洞口位置，并做好防寒保温措施，防止隧道病害的产生，降低对隧道施工和运营养护的影响。

6）地震区隧道位置的选择

地震对隧道影响的大小，与地形、地质及隧道埋藏深度有着密切的关系。地震的破坏作用，由地表向地下随深度增加而迅速减弱，故地震一般对深埋隧道影响较小，对浅埋、偏压隧道及明洞和洞门等结构的影响较大。另外，在松散的山坡堆积层、滑坡地段、断层破碎带、泥石流发育地区、不稳定的悬崖深谷、易坍陷的地下空洞等处，一旦发生地震，易导致隧道洞口坡面坍塌、衬砌开裂等病害，直接威胁行车安全。因此，在选择隧道位置和洞口位置时，应特别注意地形、地质及洞身埋藏深度等条件。对土质松散、地层破碎以及地质构造不利的傍山隧道，更应注意采取必要的抗震措施，以保证洞身稳定和洞口的安全。

7）水库地区隧道位置的选择

水库蓄水后，改变了岸边的工程地质和水文地质条件，岸壁将受库水的浸润和波浪的冲刷而产生坍塌，即所谓的水库塌岸，如图4-23所示。同时，由于库水向岸壁土层（或破碎岩层）渗透，致使地下水位上升，在库水消落时，地下水位又随之下降。库水水位的变化除加剧塌岸外，还可能引起岩（土）体力学指标降低、古滑坡体复活或产生新滑坡等危害。

影响塌岸的因素是错综复杂的，主要为水文、地质、地貌。通常，人们对水文、地质因素较为重视，而忽视地貌因素（指水库周围山坡凸岸、凹岸的形态）。凸岸三面环水，多受风浪的影响，塌岸剧烈；凹岸一般为避风地带，沿岸搬运的物质在此容易沉积，一般塌岸较轻。另外，水库岸壁的高低、陡缓对塌岸的速度和宽度也能产生较大的影响。

因此，在水库塌岸地区修建隧道时，隧道应位于牢固的基岩中，或塌岸范围以外具有一定覆盖厚度并足以保证洞身稳定的地层中，如图4-23中的位置②。

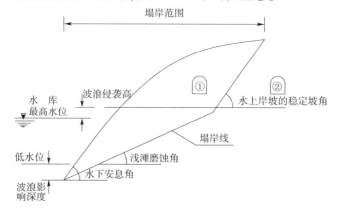

图4-23 穿越水库地区的隧道方案示意图

隧道一般应设于水库正常高水位以上的规定高度，如因特殊原因需要设于正常高水位以下时，应根据工程地质、水文地质等情况采取有效的防护措施，并应进行充分的技术经济比选。

第三节 隧道线形设计

在确定隧道位置后，下一步要确定隧道线路的线形。隧道线形包括平面线形和纵断面线形两部分。隧道线形除了需要适应整条线路的布设外，由于隧道自身建造条件和运营环境的特点，还应附加一些特殊的技术要求。

一、隧道平面线形设计

隧道平面线形是隧道中心线在水平面上的投影。隧道平面线形设计应综合考虑地形地质条件、洞口接线、隧道通风、车辆运行安全和施工条件等因素，并结合自身建设条件进行设计，须确保隧道平面线形与连接区间的公路整体线形协调一致。与公路平面线形一样，隧道平面线形也有直线和曲线两种形式，其中曲线一般为缓和曲线和圆曲线。在设计隧道平面线形（尤其是高等级公路隧道）时，应尽量避免采用缓和曲线，这是因为缓和曲线会增加隧道测量放线和施工的难度,并且由于缓和曲线的曲率是变化的,驾驶员在缓和曲线段驾驶车辆时需要不断地修正方向以适应线形变化,而隧道内部空间局促,视觉环境差且存在边墙视觉效应,在隧道缓和曲线段频繁修正方向存在很大的安全隐患。

在地形、地质条件允许的情况下,隧道平面线形原则上宜采用直线,避免选用曲线。这是因为曲线隧道(尤其是小半径曲线隧道)存在如下缺点:

①曲线隧道内部净空需要加宽,导致隧道开挖和支护工程量增加。
②曲线隧道(尤其是"S"形反向曲线隧道),通风风阻大,通风条件差。
③曲线隧道增加了测量、内装、吊顶等工作的施工难度。

如果受地形、地质条件限制,必须采用圆曲线,宜采用不设超高或不需加宽的圆曲线。因为设置超高后,建筑限界位置会产生调整,从而导致隧道断面加宽,造成整条隧道内轮廓尺寸不统一,加大隧道施工难度,因此隧道内曲线半径不宜过小,一般应大于不设超高的圆曲线最小半径。根据《规范》,隧道不设超高的圆曲线最小半径如表4-4所示。

隧道不设超高的圆曲线最小半径(单位:m)　　表4-4

路 拱	设 计 速 度					
	120km/h	100km/h	80km/h	60km/h	40km/h	30km/h
≤2.0%	5500	4000	2500	1500	600	350
>2.0%	7500	5250	3350	1900	800	450

当因地形条件限制不得不使用小半径曲线时,可通过断面加宽措施应对。过分强调避免小半径曲线,将造成明线部分的线形不合理和道路不顺畅。如果隧道平面线形必须采用设置超高的平曲线,其超高值不宜大于4.0%。当设计速度为20km/h时,圆曲线半径不宜小于250m。根据《公路路线设计规范》(JTG D20—2017),设置超高的圆曲线应按照表4-5的规定进行隧道每条车道的视距验算,以保证驾驶员在紧急情况下有充分的时间停车,避免发生交通事故。

公路停车视距和会车视距　　表4-5

公路等级	高速公路、一级公路				二、三、四级公路				
设计速度(km/h)	120	100	80	60	80	60	40	30	20
停车视距(m)	210	160	110	75	110	75	40	30	20
会车视距(m)	—	—	—	—	220	150	80	60	40

"S"形反向曲线对隧道通风和施工尤为不利,应尽力避免。当必须设置"S"形反向曲线时,"S"形曲线的两圆曲线半径之比不宜过大,以 $R_1/R_2 \leq 2$ 为宜(R_1为大圆半径,R_2为小圆半径)。

综上所述,隧道的平面线形宜首选直线。从通风和施工方面考虑,不宜设置曲线,尤其是洞内的"S"形反向曲线。对隧道工程而言,曲线弊端很多,但单向行驶的长隧道例外,如果在出口一侧设置大半径曲线,面向驾驶者的出口墙壁亮度是逐渐增加的,尤其是当出口处存在阳光直射时(如早上通过东向隧道出口,傍晚通过西向隧道出口),曲线线形非常有利于驾驶者的亮适应,大大提高了这类隧道的行车舒适性和安全性。但总的来说,曲线隧道增加了通风阻力,对隧道通风有不利的影响,须慎重选择。

二、隧道纵断面线形设计

隧道纵断面线形是指隧道中心线展开后在垂直面上的投影,这条线也是由直线和曲线组成。直线段的控制技术指标是纵坡坡度,曲线段的控制技术指标是竖曲线最小半径和曲线最小长度。应以越岭高程、行车安全、排水、通风、防灾等需求为基础,结合施工期间的排水、出渣、材料运输等要求,综合确定隧道纵断面线形。隧道纵断面线形设计的主要内容是确定纵断面坡形和隧道纵坡坡度。

1. 隧道纵断面坡形

隧道纵断面最常用的坡形是单向坡和双向人字坡,水下隧道还会采用"V"形坡、"W"形坡等形式。

单向坡多用于需要展线的地段,尤其适用于隧道进出口两端高差大,需要争取高程的隧道,如图4-24a)所示。设置单向坡的隧道两端洞口可以形成较大高差,由此产生的气压差和热位差容易形成洞内自然风,非常有利于隧道通风。在隧道施工过程中,在低位洞口端施工有利,因为隧道掘进方向为上坡方向,出渣车辆空载上坡进洞,满载下坡出洞,降低车辆油耗,减少尾气排放,实现节能减排,同时施工期间洞内积水可顺坡自然流出,利于排水;而高位洞口施工与低位洞口施工正好相反,车辆出渣能耗高,尾气排放多,且无法实现自然排水,需要设置反向排水井机械排水,施工难度加大。因此,单向坡非常适用于低位洞口具备施工条件且不需要通过多口掘进加快工期的较短隧道。

双向人字坡多用于地下水发育的长、特长隧道中,如图4-24b)所示。双向人字坡最大的优势是利于隧道施工,隧道两端都是上坡施工,对出渣和排水有利,但洞内污浊空气会在工作面自然积聚,运营期汽车尾气也易在坡顶积聚,不利于隧道通风。

"V"形坡多用于水下隧道河底段较短的情况,如图4-24c)所示。优点是增加河底段埋深,可适当缩短整个隧道轴线长度;缺点是排水不便,在河床中间要安设排水泵房。

"W"形坡主要用于河底段较长的水下隧道,河底段形成人字坡,使水流向两岸底的最低处,如图4-24d)所示。优点是对行车安全、施工排水、施工出渣以及永久排水等方面有利,可不在河床中间设排水泵房;缺点是隧道轴线长。

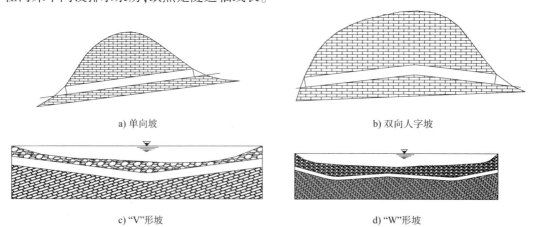

a) 单向坡 b) 双向人字坡

c) "V"形坡 d) "W"形坡

图4-24 隧道典型纵断面坡形

当采用双向人字坡、"V"形坡、"W"形坡等坡形时,由于存在变坡点,隧道变坡点处应设置大半径竖曲线平缓过渡,以保证驾驶员有足够的视线。根据《规范》,隧道内变坡点处竖曲线的最小半径和最小长度应符合表4-6的规定。

竖曲线的最小半径和最小长度(单位:m)　　　表4-6

指　　标	设计速度						
	120km/h	100km/h	80km/h	60km/h	40km/h	30km/h	20
凸形竖曲线最小半径	17000	10000	4500	2000	700	400	200
凹形竖曲线最小半径	6000	4500	3000	1500	700	400	200
竖曲线最小长度	100	85	70	50	35	25	20

一般来说,山岭隧道的纵坡主要采用单向坡和双向人字坡两种形式。从行驶舒适性和运营通风效率来看,采用单向坡较好,只是在高位洞口施工时可能面临反坡排水问题。近年来抽水泵性能和抽排水技术水平有了较大提高,因此反坡排水不存在大的技术难题。地下水发育的长隧道、特长隧道采用双向坡可克服施工期间排水困难问题,在运营期间地下水向两边洞口排出,可减少洞内排水压力。但是,双向人字坡不利于隧道变坡点附近的通风与排烟。采取双向坡时,其竖曲线半径尽量采用较大值,以提高行驶安全性和舒适性,并能保证通视条件。

2. 隧道纵坡坡度

隧道纵坡坡度的确定同隧道纵断面坡形的确定一样,也应以越岭高程、行车安全、排水、通风、防灾为基础,并根据施工的难易程度进行综合比选。隧道纵坡坡度设计的重点是确定隧道纵坡坡度的大小范围,即确定最小坡度和最大坡度。

1)隧道最小坡度的确定

如果单从隧道内行车角度出发,路线的坡度以平坡(坡度为0)为最优,此时既不存在加油冲坡,也不存在制动下坡,机动车尾气排放相对较少,对隧道内通风和卫生环境条件极为有利。但是,从排水角度,隧道纵坡必须有一定的坡度才能保证隧道内积水(包括渗水、涌水、隧道内清洗水、消防用水等)能自然顺畅地排出洞外。以隧道内水能够自然排泄为原则,《规范》规定,隧道纵坡最小坡度不能低于0.3%,同时建议,对长隧道、特长隧道,由于隧道内排水距离长且排水量相对较大,该类隧道的纵坡坡度以不小于0.5%为宜。设计隧道纵坡坡度时需要注意,在双向人字坡变坡点附近的局部地段,排水坡度将小于0.3%,不利于排水,因此双向坡变坡点的设置位置要尽可能避开地下水发育的地段。对于高寒地区的隧道,为减少冬季排水沟产生冻害,隧道的最小纵坡坡度也应适当加大,使水流动能增加。

2)隧道最大坡度的确定

隧道纵坡最大坡度的确定,应充分考虑运营期车辆行驶的安全行、舒适性以及运营通风的要求等因素。

影响山岭隧道最大控制坡度的主要因素是通风问题。汽车排出的有害物质随着上坡坡度的增大而急剧增多,一般把纵坡控制在2%以下比较好,超过2%时,汽车尾气排放量迅速增加。在设计隧道纵坡时,特长、长隧道的最大纵坡坡度宜控制在2.5%以下,中、短隧道最大纵坡坡度宜控制在3%以下。一般情况下,纵坡坡度大于3%是不可取的,但对于不存在通风问题的中、短隧道,可按普通公路设置纵坡。而对于需要自然通风的隧道,因为两端洞口高差是决定自然通风效果的重要因素之一,所以坡度和横断面可以适当加大。因此,《规范》规定,隧道最大纵坡不应大于3%,但短于100m的隧道,其纵坡坡度可与隧道外线路的纵坡要求相同,可不受此限制。

近年来,在建设山区公路时,受地形限制,如果强制要求隧道纵坡不大于3%,将会导致公路展线变得非常困难,也会延长路线长度。根据这一实际情况,对于高速公路、一级公路的中、短隧道或独立明洞(包括棚洞结构),在线形布置非常困难的情况下可以适当放宽纵坡最大坡度的限制,但需要进行技术经济论证和交通安全评价后确定。加大后的纵坡坡度一般不宜大于4%,特别困难的条件下,最大纵坡可以加大至5%。此时需增加运营安全措施,如设置警示标志、限速标志和减速带、改善路面防滑条件、增加上坡隧道车道数等。

三、隧道线形设计的其他要求

隧道平面线形和纵断面线形除了应符合相关规范要求外,还须确保隧道平面线形与纵断面线形间、洞内线形与洞外线形间、线形与自然环境间的相互协调。由于隧道洞口内外光线急剧变化以及行车道宽度和环境的改变,隧道进出口往往是事故多发地段,因此要求隧道洞内外一定距离内须保持平、纵线形均衡协调。

1. 平面线形的均衡协调要求

根据《规范》和《公路工程技术标准》(JTC B01—2014),隧道洞口内、外各3s设计速度行程长度范围的平面线形应保持一致。不同设计速度下的行程长度见表4-7。

设计速度行程长度(单位:m)   表4-7

行程长度	设计速度						
	120km/h	100km/h	80km/h	60km/h	40km/h	30km/h	20km/h
3s	100	83	67	50	33	25	17
4s	133	111	89	67	44	33	22
5s	167	139	111	83	56	42	28

隧道洞口内、外各3s设计速度行程长度范围的平面线形保持一致的含义如下:
①平面线形一致是指洞口内、外处于同一个直线或圆曲线内。
②缓和曲线内曲率不断变化,不应视为线形一致。
③当处于下列两种情况下时,洞内、外接线可采用缓和曲线或缓和曲线与圆曲线组合线形,但应在洞口内、外线形中设置诱导和光过渡等措施,保证行车安全:
——路线平纵断面线形指标较高(平曲线半径大于《规范》规定的一般平曲线半径最小值的2倍,纵断面最大纵坡小于2%),行车视距大于停车视距规定值2倍以上,且调整后工程规模增加较大时。
——隧道群之间每个洞口线形均采用理想线形有困难,在平面指标较高、处于上坡进洞且行车视距满足要求时。

隧道入洞前一定距离内,应设置必要的安全设施和视线诱导标志,保证隧道洞内、外线形均衡过渡。当隧道进口段洞外设置较长、较大的下坡时,不应在洞口设置小半径的平曲线进洞;隧道出洞口段洞内纵坡较大时,应避免在洞口设置小半径平曲线出洞;双洞隧道平面分线应在保证出洞方向线形较顺畅的前提下,灵活选择进洞方向的平面分离点,进洞方向的平面指标不必过高,分离式断面长度不宜过长。

2. 纵断面线形的均衡协调要求

隧道洞口内、外各 3s 设计速度行程范围的纵断面线形应尽量保持一致,有条件时宜取 5s 设计速度行程。隧道洞口的纵坡宜设置一定长度的直坡段,以使驾乘人员有较好的行车视距。当条件困难不能满足上述要求时,应采用较大的竖曲线半径;特别是当隧道设计速度大于或等于 60km/h 时,隧道洞口竖曲线半径应符合表 4-8 的规定。

洞口视觉所需的最小竖曲线半径(单位:m)　　表 4-8

凹凸类型	设计速度			
	120km/h	100km/h	80km/h	60km/h
凸形	20000	16000	12000	9000
凹形	12000	10000	8000	6000

3. 隧道群平纵线形的设置要求

在山区公路建设中,经常会遇到一些两座隧道洞口之间距离不足 100m 的连续隧道。对于这种情况,可视两座隧道为连在一起的隧道,其平、纵线形技术指标应按单座隧道考虑。当 2 座或 2 座以上隧道相邻洞口之间的距离小于表 4-9 中的规定时,可按隧道群进行设计。其测量与设计应符合以下规定:

①当隧道长度小于 250m,相邻隧道洞口纵向间距小于 100m 时,各设计速度下均按隧道群考虑。

②隧道群应按单座隧道进行平面控制测量、高程测量和贯通误差计算。

③隧道群应整体考虑平、纵线形技术指标。

④当隧道群内洞口间距大于 5s 设计速度行程长度时,应符合洞门前后平面线形一致的原则。

⑤当隧道群内洞口间距小于 5s 设计速度行程长度时,应分析洞口间距对照明的影响。

⑥当隧道群内洞口间距小于 50m 时,应分析洞口间距对通风的影响。

⑦对于高等级公路,当洞口间距小于 50m 时,宜设置遮光棚。

隧道群洞口的最大纵向间距　　表 4-9

设计速度(km/h)	120	100	80	60	40	30	20
相邻隧道洞口纵向间距(m)	300	250	200	160	140	100	70

4. 其他要求

①隧道洞口外应符合相应公路等级的视距规定。隧道接线设置中间分隔带时,应采用停车视距;无中间分隔带时,采用会车视距。

②当隧道洞门内、外路基(路面)宽度变化较大时,隧道洞口外与之相连的路段应设置距

洞口不小于3s设计速度行程长度且不小于50m的过渡段;在满足车辆行驶轨迹条件下,保持公路断面过渡的顺适。

③分左、右幅设置的分离式隧道,其分线(或合线)的处理,宜按左、右幅分别进行线形设计(线形分离)。对小净距或连拱隧道,受地形条件限制,宽度变化不大于1m时,可采用设置过渡段的方式,按中间带变宽处理。过渡段的长度宜按4s设计速度行程考虑。

思考与练习

1. 越岭隧道与沿河傍山隧道各自有何特点?
2. 如何选择一个合理的越岭隧道位置?
3. 沿河傍山隧道的长隧道方案和短隧道群方案各自有何特点?按照现代隧道建设理念,你觉得哪种方案更具优势?
4. 隧道平面线形设计有何要求?
5. 隧道纵断面线形有几种类型?各自适用范围有哪些?坡度设计有何要求?
6. 某一级公路双向四车道隧道,设计速度80km/h,现拟定了两个平面线形方案(假定两方案设计的隧道长度相等):A与B,如图4-25a)所示;隧道进口段平面线形参数如图4-25b)所示,其中 $AB=200\text{m}$, $BC=50\text{m}$。请进行下述设计:

(1)请选择推荐方案,并给出推荐理由,同时给出不推荐另一方案的理由。
(2)请判断本隧道进口段平面线形设计是否正确,并给出判断依据。

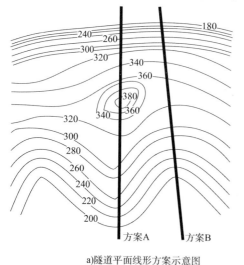

a)隧道平面线形方案示意图　　　　b)隧道进口段线形示意图

图4-25　平面线形方案

第五章　隧道建筑限界与净空设计

隧道工程大部分设计图(如衬砌结构设计图、洞门设计图、防排水设计图等)都是以隧道建筑限界和净空断面(内轮廓)设计图为基础进行设计的,因此,隧道建筑限界与隧道净空设计是开展其他相关图纸设计的前提,在隧道工程设计中具有重要地位。本章主要介绍隧道建筑限界与净空的基本概念、设计原理及设计方法。

第一节　隧道建筑限界设计

隧道建筑限界是为保证隧道内车辆、人员正常通行与安全,规定在一定宽度和高度范围内,不得有任何部件侵入的空间范围。这里的"任何部件"不仅包括土建工程结构部分,还包括通风、照明、安全、监控和内装饰等附属设施。特别注意的是,这项规定不仅在隧道建设和初次运营时应该遵守,后期隧道维修加固改造(尤其是增加模筑衬砌、锚喷支护、粘贴各类加固板等)时也应严格遵守,这是隧道全寿命周期均须遵从的设计红线。

隧道建筑限界一般分为普通段建筑限界、紧急停车带段建筑限界、横通道(含人行横通道和车行横通道)建筑限界以及平行通道建筑限界等。

一、隧道普通段建筑限界设计

1. 隧道普通段建筑限界的设计要求

隧道普通段建筑限界的几何尺寸是由隧道所在的公路等级、设计速度及车道数等参数决定的。隧道建筑限界宽度由车道宽度 W、侧向宽度 $L(L_L$ 或 $L_R)$、余宽 C、检修道宽度 J 或人行道宽度 R 等部分组成。公路隧道建筑限界的一般断面形式如图 5-1 所示。

隧道建筑限界应按照图 5-1 所示的形状进行绘制,各级公路两车道隧道建筑限界具体各部位尺寸应满足表 5-1 的要求。隧道建筑限界宽度应不小于表 5-1 的基本宽度,其他部位的几何尺寸应符合下列规定:

①建筑限界高度:高速公路、一级公路、二级公路取 5.0m;三、四级公路取 4.5m。

②设检修道或人行道时,检修道或人行道宜包含余宽;不设置检修道或人行道时,应设不小于 0.25m 的余宽。

③隧道路面横坡:隧道为单向交通时,路面横坡应设置为单面坡;隧道为双向交通时,可设置为双面坡;横坡坡率取值范围应为 1.5% ~ 2.0%,且宜与洞外路面横坡坡率一致。

④路面采用单面坡时,建筑限界底边线应与路面重合;采用双面坡时,建筑限界底边线应水平置于路面最高处。

⑤三、四级公路隧道宜结合隧道长度、未来公路等级提高等因素拟定建筑限界。隧道建筑限界的拟定一定要有前瞻性,要充分考虑到地区经济发展对道路营运能力提升的需求,只要具

备条件,在设计隧道建筑限界时应坚持"宁大勿小"的原则。

⑥单车道四级公路隧道若有提高通行能力的改扩建规划,宜按双车道四级公路的标准修建。

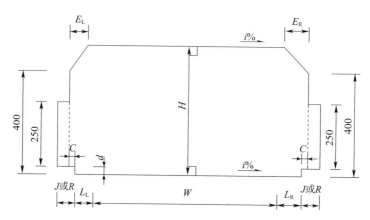

图 5-1 公路隧道建筑限界(尺寸单位:cm)

H-建筑限界高度;W-行车道宽度;L_L-左侧侧向宽度;L_R-右侧侧向宽度;C-余宽;J-检修道宽度;R-人行道宽度;d-检修道或人行道的高度;E_L-建筑限界左顶角宽度,包含余宽 C;E_R-建筑限界右顶角宽度,包含余宽。

注:当 $L_L \leq 1m$ 时,$E_L = L_L$;当 $L_L > 1m$ 时,$E_L = 1m$;

当 $L_R \leq 1m$ 时,$E_R = L_R$;当 $L_R > 1m$ 时,$E_R = 1m$。

双车道公路隧道建筑限界横断面组成及基本宽度 表 5-1

公路等级	设计速度(km/h)	车道宽度(m)	侧向宽度(m)		余宽(m)	检修道宽度或人行道宽度(m)		建筑限界基本宽度(m)
			左侧	右侧		左侧	右侧	
高速公路一级公路	120	3.75×2	0.75	1.25	0.50	1.00	1.00	11.50
	100	3.75×2	0.75	1.00	0.25	0.75	0.75	10.75
	80	3.75×2	0.50	0.75	0.25	0.75	0.75	10.25
	60	3.50×2	0.50	0.75	0.25	0.75	0.75	9.75
二级公路	80	3.75×2	0.75	0.75	0.25	1.00	1.00	11.00
	60	3.50×2	0.50	0.50	0.25	1.00	1.00	10.00
三级公路	40	3.50×2	0.25	0.25	0.25	0.75	0.75	9.00
	30	3.25×2	0.25	0.25	0.25	0.75	0.75	8.50
四级公路	20	3.00×2	0.50	0.50	0.25	—	—	7.50

注:三车道、四车道隧道除增加车道数外,其他宽度同表 5-1;增加车道的宽度不应小于 3.5m。

高速公路和一级公路隧道不允许行人通行,因此需要在隧道两侧设置检修道;其他等级公路隧道应根据隧道的行人密度、隧道长度、交通量及交通安全等因素设置人行道。检修道的主要功能是供养护人员在隧道正常运营情况下在检修道区域通行,对隧道进行巡查和一般性检修;人行道的主要功能是保证行人安全通过隧道,在隧道检修时可兼作检修道使用。检修道及人行道宜双侧设置,其宽度应符合表 5-1 的规定。除了满足表 5-1 中的要求外,当隧道长度大于 1000m 时,人行道宽度不宜小于 1m;当隧道内需设置消防水管时,设置消防水管一侧的检修道或人行道宽度不宜小于 1m;连拱隧道行车方向左侧、四级公路隧道可不设检修道或人行道,但应保留不小于 0.25m 的余宽,这主要是为了减少或消除隧道边墙给驾驶员带来的恐惧心理(侧墙效应或边墙效应),保证隧道内车辆能够安全通行;当设计速度大于 100km/h 时,隧道建筑限界的余宽应不小于 0.5m。

检修道或人行道应高出路面一定高度,以阻止车辆冲上检修道或人行道,保障检修人员或行人的安全。检修道或人行道的路缘石比较突出,它比车道边线更能吸引驾驶员的注意力,可以作为驾驶员的行驶方向诱导线。同时,检修道或人行道下部空间可以用作各种管线、管道、缆线等的敷设空间。检修道或人行道高度根据隧道长度、隧道所在地区的行人密度、各种管线、管道等敷设空间确定,取值区间为 250~800mm。在实际设计中,检修道高度的确定应综合考虑以下因素:

① 保障检修人员或行人在检修道或人行道上步行时的安全。
② 紧急情况时,驾乘人员拿取消防设备方便。
③ 检修道或人行道底部空间大小应满足放置电缆、光缆、给水管等设施所需的尺寸要求。
④ 检修道或人行道的高度过高,驾驶员在行驶过程中易产生类似侧墙效应的心理恐惧感,会不自觉地远离检修道。因此,检修道或人行道设置的高度以不给驾驶员的心理造成障碍为宜。

2. 隧道普通段建筑限界的绘制方法

隧道普通段建筑限界的绘制一般分为两个阶段:

① 绘制不设置路面坡度(即路面水平)的隧道建筑限界。该阶段可以参照图 5-1 中的几何形状和线形组成,根据公路等级、车道数以及设计速度按照表 5-1 的尺寸要求绘制。该阶段隧道建筑限界绘制方法简单,此处不再赘述。

② 结合不设置路面坡度的建筑限界,绘制带有路面横坡的隧道建筑限界。在实际隧道工程中,为满足隧道内路面排水或小半径平曲线段设置超高的需求,隧道内路面与洞外路面一样,总是设置一定的路面横向坡度。隧道内路面横坡坡率一般可按 1.5%~2.0% 设置,且宜与洞外路面横坡坡率一致。一般情况下,当隧道为单向交通时,路面设置单面坡;当隧道为双向交通时,路面设置双面坡;需要设置超高的区段,可根据超高设置要求设置单面坡(图 5-2)。

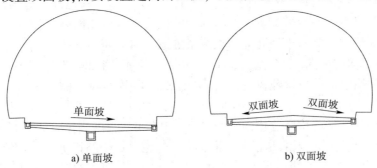

a) 单面坡　　　　　　　　b) 双面坡

图 5-2　隧道内路面横坡形式示意图

路面设置一定坡率的横坡后,其建筑限界的形状、尺寸及线形位置关系也将随着设置的路面横坡做一定的调整。《规范》给出了设置单面坡隧道调整后的各线形位置关系,如图5-3所示。隧道建筑限界各位置线形调整的基本思路是:与隧道内车辆有关的线形与路面平行或垂直;与隧道内行人或检修人员有关的线形应保持水平或铅垂。

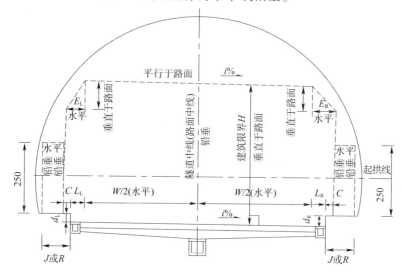

图5-3 隧道建筑限界各线形位置关系图(尺寸单位:cm)

1)路面设置单面坡时的隧道建筑限界绘制方法

当隧道为单向交通时,路面设置单面坡,建筑限界底边线与路面重合,此时,建筑限界的相关线形需要进行调整,各线形位置相对关系应满足图5-3中的基本要求。但在一些线形尺寸及绘制方法上,国内各设计院之间仍有一定区别。

现以建筑限界高度5m的两车道公路隧道为例,并假定设计高程(道路测设线位置)位于左侧检修道与路面的交点 A_3 处(图5-4),介绍一种目前各设计院最常用的隧道建筑限界调整方法,具体说明及注意事项如下:

①隧道车道宽度(W)和侧向宽度(L_L、L_R)的横向方向(A_3A_{22})沿着路面横坡方向设置。特别注意,其尺寸参数是水平方向的距离,并非沿着路面横坡方向的距离,例如,A_1A_2 的水平投影长度为左侧车道宽度的尺寸,A_2A_3 的水平投影长度为左侧侧向宽度的尺寸。

②左侧检修道(或人行道,下同)高度方向(A_3A_4)及右侧检修道高度方向($A_{22}A_{21}$)为铅垂方向,并非垂直于路面。一般情况下,左、右两侧的检修道宜取相同高度,但也有设计不同高度的案例,但须保证任意一侧的检修高度值在整条隧道纵向方向上保持不变。

③两侧检修道横向方向(含余宽)(A_4A_6 及 $A_{21}A_{19}$)水平,并非与路面平行。检修道可以设置为水平,是因为检修道盖板缝隙较多,可直接排水,无须通过设置横坡排水。

④检修道高度方向(A_6A_7)垂直于检修道横向方向,即铅垂方向,同时,检修道顶部横向(A_7A_8)为水平方向,这是与检修道横向为水平方向相匹配的,以满足检修人员工作所用空间。需要注意,在建筑限界左侧,A_5A_8 是铅垂方向,而 A_5A_9 是垂直于路面方向,两条线不重合,导致 A_7A_8 与 A_5A_9 的交点不在 A_5A_9 线段上。在绘制建筑限界图时,可通过延长 A_7A_8 与 A_5A_9 形成交点 A_8,以保证建筑限界为闭合线;同理,在建筑限界右侧,应将 A_{18} 点移动至 $A_{17}A_{18}$ 与 $A_{20}A_{15}$ 的交点

位置处。

⑤建筑限界顶部 $A_{11}A_{14}$ 线应平行于路面。

⑥在绘制 A_5A_9 线及 $A_{20}A_{15}$ 线时,可分别过左、右侧余宽边界 A_5 点及 A_{20} 点作垂直于路面直线。

⑦在建筑限界高度为 500cm 的条件下,建筑限界左侧角点 A_9 和右侧角点 A_{15} 距离顶部 $A_{11}A_{14}$ 线的垂直距离应为 100cm(当建筑限界高度为 450cm 时,该距离为 50cm),此时可以较为方便地确定左侧角点 A_9 和右侧角点 A_{15} 的位置。

⑧以 A_9 点为基点,向右侧绘制水平线,并取 $A_9A_{10}=E_L$,即可确定 A_{10} 点,同时以 A_{10} 点为基点向建筑限界顶部 $A_{11}A_{14}$ 线作垂线,交点即为 A_{11} 点;同理,以 A_{15} 点为基点,向左侧绘制水平线,并取 $A_{15}A_{16}=E_R$,即可确定 A_{16} 点,同时以 A_{16} 点为基点向建筑限界顶部 $A_{11}A_{14}$ 线作垂线,交点即为 A_{14} 点。

⑨隧道中线和行车道中线为铅垂方向。一般情况下,由于左侧侧向宽度和右侧侧向宽度不相等,隧道中线和行车道中线一般是不重合的,两者的间距 d 是左侧与右侧侧向宽度差值的一半。

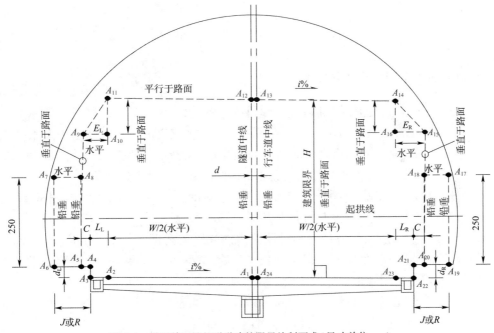

图 5-4　设置单面坡的隧道建筑限界绘制要求(尺寸单位:cm)

2)路面设置双面坡时的隧道建筑限界绘制方法

当隧道为双向交通时,路面一般设置双面坡。绘制此类隧道的建筑限界时,将不设路面坡度的建筑限界平移至图 5-5 中的路面最高位置 A_1 点处即可。此时的人行道高度会由于路面横坡的存在略有增加,这是需要注意的。

存在道路横坡时的隧道建筑限界的绘制方法,尤其是左、右两侧上部边角位置的调整方式,业界各单位的做法不尽相同,但无论如何调整,一定要确保调整后的建筑限界具有足够的空间以保障行车和行人安全。

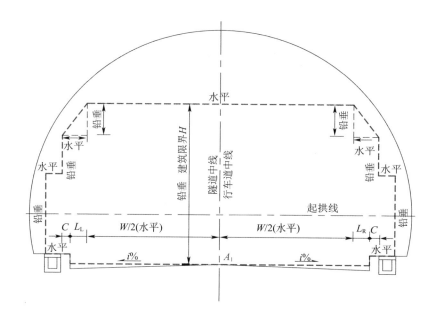

图 5-5　设置双面坡的隧道建筑限界绘制要求

二、隧道紧急停车带段建筑限界设计

隧道紧急停车带指的是在特长隧道、长隧道内设置的,供车辆发生故障或其他原因紧急停车使用的临时停车地带。隧道行车空间狭小闭塞,洞内光线较差,一旦在隧道内发生交通事故或车辆故障,汽车滞留行车道将会产生很大的安全隐患,易造成车辆追尾事故。紧急停车带可以给故障车提供一个临时的停车场地,使发生故障的车辆能尽快驶离行车道,不妨碍其他车辆的正常行驶,避免引发交通事故;另外,在紧急停车带范围内还可设置监控设备柜等设施。因此,在长大公路隧道中设置紧急停车带是非常必要的。

《规范》规定,特长隧道、长隧道内不设硬路肩或硬路肩宽度小于 2.5m 时,单洞两车道隧道应设紧急停车带,单洞三车道隧道宜设紧急停车带,单洞四车道隧道可不设紧急停车带。紧急停车带设置应符合下列规定:

①紧急停车带加宽方向为行车方向的右侧方向,加宽宽度不小于 3.0m,同时还应确保紧急停车带宽度与右侧侧向宽度(L_L)之和不应小于 3.5m。

②紧急停车带长度不宜小于 50m,其中有效长度(不含过渡段)不应小于 40m。

③紧急停车带可不设横坡,如需设置横坡,其坡度宜小于 1.0%。

④单向行车隧道紧急停车带设置间距应根据故障车可能滑行的距离和人力可推动的距离而定,其间距不宜大于 750m,并不应大于 1000m。

⑤双向行车隧道紧急停车带应两侧交错设置,同一侧间距宜采用 800~1200m,且不应大于 1500m。

紧急停车带建筑限界的构成如图 5-6 所示,除设置一定宽度的紧急停车带外,其余部分的具体尺寸可参照隧道普通段建筑限界的设计要求。

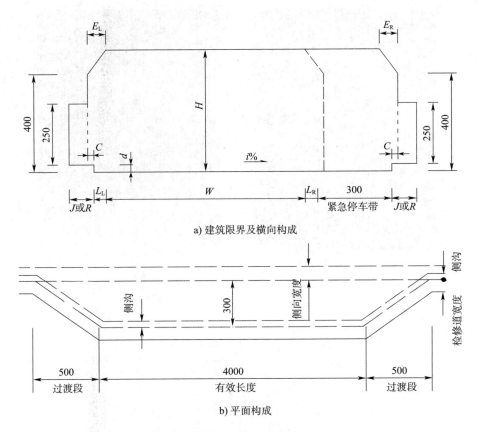

图 5-6 紧急停车带的建筑限界及其构成(尺寸单位:cm)

三、横通道及平行通道建筑限界设计

1. 横通道建筑限界设计

高速公路和一级公路隧道一般为上下行分离式隧道。当一侧隧道内发生火灾等事故时,为满足人员及车辆的逃生需要而在两座隧道间设置的横向通道称为横通道。横通道一般分为人行横通道和车行横通道两类(图 5-7)。人行横通道是为方便人员在两隧道主洞间转移而设置的,横通道一般垂直于两座隧道,以保证逃生距离最短;车行横通道是为方便车辆在两隧道主洞间转移而设置的,车行横洞比人行横洞断面大,为满足车辆转弯半径需要,车行横通道一般设置与主洞成一定角度。人行横通道和车行横通道在隧道施工时可作为运输通道,由一条先行开挖隧道通过横通道进入后行隧道后可增加其工作面,从而加快隧道施工进度。部分特长隧道会在隧道运营时将人行横通道和车行横通道作为通风的辅助通道,如作为互补式通风隧道两主洞间的联系风道等。

人行横通道限界宽不得小于 2.0m,高度不得小于 2.5m,以确保行人能顺利通过;车行横通道限界宽度不得小于 4.5m,高度应与主洞限界高度一致。横通道建筑限界的几何尺寸可参照图 5-8 进行设计。

a) 人行横通道　　　　　　　　　b) 车行横通道

图 5-7　隧道横通道

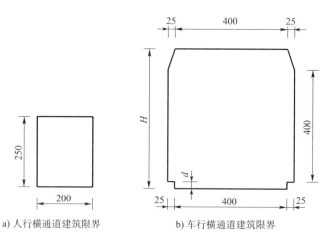

a) 人行横通道建筑限界　　　　　　b) 车行横通道建筑限界

图 5-8　横通道建筑限界（尺寸单位：cm）

为了确保隧道内发生灾害时人员和车辆能够迅速进入临近另一条隧道内逃生，人行横通道和车行横通道的设置间距不宜过大。一般来说，人行横通道设置间距宜为 250m，且应不大于 350m；车行横通道设置间距宜为 750m，且应不大于 1000m；中、短隧道可不设。另外，车行横通道也应设置路缘带，其高度宜与隧道行车方向左侧检修道高度一致。

2. 平行通道建筑限界设计

当隧道发生火灾时，单洞双向交通特长公路隧道因为仅有一条隧道，不能像分离式隧道那样通过横通道进行两主洞间人员和车辆的疏散，这给单洞双向交通特长公路隧道运营带来了巨大的风险。为了解决单洞双向交通特长公路隧道运营期的安全疏散问题，并满足其通风需求，可以设置平行通道。另外，一些双洞双向交通特长公路隧道，为了解决防灾救援问题和增加施工工作面，也需要设置平行通道。

平行通道（又称为平行导洞或平行导坑）是修建在隧道一侧、与隧道走向平行、掘进面总是超前于隧道开挖作业面的通道。平行通道通过横通道与隧道主洞连接,横通道的间距宜为250~500m。单洞特长隧道在施工时,工作面只有进、出口两个,但设置平行通道后,可通过横通道由平行通道超前进入主洞,每个横通道进入主洞后可增加两个新的作业面。为更好地发挥平行通道增辟工作面的作用,以及利用平行通道超前预测正洞经过带的地质情况,平行通道应超前主洞导坑2个横通道间距以上,但不宜过长,以缓解平行通道施工通风问题。除了上述作用外,平行通道在施工期还可用于主洞的施工通风、排水、降水、测量,解决运输干扰,加快施工进度;在运营期平行通道还可以与横通道联合作为通风和救援通道。

平行通道的断面大小一般不小于人行横通道断面,因此其建筑限界的设计可参考横通道的建筑限界,同时还应考虑施工机械作业的空间需求。如果平行通道还兼作通风和防灾救援通道,其断面大小可根据通风和行车等实际情况进行调整。

除了隧道普通段、紧急停车带段、横通道、平行通道外,某些特长隧道为了施工和运营的需要,还会设置竖井、斜井等辅助坑道,这些附属结构的设计断面及建筑限界大小应根据具体的工程需求综合研判后确定,必要时可做专题研究,并进行专项设计。

第二节　隧道净空设计

隧道净空是指隧道衬砌的内轮廓线所包围的空间(图5-9),它包含隧道建筑限界和其他为满足隧道使用功能(如通风、照明、消防、交通信号等设施安装空间)所需要的面积。内轮廓的形状和尺寸决定了衬砌结构的受力特征、工程数量以及断面的有效利用率。因此,要根据围岩压力、断面内设施布设及其他空间需求进行设计,力求得到受力良好、经济合理的净空断面。

图5-9　隧道建筑限界与内轮廓相对位置关系(尺寸单位:cm)

合理的净空断面是发挥隧道使用功能的基本保证,需有与公路等级相适应的净空尺寸。隧道净空是内轮廓线包络的空间,因此,隧道净空的设计也就是隧道内轮廓的设计。在绘制隧道内轮廓时,应符合以下要求:

①隧道内轮廓线必须确保能够包络建筑限界。

②除满足包络建筑限界外,隧道内轮廓还需要满足隧道内排水、通风、照明、消防、监控、内装、交通工程及附属设施等所需要的空间,并考虑一定的富余量。一般来说,隧道内轮廓线(含内部设施)与建筑限界的最小距离(富余量)要求不小于5cm,建议建筑限界顶部离附属设施(如风机、灯具、交通标志牌等)的最小距离不宜小于20cm,如图5-10所示。

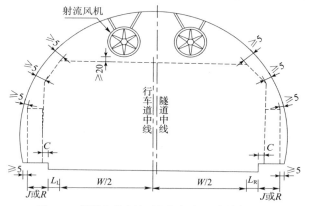

图5-10 隧道内轮廓需要的富余量(尺寸单位:cm)

③为确保隧道结构受力良好,隧道内轮廓形状应有利于围岩稳定和结构受力。我国2万余座公路隧道的设计、施工和运营经验及大量的隧道结构计算成果表明,当隧道内轮廓采用拱部为单心圆[图5-11a)]或多心圆[一般为三心圆,见图5-11b)]的断面形状时,其受力条件较好。当内轮廓采用多心圆时,应确保各圆之间处于相切状态,防止因圆与圆之间不相切造成突变尖点处应力集中。

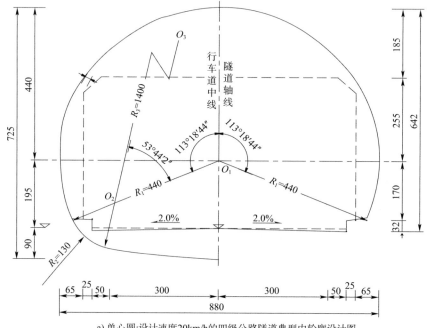

a) 单心圆:设计速度20km/h的四级公路隧道典型内轮廓设计图

图 5-11

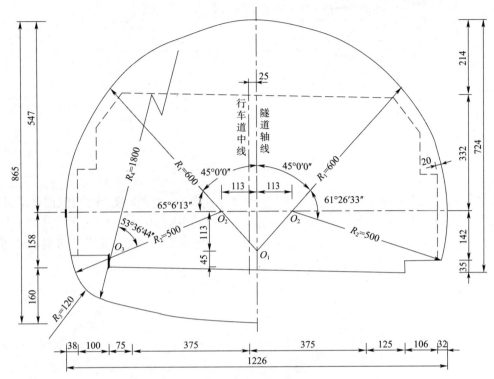

b)三心圆:设计速度120km/h的高速公路隧道典型内轮廓设计图

图5-11 隧道内轮廓典型形状(尺寸单位:cm)

绘制隧道内轮廓的方法有很多种,如经验类比法(即标准图法)、求解法、试画法等。《规范》给出了各级公路不同设计速度下的隧道内轮廓的推荐参数,详见其"附录B 隧道建筑限界与内轮廓图"。一般情况下,如无特殊要求,建议在设计公路隧道内轮廓时参照《规范》给定的标准图。

但是,与地铁隧道和铁路隧道固定的建筑限界需求不同,公路隧道建筑限界设计除了满足指定的公路等级和设计速度要求外,为服务地区经济和方便民众,有时还要考虑部分公路隧道兼作他用,如兼作输水通道、考虑矿区或港区货车多而增大断面、为方便群众出行安全而增加人行道宽度等。此时,隧道的建筑限界应做相应的扩大调整,而《规范》给出的公路隧道标准断面图就不再适用。相比之下,公路隧道内轮廓的设计更为灵活,具体设计时其变化也较大。

目前,《规范》给出的标准图已被业界广泛接受和使用,但当遇到对建筑限界有特殊需求的隧道,可采用试画法进行设计。下面以双车道高速公路隧道内轮廓设计为例,简要介绍采用试画法进行三心圆隧道内轮廓设计的基本流程和注意事项:

①首先绘制隧道的建筑限界。考虑到不同隧道区段的路面横坡或超高可能不同,一条隧道不同位置处的建筑限界也相应地有多个。在设计内轮廓之前,须将本隧道中可能出现的所有建筑限界以路线测设线设计高程位置为基点绘制于同一幅图中(图5-12)。后续设计的隧道内轮廓必须包络所有的建筑限界并满足富余量的要求。

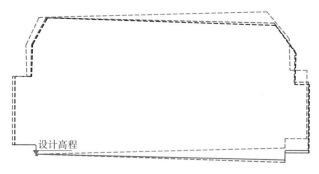

图 5-12　同一隧道不同区段各建筑限界集成图

②拱部圆的圆心应位于隧道中线上,其半径大小可参照《规范》给定的类似设计条件对应标准图中相应的半径并结合拟设计隧道的需求进行初步拟定。圆心位置可沿隧道中线上下移动,同时逐步缩放圆的半径进行试画。通过试画,预留相应的空间后,可拟定出圆心位置 O_1,留上半部分圆作为拱部圆,见图 5-13。

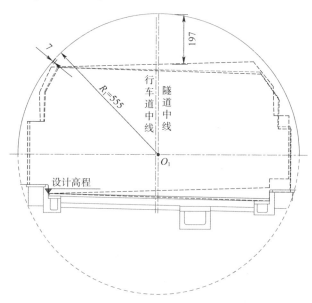

图 5-13　拱部圆的确定(尺寸单位:cm)

③为了提高断面利用率,边墙可采用大半径圆曲线。在本例中,边墙大半径圆的圆心 O_2 在拱部圆水平直径上,圆曲线半径 R_2 根据边墙与建筑限界及仰拱的关系综合确定,如图 5-14 所示。

④底部仰拱圆的圆心应位于隧道中线上,圆曲线半径 R_4 应结合隧道底部各类空间(如路基、路面层、中心水沟、边沟及电缆槽等)所需要的面积综合拟定。

⑤为了确保边墙圆与底部仰拱圆连接圆顺,需要在边墙圆与底部仰拱圆之间插入小半径连接弧。一般情况下,小半径连接弧的半径取值范围为 100~200cm,具体的半径大小可根据公路等级、车道数和拟定的边墙圆及底部仰拱圆的几何参数确定。在边墙圆及底部仰拱圆的位置及几何尺寸确定后,小半径连接弧的半径 R_3 和圆心位置 O_3 的确定较为简单,可在 AutoCAD 软件中采用"相切、相切、半径"的绘圆方式进行确定。

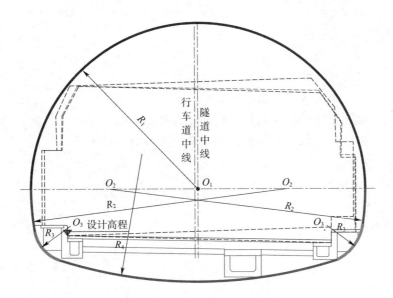

图 5-14　隧道内轮廓设计过程图

特别注意，根据隧道工程设计与施工经验，为方便施工放样，同时也为了制图美观，在绘制内轮廓图时，各类圆的半径(cm)的数值宜以 5 或者 0 作为尾数，如 555cm、560cm 等。例如，设计时试画的某圆半径为 551cm，可将半径调整为 555cm；设计半径为 556cm，半径可调整为 560cm 等，尽量不要出现类似 552cm、561cm 这种尾数的半径。结合隧道内轮廓设计的要求，通过上述步骤，即可确定隧道内轮廓(图 5-15)。

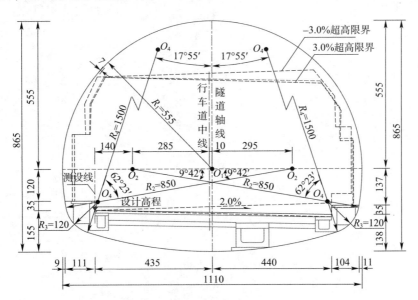

图 5-15　隧道内轮廓设计成果图(单位：cm)

综上所述，隧道内轮廓的设计没有固定格式，可以进行一定程度的调整，但总的原则和要求不变，即在满足规定的空间需求下尽量保证断面形状合理、受力良好且断面最小。

思考与练习

1. 隧道建筑限界及隧道净空的概念。
2. 隧道净空断面设计的基本要求是什么?
3. 路面超高和路面横坡对隧道内轮廓的设计有何影响?
4. 设计某公路隧道的建筑限界及内轮廓。设计的基础参数如下:

　　公路等级:高速公路;

　　设计速度:100km/h;

　　车道数:2车道;

　　路面横坡坡率:2%。

第六章 隧道洞口与洞门设计

隧道洞口段是洞门、洞口明洞段、暗洞洞口段和洞外附属工程地段的统称(图6-1)。其中,暗洞洞口段是指隧道洞口暗挖进洞后上覆地层厚度小于1~2倍隧道开挖跨度的区段,是对隧道施工及运营安全影响最大的部分。隧道洞口段由于存在地形复杂、地质条件差、地表水汇集、埋深浅等问题,其围岩稳定性一般较差,设计及施工控制不当极易引发隧道塌方及边、仰坡垮塌等安全事故。因此,洞口段施工往往成为整条隧道施工难度最大、风险最高的关键性环节。

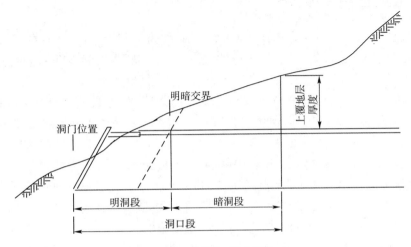

图6-1 隧道洞口段示意图

隧道洞门是标志隧道进出口并对洞口岩土体进行支挡以保持其稳定性的结构物,兼具一定的建筑装饰效果。洞门的主要作用如下:

①保护洞口段的边、仰坡岩土体稳定性,使车辆、行人不受崩塌、落石等威胁,确保隧道运营安全。

②减少洞口土石方的开挖量。如果隧道明洞口及暗洞口覆土深度较大,会导致隧道边、仰坡高度变大,造成开挖量增加;而设置洞门可起到挡土墙的作用,从而减少土石方的开挖量。

③引离地表水。洞口一般位于山坡坡脚位置,在洞口位置处极易造成坡面汇水,如果不予排除,地表水容易侵入洞口段路面及隧道内部,影响行车安全。修建洞门可以引流地表水,确保隧道洞口免受水流冲刷、侵蚀。

④洞口视觉环境调节。隧道洞口段洞内、外亮度差别很大,驾乘人员通过隧道时有亮适应和暗适应的问题,为实现洞口段亮度渐变,有时会在洞口设置明洞式洞门和减光棚进行减光处理。

⑤装饰作用。洞门是整座隧道的门面,是最能体现隧道美观性的部分,可以起到突出的标志作用。应结合洞口的地形地貌、周边自然环境、建筑环境及当地人文环境进行洞门艺术设计。

第一节　隧道洞口设计

隧道洞口开挖改变了原有的地表形态,在洞口位置形成边坡及仰坡,如果洞口位置选择不当,容易造成边、仰坡坍塌、滑坡、严重偏压等不良后果,而处理这些灾害极为困难且经济代价高;隧道投入运营后,也极易受次生灾害的威胁。洞口各部位施工时还可能存在与洞口相临工程相互干扰、影响居民生活等问题。因此,选择有利的隧道洞口位置,是保护自然环境、保证运营安全、节省工程造价和确保安全施工的重要条件。

一、隧道洞口位置选择的原则

隧道洞口位置选择应遵循"早进洞、晚出洞"(简称为"早进晚出")的原则。"早进洞、晚出洞"的含义是:适当延长隧道长度,尽量避免对山体大挖大刷,提倡零开挖进洞,让隧道洞口周围的山体及植被得到妥善保护,最大限度地维持山体原有的生态地貌。

"早进洞、晚出洞"可避免在洞口形成高边坡和高仰坡,防止滑坡、崩塌、危岩落石等地质灾害,减少对原有地表形态的破坏,保护自然环境。图6-2 和图6-3 分别展示了遵循"早进晚出"原则和违背"早进晚出"原则的两座隧道洞口。图6-2 中的隧道洞口进洞早,未在洞口形成高大边坡,山体及地表植被得到了最大限度的保护,隧道与自然环境融为一体,是值得推广的隧道洞口设计案例。图6-3 所示的隧道洞口,其设计严重违背了"早进晚出"原则,进暗洞处的上覆地层厚度近30m,在洞口形成了高大边、仰坡,本隧道洞口在雨季施工时边、仰坡多次出现险情,后通过接长明洞和覆土回填等边、仰坡稳定措施加以补救,控制住了险情,但产生了工程造价增加及工期延误的严重后果,是一起典型的因设计引发的工程责任事故。

图6-2　遵循"早进晚出"原则的隧道洞口

图6-3　违背"早进晚出"原则的隧道洞口

二、隧道洞口位置的选择方法

大量的隧道工程建设案例表明,"早进洞、晚出洞"的原则是合理可行的。为贯彻这一原则,隧道洞口位置选择必须充分考虑洞口地形、地质条件及周边环境条件等因素,通过综合比选来确定。下面介绍隧道洞口的选择方法。

1. 按地形条件选择隧道洞口位置

隧道进出口线路中线应力求与地形等高线垂直或接近垂直,这可减少洞口开挖量,对施工也较为有利。当地形等高线与线路中线斜交角度较大,岩层整体性较好,无不良地质现象时,也可以采用斜交进洞,但应尽量避免与等高线平行进洞。在地质条件较差的区段(如松散地层等),不建议采用斜交洞口。根据隧道洞口轴线与地形等高线的相对位置关系,隧道洞口位置主要有如下 5 种形式(图 6-4):

①坡面正交型:隧道洞口轴线与地形等高线正交,最为理想。

②坡面斜交型:隧道洞口轴线与地形等高线斜交,边坡斜面与洞门斜交,往往存在偏压,后续进行洞门设计时要考虑可能存在的偏压影响。

③坡面平行型:隧道洞口轴线与地形等高线接近平行,是一种极端的斜交情况,隧道洞口段在较长区段内,外侧覆盖层较薄,偏压问题突出。

④山脊突出部进入型:山脊突出部位一般是稳定的,但要注意两侧冲沟洪水汇集对隧道洞口的影响。

⑤沟谷部进入型:存在岩堆等不稳定堆积层,且地下水位较高时,可能存在洪水、泥石流、积雪等自然灾害威胁。

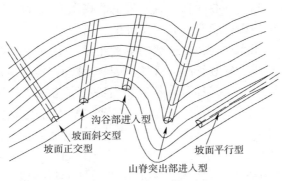

图 6-4　隧道洞口与地形的关系示意

对于傍山隧道洞口,当靠山一侧边坡较高时,常有塌方、落石等灾害发生,故宜早进洞或加长明洞。对路堑外自然坡面的稳定性也应认真调查、分析,不可忽视,必要时采取相应防护措施。要特别重视洞口段的地层情况及覆盖厚度,对形成偏压的地段,应采取必要的措施以防止塌顶和破坏山体稳定。隧道是否承受偏压,可按照第四章表 4-2 和表 4-3 判定。

对于陡崖陡壁下的洞口,由于其整体稳定性尚可,通常不采用切坡的方式处理,避免对陡崖造成扰动。如崖壁稳定,则可贴壁进洞。如陡崖存在危石,需先进行清理,必要时采用喷锚支护或设防护网防护,同时接长明洞或设防护棚,使洞口外移。

在漫坡地形选择洞口位置时,应考虑洞外路基填挖方情况、排水条件和有利快速施工等因素,综合分析确定。当隧道位于城市、风景区附近时,为了少占用土地和保护环境,有效地利用立体空间,尽量少作长拉沟进洞,以适当延长隧道为宜。

沟谷和山凹处往往是地表水和地下水的汇集处,地质构造条件差。因此,当线路沿沟谷、山凹行进时,洞口位置应避开沟谷、山凹的中心,尽量在凸出的山坡附近进洞。遇沟底高程较高或横跨线路等情况时,应对地表径流做妥善处理,并加强洞口段的防水、排水措施。

当桥隧相叠、相邻或相接时,隧道洞口设计应综合考虑地形、地质条件、桥梁形式及布置等因素,拟定合理的桥隧连接方式及施工工序,并符合下列要求:

①当桥隧相叠时,与桥梁重合的洞口段内轮廓除应考虑桥台、梁体及桥面系结构的布置空间外,还应预留更换支座等时效性构件的施工操作空间。

②当桥梁与隧道相接时,隧道与桥台设计中应考虑施工时的相互影响,应根据桥台和洞口段的结构形式、地形、地质条件,合理规划两者的施工工序及施工组织计划。

③当桥隧相邻时,隧道洞口排水系统设计应与桥面排水设计联合考虑,防止隧道排水对桥台产生不利影响。

2. 根据地质条件选择洞口位置

除地形条件外,洞口地段岩层构造、岩性特征、风化程度、地下水及其他不良地质等地质条件也对洞口位置有着重要甚至是决定性的影响。具体要求如下:

①洞口位置应选择在坡面稳定、地质条件较好、无不良地质现象处,不应在山体不稳或有明显偏压、滑坡、崩塌、松散堆积体、泥石流沟等地段进洞。

②当倾斜岩层、层理、片理结合很差或存在软弱结构面时,不宜大挖,避免斩断岩脚。为防止顺层滑动或塌方,应尽量早进洞或设明洞进洞。

③当隧道避开堆积层进洞有困难时,不宜采取清方措施缩短洞口,必要时应适当接长明洞或采取其他工程措施,以维护山体稳定和洞口工程的安全。

④在黄土地区,当遇干燥无水、密实、稳定的老黄土地层时,可按一定的挖深进洞;对有水或新黄土地层则不宜大挖;洞口应避开冲沟,以防止洞口坡面冲蚀产生泥石流等灾害。

⑤当洞口为软岩或软硬岩互层(如页岩灰岩互层等),要考虑风化及自然营力的作用。软岩易受侵蚀而剥落凹陷,导致掉块、落石,危及洞口安全,故在此类地层中选择隧道洞口位置时,应适当降低边、仰坡高度,以减小风化暴露面,同时对软岩坡面可进行适当的防护。

⑥遇洪水、泥石流地段时,多采用隧道或明洞等方式绕避。洞顶有冲沟通过时,宜采取接长明洞并在明洞顶做渡槽引渡的工程措施。设在山凹地形、沟谷地形的洞口,除考虑一般排水沟、截水沟以外,要根据暴雨洪水情况与汇水条件,设置满足洪水排泄要求的沟渠。

3. 根据周边环境选择洞口位置

与周边自然环境相协调也是隧道洞口位置选择应考虑的一项重要因素。保护环境是选择洞口的重要条件之一,但在早期隧道设计中多有所忽视。在现代的隧道工程设计中,相关法律和规范在保护自然景观、减少破坏植被、保护自然资源等方面都提出了明确的要求,应将此纳入洞口位置选择所考虑的条件之列。

三、隧道洞口边、仰坡高度的拟定

"早进洞、晚出洞"的理念倡导隧道宜长不宜短,但早和晚是相对的,并不意味着进洞越早越好、出洞越晚越好,不应教条地运用此项原则而刻意地将隧道设计的很长,而要科学合理地选择隧道洞口的位置。这里面有个"度"的问题,衡量的尺度主要是边、仰坡的坡率和刷坡高度。我国隧道工作者从理论分析和长期的工程实践中总结出了合理的边、仰坡控制坡率和刷坡控制高度。表 6-1 给出了公路隧道各级围岩洞口边、仰坡在不同坡率下的控制高度建议值,设计时可参照执行。

隧道洞口边、仰坡控制高度　　　　　　　表6-1

围岩级别	Ⅰ~Ⅱ		Ⅲ		Ⅳ			Ⅴ~Ⅵ	
边仰坡坡率	贴壁	1:0.3	1:0.5	1:0.5	1:0.75	1:0.75	1:1	1:1.25	1:1.25	1:1.5
高度(m)	15	20	25	20	25	15	18	20	15	18

注：设计开挖高度从路基边缘算起。

四、隧道洞口的景观设计

随着社会的进步、经济的发展，人们对隧道工程的需求已不再仅停留在功能层面，对美学层面的要求也越来越高，隧道洞口的景观设计逐步得到重视。在我国，隧道洞口的景观设计是从20世纪90年代末开始的。隧道洞口景观是一个综合概念，包括结构的合理性、形象设计的艺术性、生态环境的可持续性等。

隧道洞口景观设计的原则为：

①应简洁实用，与隧道洞口周围的地形、植被及洞口接线线形相协调，有利于环境保护。

②应尽可能降低洞口亮度，改善驾乘人员的视觉适应条件，为驾乘人员提供安全舒适的行车环境。

③在满足使用功能的情况下，宜在造型上适当反映洞口所在地区的人文环境与文化传统等因素。

洞口景观设计前应进行环境调查，内容包括：

①隧道洞口所处的地理位置及朝向。

②洞口所处的地形类型，如山鼻、山凹、台地、沟底等。

③洞口周边植被的种类、高矮、疏密程度、地表径流的流向和流量等。

④常年主导风向、最低及最高气温、日照、年降雨情况、雾天等气候情况。

⑤洞口周边的构造物、居民点、人文环境等。

洞口景观设计的要求如下：

①在设计公路路线平、纵断面时，应将隧道洞口的景观作为设计要素，使洞口景观设计融入路线的总体设计中。

②洞口景观设计应与结构使用功能设计相结合。景观设计时，可利用景观构造物实现降低洞口亮度、洞口防废气串流及支护边坡等功能设计目标，洞口植树绿化、人工减光措施、废气防串隔离结构、支挡结构等设计也应纳入景观设计总体规划之中。

③应将洞口区域周边一定范围内的地形、地质、植被等条件，以及人工构造物和人文环境等因素，纳入景观设计规划，避免破坏原有的自然景观或人文景观。

④洞口景观设计应力求简洁明快，与周围的自然环境融为一体，绿化工程应尽量采用原地植被的树种或相近的树种。

⑤洞口景观设计应与洞门结构形式相协调。

第二节　隧道洞门设计

洞门是隧道唯一的外露部分，是联系洞内衬砌与洞外路基的结构，也是标志隧道的建筑物。隧道洞门应根据隧道跨度、地形地质条件、水文条件、周围建(构)筑物以及当地自然景观和人文景观等因素进行设计。

一、隧道洞门的分类

1. 端墙式洞门

端墙式洞门细分为墙式洞门、翼墙式洞门、台阶式洞门、柱式洞门和拱翼式洞门等形式,一般垂直于隧道轴线设置。端墙式洞门适用于仰坡陡峻地形、山凹地形、斜交地形的狭窄地带。翼墙是隧道洞口平行于路线的路基边坡支挡结构,与洞门端墙相连,形成整体,以稳定隧道洞口的边坡及仰坡。常见的端墙式洞门形式见表6-2。

端墙式洞门主要形式　　　　　　　　表6-2

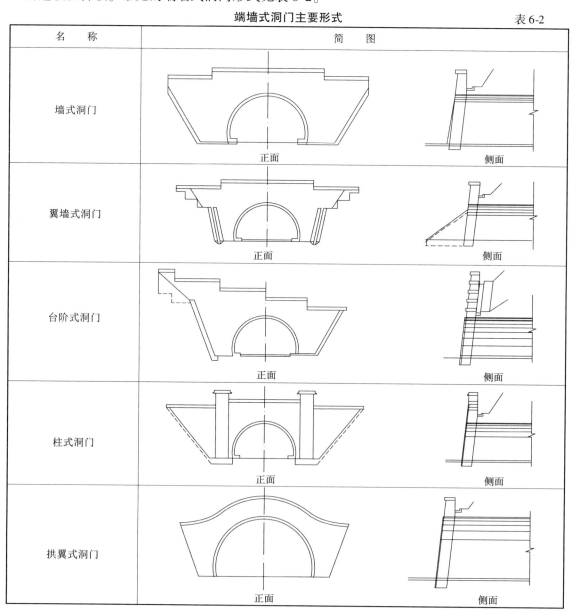

2. 明洞式洞门

明洞式洞门细分为直削式洞门、削竹式洞门、倒削竹式洞门、喇叭式洞门、棚洞式洞门和框架式洞门等形式。明洞式洞门适用于地形开阔、边、仰坡不高、仰坡较平缓、隧道轴线与地形等高线正交或接近正交的地带。明洞式洞门(除棚洞式洞门和框架式洞门外)是隧道洞口段明洞衬砌突出于山体坡面的结构,相当于衬砌的洞外延伸部分。常见的明洞式洞门的形式见表6-3。

明洞式洞门主要形式　　　　表6-3

名　称	简　图
直削式洞门	正面　　侧面
削竹式洞门	正面　　侧面
倒削竹式洞门	正面　　侧面
喇叭式洞门	正面　　侧面

棚洞式洞门和框架式洞门也属于明洞式洞门,在仰坡、边坡较高、易发生碎落的洞口采用(图6-5)。在隧道上方覆盖层较薄,又有公路从上跨越或有其他建筑物在隧道上方时,可采用框架式洞门(图6-6)。

图 6-5 棚洞式洞门

图 6-6 框架式洞门

二、典型洞门形式的适用范围及特点

1. 墙式洞门

洞门墙起挡土墙的作用,主要抵抗山体纵向推力,保证仰坡坡面稳定。适用于地形相对平坦开阔的石质坡面、低地震烈度区等情况。墙式洞门具有结构简单、工程量小、施工简便等优点,但洞门顶部排水条件略差,需在山坡上开挖沟槽向较低侧或两侧横向引排,如图6-7所示。

图 6-7 墙式洞门

2. 翼墙式洞门

当山体纵向推力较大,仅靠端墙难以保证边坡稳定性时,宜在端墙式洞门的两侧或一侧加设翼墙(挡墙),即为翼墙式洞门,如图6-8所示。

翼墙式洞门适用于地质条件较差、山体坡面纵向推力较大的情况,设置翼墙是为了增加端墙的稳定性,主要起抵抗山体坡面纵向推力、增加洞门的抗滑及抗倾覆能力的作用。

翼墙式洞门还可用于洞口设置深挖路堑的地方,翼墙可以稳定两侧面路堑边坡,起挡土墙作用。翼墙顶面坡度通常与仰坡坡面一致,其顶部设置纵向排水沟,将洞门端墙顶水沟汇集的地表水引排至路堑侧沟。翼墙式洞门可略微外扩以形成耳墙式洞门,可使洞口略显开阔,样式也较为美观。

a) 双侧设置翼墙　　　　　　　　　　　b) 单侧设置翼墙

图 6-8　翼墙式洞门

3. 台阶式洞门(偏压式洞门)

当洞口段为傍山地形,地面线横坡较陡时,为了适应原地形,可在翼墙式洞门的基础上,采用两侧结构不对称、高度不对等的台阶式洞门形式,如图 6-9 所示。一般隧道两侧均需开挖设置挡土墙,端墙依然存在,洞门顶水沟收集的地表汇水排向远山侧。该洞门形式对洞顶排水较为有利。

4. 柱式洞门

柱式洞门是从端墙式洞门发展起来的,它实际也是一种端墙形式的洞门,如图 6-10 所示。当地形较陡,地质条件较差,仰坡有下滑的可能,而又受地形或地质条件限制不能设置翼墙时,可在端墙中部设置 2 个断面较大的柱墩,以增强端墙的稳定性,这种洞门墙面有突出线条,外观优美,气势宏伟,适宜在城市附近或风景区内使用。需要注意,在仰坡存在滑坡可能时,洞门中的柱墩往往还应兼具抗滑桩的作用,应按照抗滑桩的标准进行设计。另外,实际工程中也有部分洞门的柱墩仅起装饰作用,而不起承载作用。

图 6-9　台阶式洞门　　　　　　　　　　图 6-10　柱式洞门

5. 直削式洞门

直削式洞门适用于地形开阔,边、仰坡不高且平缓,隧道轴线与地形等高线正交或接近正交的地带。直削式洞门实际就是明洞延伸至隧道口位置形成的洞门,这种洞门可以直接采用明洞的模板施作,施工工艺较为简单。

6. 削竹式洞门

削竹式洞门适用于洞口山体坡度较缓、场地开阔,或距离城市较近,或有景观要求,或桥隧相连的隧道(消除短路基),但不适用于存在危岩落石及洞顶有道路、水渠的情况。削竹式洞门具有结构简单、施工方便、工程造价低等特点,可通过洞顶回填土恢复至原地貌,绿化效果好,在景观上能起到修饰周围景观的作用,与周围环境有机融合(图6-11)。

图6-11 削竹式洞门

7. 倒削竹式洞门

倒削竹式洞门适用于洞口岩石基础稳定、整体性好、洞口山体坡度很陡或峭壁岩体处的隧道。已采用常规基础形式外延洞门但仍长度不足时,可通过设置倒削竹式洞门来延长洞门防护结构,以便在高陡边坡处有效起到防落石作用。为增强防落石的效果,必要时还应扩大切削面斜率。

三、隧道洞门设计要求

洞门形式应根据洞口地形、地质条件及周边环境条件确定。不论隧道轴线与地形等高线的关系如何,当洞门与隧道轴线正交时,其视觉美观,有利于行车安全,因此洞门宜与隧道轴线正交。洞门的设计应达到拦截洞口边、仰坡可能的碎落、滚石、坍塌物的效果。同时,洞门应与自然环境相协调,要保护和最大限度地恢复原有地形,恢复自然景观,减少开挖痕迹,避免过多的人工修饰,淡化或隐藏支挡结构物的存在。下面分别介绍端墙式洞门和明洞式洞门的设计要求。

1. 端墙式洞门的设计要求

洞门端墙和翼墙应具有抵抗来自仰坡、边坡土压力的能力,应按挡土墙结构进行设计。洞门墙、翼墙墙身结构尺寸按墙体强度、稳定性和抗倾覆计算结果确定,或按工程类比确定,必要时进行墙身结构稳定性和抗倾覆验算。洞门墙墙身最小厚度(指墙体受力部分的最小尺寸)不应小于0.5m,翼墙墙身厚度不应小于0.3m。

洞顶上仰坡坡脚至洞门墙背的水平距离不宜小于1.5m,以防止仰坡土石掉落到路面上,也便于在洞门端墙与仰坡之间设置排水沟。洞顶排水沟沟底至拱顶衬砌外缘的最小厚度不应小于1.0m,以防止水流下渗,保护衬砌不受侵蚀。洞门端墙墙顶应高出墙背回填面0.5m,防止掉落土石弹出飞落到路面,同时也作为养护维修人员在洞顶检查维护时的安全护栏。这里的墙背回填面指的是靠近墙背处的拱背回填顶面,通常是洞顶排水沟侧壁顶面,如图6-12所示。

洞门端墙应根据需要设置伸缩缝、沉降缝和泄水孔。洞门墙变形缝、泄水孔的设置应遵循挡土墙的设计要求。

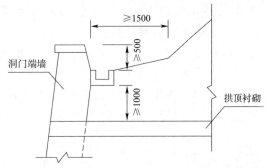

图6-12　洞门墙背顶部构造(尺寸单位:mm)

洞门端墙基础应置于稳固的地基上,并埋入地面下一定深度。洞门墙基础埋入深度视地质条件确定。岩质地基嵌入深度是指清除表面强风化层后的深度,但当风化层较厚、难以全部清除时,应根据地基的风化程度及相应的地基容许承载力,将基础嵌入基岩中。斜坡地段的基底需挖成台阶,以防墙体滑动。嵌入岩质地基的深度不应小于0.2m;埋入土质地基的深度不应小于1.0m。基底埋置深度应大于靠墙设置的各种沟、槽底的埋置深度。当地基为冻胀土层时,根据经验,基底高程应不低于最大冻结深度以下0.25m,但当冻结深度较深、施工有困难时,可采取非冻结性的砂石材料换填或设置桩基等措施加以处理。非冻胀地层(例如岩石、砾石、卵石、砂等)中,地基埋置深度不受冻结深度的限制。

地基承载能力不足时,应进行加固处理,常用的地基加固措施有扩大基础、桩基、筏板基础、地基换填、压浆等。

洞门结构设计应满足抗震要求。

2.明洞式洞门的设计要求

明洞式洞门结构应采用钢筋混凝土结构,这主要是因为明洞式洞门结构是洞口衬砌的一部分,也属于明洞衬砌,而采用钢筋混凝土结构是明洞衬砌的要求,这里也应遵循。

洞口段明洞衬砌应伸出原山坡坡面或设计回填坡面不小于500mm(图6-13),这样做可有效防止坡面水和泥沙流入衬砌内壁。这里的500mm延伸长度指的是明洞衬砌和坡面与隧底交点之间的水平距离。

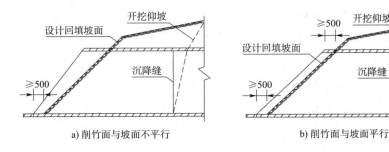

图6-13　洞口衬砌仰斜面伸出坡面构造(尺寸单位:mm)

洞口衬砌外露端有不同形态,可呈直削、削竹、倒削竹或喇叭形(表6-3),体现了洞门外形的变化。采用削竹式洞门时,削竹面仰斜坡率应陡于或等于原山坡坡率或设计回填坡面坡率。

设计回填坡面宜按原山坡坡度,这样可以恢复原地形。当洞口设计回填坡面采用土石回填时,坡率不宜陡于1:1,以保证回填坡面稳定。坡面一般采用适合当地生长条件的、与周边协调的植物防护或网格防护。

随着国民经济和隧道施工技术突飞猛进的发展,以及人民对美好生活的向往,业界迫切需要完善隧道洞口设计理念和提高设计标准,需充分尊重客观的自然条件,采取经济合理的手段解决工程问题,同时设计构思还应与周边环境、时代背景、文化底蕴、安全和舒适性需求充分融合,这将是今后隧道洞口及洞门设计工作中需要思考的问题。

思考与练习

1. 隧道洞口段有何特点?
2. 隧道洞门的主要作用是什么?
3. 隧道洞门主要分为几类?请分别介绍各类洞门的设计要点。
4. 某隧道工程,在选择隧道洞口位置时,为刻意缩短隧道里程,隧道洞口位置向山体内部进行了长距离延伸,造成洞口边、仰坡高度过大,破坏了自然环境,同时形成的高大边坡在雨季时还出现了垮塌,造成了人员伤亡和经济损失。你认为隧道洞口设计应遵循怎样的原则?这起事故有哪些教训?
5. 洞门是隧道唯一的外露部分,是联系洞内衬砌与洞外路基的结构,也是标志隧道的建筑物。隧道洞门形式有多种,请根据洞门设计图(图6-14),分析以下问题:

(1)该洞门属于哪种类型洞门?
(2)分析该洞门类型的适用范围和特点。

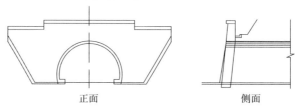

图6-14 隧道洞门设计图

6. 端墙式洞门的设计要求有哪些?
7. 明洞式洞门有哪些类型?有哪些设计要求?

第七章　隧道衬砌结构设计

隧道开挖后,隧道周边地层的原有平衡遭到破坏,可能引起围岩变形甚至坍塌。为了维护围岩稳定,确保隧道运营安全、行车舒适及外观美观,需要在隧道周边(含外部和内部)设置支护围岩及保证其稳定性的人工结构物,这就是隧道衬砌。一般情况下,隧道均应设置衬砌。

隧道工程可根据围岩地质条件、施工条件和使用要求,合理选用衬砌类型。常见的衬砌类型有锚喷衬砌、整体式衬砌、复合式衬砌、离壁式衬砌、预制管片衬砌等。隧道衬砌设计应综合考虑工程地质与水文地质条件、断面形状及尺寸、支护结构、施工条件等因素,应以衬砌能最大限度地利用和发挥围岩的自承能力为基本原则。隧道围岩自身具有一定的结构作用,通过有效的工程措施、合理的衬砌形式和适宜的施工方法,可使围岩这一特性得到充分发挥,达到保持围岩稳定、节省工程投资的目的。隧道衬砌结构是永久性重要构筑物,运营中一旦破坏很难恢复,维护费用很高,给交通运营管理带来极大的困难。因此,衬砌需要有足够的强度、稳定性和耐久性,以保证隧道长期服役安全。

第一节　隧道衬砌结构设计的一般规定

隧道衬砌结构类型、支护参数应根据使用要求、围岩级别、工程地质和水文地质条件、隧道埋置深度、结构受力特点,结合周边环境、支护手段、施工方法,通过工程类比和理论计算相结合的方式综合确定。在施工阶段,还应根据现场监控量测及地质预报的结果及时调整支护参数,实行施工过程中的动态设计,必要时需通过试验进行复核。隧道衬砌结构设计应符合以下一般规定:

①衬砌断面宜采用曲边墙拱形断面,尽量减少尖角,防止出现应力集中。

②围岩较差、侧压力较大、地下水较丰富的地段宜设置仰拱,仰拱曲率半径应根据地质条件、地下水、隧道断面形状、隧道宽度等条件确定。路面与仰拱之间可采用混凝土或片石混凝土回填。隧底围岩较好、边墙基底承载力和稳定性满足要求时,可不设仰拱。

③隧道洞口段应设加强衬砌,加强衬砌长度应根据地形、地质和环境条件确定,两车道隧道不应小于10m,三车道隧道不应小于15m。

④围岩较差地段衬砌应向围岩较好地段延伸5~10m。

⑤偏压衬砌段应向一般衬砌段延伸,延伸长度应根据偏压情况确定,不宜小于10m。

⑥净宽大于3m的横通道与主洞的交叉段,主洞与横通道衬砌均应加强。加强段衬砌应向各交叉洞延伸,主洞延伸长度不应小于5m,横通道延伸长度不应小于3m。延伸长度范围内不宜设变形缝。

⑦高速公路、一级公路和二级公路中的隧道宜采用复合式衬砌;三级及三级以下的公路隧道,其洞口段宜采用复合式衬砌或整体式衬砌,洞身为Ⅰ、Ⅱ、Ⅲ级围岩条件时可采用锚喷衬砌;特殊情况下可采用预制管片衬砌或离壁式衬砌。

第二节 隧道衬砌建筑材料及其技术要求

修建隧道衬砌的材料应具有足够的强度、耐久性、抗渗性和抗侵蚀性,此外,还应满足就地取材、降低造价、方便施工及易于机械化施工等要求。

一、隧道建筑材料的选用原则

隧道建筑材料应符合结构承载能力、正常使用和耐久性要求,符合抗冻、抗渗和抗侵蚀的需要。

隧道衬砌防水应充分利用衬砌混凝土结构的自防水能力,其抗渗等级应满足相关规范的要求。

当处于特殊腐蚀性环境时,混凝土和水泥砂浆应采用具有抗侵蚀性能的特种水泥和集料配置,其抗侵蚀性能要求视水的侵蚀特性确定。

最冷月份平均气温低于-15℃的地区及受冻害影响的隧道,混凝土及水泥砂浆的强度等级应提高,防水混凝土的抗渗等级也应提高。

应根据不同的料源情况,在保证结构需要的前提下,因地制宜,就地取材。

二、隧道常用建筑材料及其技术要求

常用于隧道衬砌的建筑材料主要有混凝土、钢筋混凝土、片石混凝土、料石、混凝土砌块、喷射混凝土等。

1. 混凝土与钢筋混凝土的技术要求

隧道衬砌所用的混凝土强度等级,对于直墙式衬砌不低于C20,曲墙式衬砌及Ⅳ级围岩直墙式衬砌不低于C25。

钢筋混凝土材料主要用在软弱围岩、明洞衬砌及地震区、偏压、通过断层破碎带或淤泥流沙等不良地质地段的隧道衬砌中,其强度等级不低于C25。在特殊情况下可采用旧钢轨或焊接钢筋骨架进行加强。

2. 片石混凝土的技术要求

为了节省水泥,岩层较好地段的边墙衬砌或仰拱回填可采用片石混凝土(片石的掺量不应超过总体积的20%)。此外,当起拱线以上1m以外部位有超挖时,其超挖部分也可用片石混凝土回填。选用的石料要坚硬,其抗压强度不应低于30MPa。严禁使用风化片石,以保证其质量。

3. 料石或混凝土砌块的技术要求

地质条件较好的小断面低等级公路隧道,衬砌材料可选用料石或混凝土砌块作为主材,通过强度等级不低于M15的水泥砂浆砌筑而成。这类衬砌具有可就地取材、节约水泥、节约模板等优点,还可保证衬砌厚度并能较早地承受荷载,但是也具有明显缺点,如整体性和防水性差、施工进度慢、对砌筑工艺要求高等。

4. 喷射混凝土的技术要求

锚喷衬砌中采用的喷射混凝土材料,其强度等级应不低于C20,并优先选用硅酸盐水泥或普通硅酸盐水泥;细集料采用坚硬耐久的中砂或粗砂,细度模量宜大于2.5,砂的含水率宜控制在5%~7%;粗集料可采用坚硬耐久的卵石或碎石,粒径不宜大于16mm。

隧道工程所用建筑材料的强度等级不应低于表7-1和表7-2的规定。

衬砌及管沟建筑材料强度等级　　　　　　　　　　表7-1

部　位	材　料　种　类			
	混凝土	片石混凝土	钢筋混凝土	喷射混凝土
拱圈	C20	—	C25	C20
边墙	C20	C20	C25	C20
仰拱	C20	—	C25	C20
底板	C20	—	C25	—
仰拱填充	C15	C15	—	—
水沟、电缆槽	C25	—	C25	—
水沟盖板、电缆槽盖板	—	—	C25	—

洞门建筑材料强度等级　　　　　　　　　　表7-2

部　位	材　料　种　类			
	混凝土	钢筋混凝土	片石混凝土	砌体
端墙	C20	C25	C15	M10水泥砂浆砌片石、块石或混凝土砌体镶面
顶帽	C20	C25	—	M10水泥砂浆砌粗料石
翼墙和洞口挡土墙	C20	C25	C15	M10水泥砂浆砌片石

第三节　整体式衬砌设计

一、整体式衬砌的概念与特点

隧道整体式衬砌是一次浇筑成形的混凝土或钢筋混凝土衬砌结构,在隧道支护结构中可单独使用,但更多作为复合式衬砌中的二次衬砌使用。整体式衬砌是被广泛采用的衬砌形式,它具有以下优点:

①施工工艺简单,技术成熟,适用于多种施工条件,如可采用木模板、钢模板或衬砌台车等。

②适应多种围岩条件,易按需要成型。

③整体性好,刚度大,支护及时,具有较强的支护能力、防水能力和耐久性,具有长期可靠

的支护作用。

整体式衬砌优点较为突出,但也存在缺点:拆模和养护均需要时间,施工速度较慢,且容易对其他工序形成干扰;同时,由于整体式衬砌刚度大,在单独使用时,过分地限制了围岩变形,不利于充分发挥围岩自承能力。因此,整体式衬砌一般应用在隧道洞口段、浅埋段及软弱围岩段中,这些区段围岩条件差,自稳时间短,需要强有力且能立即承载的支护结构形式,而整体式衬砌能够很好地满足这类需求。

二、整体式衬砌的分类与选择

1. 按照所用材料分类

根据所用材料的不同,整体式衬砌分为混凝土衬砌和钢筋混凝土衬砌两大类。因钢筋混凝土衬砌有较强的承载能力,在一些较特殊地段宜采用钢筋混凝土结构,如:

①因地形、地质构造导致围岩松动、滑移而引起的有明显偏压的地段,如傍山隧道、地形等高线与隧道轴线斜交且埋深较浅的地带、隧道轴线平行或近似平行于陡倾岩层走向的隧道、平行于竖向结构面走向的隧道、由于施工工序而引起短暂偏压的地段等。为了承受不对称围岩压力,该区段的隧道衬砌结构应采用抗偏压衬砌。处于偏压状态的隧道,受力条件较为复杂,宜采用钢筋混凝土结构。

②横通道、斜井等与主洞连接处形成交叉的区段,由于施工暴露空间大,结构受力复杂,为保证其结构强度,防止开裂,交叉范围的衬砌宜采用钢筋混凝土结构。

③V级围岩地段围岩自承能力较差,由于初期支护(锚喷衬砌)刚度相对较小,且在长期围岩压力作用下可能会丧失部分承载力,需要设置二次衬砌形成复合式衬砌以尽快发挥强有力的支护作用。根据国内隧道实测资料,V级围岩地段二次衬砌承受的围岩压力较大,因此,V级围岩段的二次衬砌宜采用钢筋混凝土结构。

④单洞四车道隧道开挖断面大,其洞室跨中弯矩大,为减少衬砌结构自重,结构厚度不宜过大,此时采用钢筋混凝土结构更合理。

⑤根据震害调查资料,隧道结构具有很好的抗震能力。在地震动峰值加速度小于$0.2g$的地区,一般地震对隧道结构影响不大。由于地震动峰值加速度大于$0.2g$的高烈度地震区资料不多,因此很难保证地震发生时隧道衬砌不开裂、破坏;而且,大量震害调查表明,钢筋混凝土衬砌在地震中不易出现坍塌、掉块等危及行车和行人的损坏。所以,在地震动峰值加速度大于$0.2g$的地区,隧道洞口段衬砌宜采用钢筋混凝土结构。

2. 按照断面几何特征分类

根据隧道断面几何特征的不同,整体式衬砌可设计为等截面和变截面两种形式。根据隧道围岩地质条件的不同,整体式衬砌可采用半衬砌、落地拱衬砌、厚拱薄墙衬砌、直墙拱形衬砌、曲墙拱形衬砌及抗偏压衬砌等形式,可参照下列要求选用:

①岩层较坚硬且整体稳定或基本稳定的围岩区段,可采用半衬砌。

②侧压力大的较软岩或土层地段,可采用落地拱衬砌。

③水平压力较小时,可采用厚拱薄墙衬砌。

④竖向压力较大、水平侧压力不大时,宜采用直墙拱形衬砌。

⑤地质条件差,岩石破碎、松散和易于坍塌的地段以及底板支护较弱、具有膨胀特性或有较大围岩压力的区段,应采用曲墙拱形衬砌。

⑥承受偏压荷载或承受较大垂直荷载时,应考虑变截面衬砌形式。

三、整体式衬砌的设计要点

1. 钢筋混凝土整体式衬砌的设计要求

当整体式衬砌采用钢筋混凝土结构时,应满足以下要求:

①混凝土强度等级不应低于 C30,受力主筋的净保护层厚度不应小于 40mm。因为 C30 以上的混凝土具有较好的抗渗性及气密性,可有效保护混凝土内的钢筋以及降低表层混凝土的碳化速度,而隧道处于地下环境中,设计需要考虑其抗渗性和抗腐蚀性。

②如果结构厚度太薄,将不能充分发挥钢筋的作用,因此要求钢筋混凝土整体式衬砌厚度不宜小于 300mm。

③钢筋混凝土结构受力主筋太密,将会影响衬砌混凝土的灌注质量,降低混凝土与钢筋之间的黏结力,因此,钢筋混凝土整体式衬砌中受力主筋的间距不宜小于 100mm。

2. 整体式衬砌变形缝设置要求

隧道衬砌是一个纵向长度很长的管状结构,为了避免由于纵向地压不均、不均匀沉降、温度应力以及地震荷载等因素造成的衬砌结构开裂、破坏等现象,需要沿隧道纵向每隔一定的距离设置一条变形缝。设置变形缝的目的是把承载能力不同的结构、承受不同围岩压力的结构完全断开,可使产生的沉降变形和受力变形各自独立。变形缝主要分为沉降缝和伸缩缝两种。因为变形缝本身也可作为施工缝,当变形缝与施工缝不在同一位置时,宜将变形缝调整到施工缝位置,这样可减少一道专门的工序。整体式衬砌变形缝设置应满足如下要求:

①明洞衬砌与洞内衬砌交界处、不设明洞的洞口段衬砌,距离洞口 5~12m 的隧道内应设沉降缝。

②地质条件明显变化处、不同衬砌类型交界处,宜设置沉降缝。

③在连续软弱围岩中,每 30~100m 宜设 1 道沉降缝。

④严寒与酷热温差变化大地区,特别是最冷月平均气温低于 -15℃ 的寒冷地区,距洞口 100~200m 范围内的衬砌段应根据情况设置伸缩缝。

⑤沉降缝、伸缩缝缝宽不应小于 20mm,缝内可填塞沥青木板或沥青麻丝。伸缩缝、沉降缝宜垂直于隧道轴线环向设置。拱、墙、仰拱的沉降缝、伸缩缝应设在同一断面位置。

⑥沉降缝、伸缩缝可兼作施工缝。在需设沉降缝或伸缩缝地段,应结合施工缝进行设置。

3. 整体式衬砌底部设置要求

应根据围岩级别、基底承载力、断面尺寸等因素综合确定隧道底部是否需要设置仰拱。如果不设置仰拱,衬砌边墙基础应符合下列规定:

①应置于稳固的地基之上,基底承载力应满足设计要求。不设仰拱地段,地基承载能力一般较强,但不能因为电缆沟和边沟开挖破坏地基的整体性,导致边墙脚空虚,影响地基承载能力。

②基础底面不应高于电缆沟的设计开挖底面。路侧边沟开挖底面低于基础底面时,边沟开挖边界距边墙基础的距离应大于 500mm。路侧边沟一般距边墙基础有一定距离,边沟底较

电缆沟底深,边沟开挖边界距边墙基础的距离大于 500mm 是为了保证一定的护基宽度。

③在洞门墙厚度范围内,边墙基础应加深到与洞门墙基础底部相同的高程。因为端墙式洞门的洞门墙基础深度较大,洞门墙基坑开挖可能会对隧道衬砌边墙基底造成损伤。

④边墙底部截面宜适当扩大,以增大边墙的承载面积。

设置仰拱的整体式衬砌,不应急剧弯曲和出现棱角,边墙衬砌与仰拱宜采用小半径曲线连接。为保证仰拱与边墙的有效连接,仰拱厚度应不小于边墙厚度,一般情况下,仰拱厚度宜与边墙厚度相同。其中,边墙厚度是扣除纵向盲管占用空间后的厚度(图 7-1)。

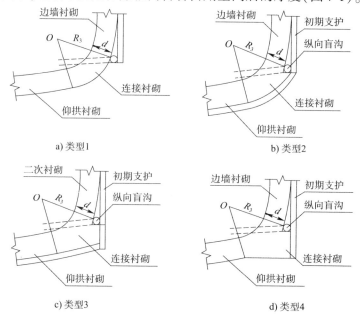

图 7-1 边墙衬砌与仰拱连接类型

R_3-边墙与仰拱连接圆弧半径;d-边墙初砌厚度

4. 整体式衬砌设计参数的取值

公路隧道整体式衬砌支护参数可采用工程类比法或数值计算法确定,也可参照表 7-3 取值。

整体式衬砌设计参数　　　　　　　表 7-3

围岩级别	设计参数	
	单车道隧道	双车道隧道
Ⅳ	边墙、拱部:35~40cm 混凝土; 仰拱:35~40cm 混凝土	边墙、拱部:40~50cm 钢筋混凝土; 仰拱:40~50cm 混凝土
Ⅴ	边墙、拱部:40~45cm 钢筋混凝土; 仰拱:40~45cm 混凝土	边墙、拱部:50~60cm 钢筋混凝土; 仰拱:50~60cm 钢筋混凝土
Ⅵ	边墙、拱部:45~50cm 钢筋混凝土; 仰拱:45~50cm 钢筋混凝土	边墙、拱部:60~80cm 钢筋混凝土; 仰拱:60~80cm 钢筋混凝土

第四节 锚喷衬砌设计

一、锚喷衬砌的概念与特点

锚喷衬砌是以喷射混凝土为主,必要时联合锚杆、钢筋网、钢架等支护形式中的一种或多种而形成的加固围岩、控制围岩变形、充分利用和发挥围岩自承能力的支护形式。

锚喷衬砌中的"锚"主要指的是锚杆,也包含钢筋网和钢架等构件。锚杆支护是锚固在岩体内部的杆状体,是锚喷衬砌的重要组成部分。锚入岩体内部的锚杆与岩体融为一体,可起到改善围岩力学性能、调整围岩受力状态、抑制围岩变形的作用,实现加固围岩、维护围岩稳定的目的。在锚喷衬砌的结构组成中,锚杆与其他构件(如喷射混凝土、钢筋网、钢架等)作用原理不同,它是一种从围岩内部改善围岩性质的支护构件,在改善围岩连续性的同时,也增强了围岩的抗剪强度,提高了围岩的自承能力,补偿了围岩存在的力学上不连续(如节理、裂隙等)的缺陷。总体来说,锚杆具有如下作用:

①悬吊作用。由于围岩被节理、裂隙或断层等不连续地质体切割,开挖爆破震动可能引起局部岩块失稳,甚至会导致整体式坍塌,而采用锚杆可将不稳定的岩块悬吊在稳定的岩体上,或将应力降低区内不稳定的围岩悬吊在应力降低区以外的稳定岩体上;另外,还可以在侧壁设置锚杆以阻止岩块滑动[图7-2a)]。

②组合梁作用。在水平或倾角小的层状岩体中,锚杆能使各岩层紧密结合,形成类似组合梁结构,能够显著增加层面间的抗剪强度和摩擦力,从而提高围岩的稳定性,形成良好的组合梁结构[图7-2b)]。

③挤压加固作用。软弱围岩开挖后,洞内临空面变形较大,在隧道周边布设系统锚杆后,一方面可向围岩施加径向压力形成承载拱,与喷射混凝土支护共同承受围岩的形变压力,减少围岩变形,提高围岩的稳定性;另一方面,注浆锚杆的浆液可以沿着围岩中的节理裂隙扩散、凝结,将围岩中的节理、裂隙粘结成一体而提高围岩的整体性,起到加固围岩的作用[图7-2c)]。

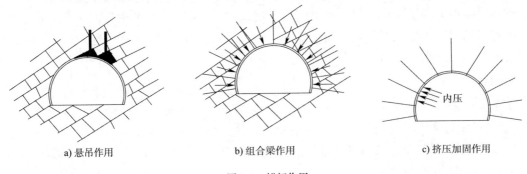

a) 悬吊作用   b) 组合梁作用   c) 挤压加固作用

图7-2 锚杆作用

要发挥锚杆对围岩的支护作用,需要做好以下3个方面的工作:①保证有效锚固长度;②保证锚杆全长注浆饱满,与岩体连成整体;③避免松弛和锈蚀损坏。

锚喷衬砌中的"喷"指的是喷射混凝土。喷射混凝土是一种利用高压风作动力,将混凝土混合料通过喷射机、输料管及喷头直接高速喷射到隧道围岩壁面上的支护形式。喷射混凝土是维护隧道围岩稳定的结构物,具有不需模板、施作速度快、早期强度高、密实度好、与围岩紧密黏结、不留空隙的突出优点。隧道开挖后及时施作喷射混凝土支护,可以起到封闭岩面、防止风化松动、填充坑凹及裂隙、维护和提高围岩的整体性、协助围岩发挥自身承载能力的作用。

相对于模筑混凝土衬砌、预制管片衬砌等衬砌形式,锚喷衬砌从本质上是一种完全不同的支护类型。从作用原理来看,锚喷衬砌的作用机理不是以一个大刚度结构物来抵抗围岩施加于它的压力荷载,而是采取柔性支护措施以充分发挥围岩的自承能力,与围岩合成一体,共同作用。锚喷衬砌具有支护及时、柔性、紧贴围岩、与围岩共同变形等特点,能保证围岩的长期稳定,在受力条件上比整体式衬砌优越。从施工方法上来看,它不需要临时支撑,也不用模板或模板台车进行混凝土灌注,而是直接将混凝土喷射到隧道岩壁之上,径向凝结成衬砌层,因此,锚喷衬砌对加快施工进度、节约劳动力及原材料、降低工程成本等效果显著。但是,锚喷衬砌刚度较小,在围岩自承能力较差的Ⅳ~Ⅵ级围岩中,其长期稳定性和防止水侵蚀能力有一定的局限性,耐久性值得商榷,且材料及施工工艺还有待进一步提高。因此,在Ⅳ~Ⅵ级围岩中应采用复合式衬砌或整体式衬砌,不宜单独将锚喷衬砌作为永久衬砌。

二、锚喷衬砌的分类与选择

1. 喷射混凝土的分类

喷射混凝土分为普通喷射混凝土、纤维喷射混凝土和钢筋网喷射混凝土三大类。

纤维喷射混凝土是在普通喷射混凝土中掺入纤维形成的喷射混凝土,掺入的纤维通常为钢纤维和合成纤维,前者的应用较为广泛。纤维喷射混凝土的应用范围如下:

①断层破碎带、褶皱带等受力复杂的地段。
②膨胀性围岩及易引起塑性流动的围岩地段。
③隧道洞口有较大围岩压力的地段。
④隧道洞身交叉段、加宽段、隧道近接施工段等构造上易发生不稳定的区段。
⑤既有隧道的加固、维修、厚度受限制(如侵入建筑限界)且质量要求高的情况。

钢筋网喷射混凝土是在喷射混凝土中加入钢筋网片,可以提高喷射混凝土和岩面之间的黏结力。钢筋网喷射混凝土一般应用于松散岩层、土砂岩层及膨胀性围岩隧道中,复合式衬砌中的初期支护应采用钢筋网喷射混凝土。

2. 锚杆的分类

按布置位置与范围,锚杆分为系统锚杆和局部锚杆(图7-3)。系统锚杆在隧道周边系统布置,而局部锚杆主要针对隧道周边局部不稳定块体进行局部打设。

按施工工艺,锚杆分为普通砂浆锚杆、中空注浆锚杆、组合中空锚杆和自进式锚杆。

按作用原理,锚杆分为:

①全长黏结型锚杆,常见的类型有普通水泥砂浆锚杆、早强水泥砂浆锚杆、树脂锚杆、药卷锚杆、中空注浆锚杆、组合式锚杆和自钻式注浆锚杆等。全长黏结型锚杆主要用水泥砂浆或树脂作填充黏结剂,使锚杆和孔壁岩石黏结牢固,提供摩擦阻力,并通过安装在孔口上的垫板、螺

母对岩壁的约束力来抑制围岩变形和承受围岩松弛荷载。系统锚杆、局部锚杆、锁脚锚杆等永久支护锚杆可采用这类锚杆。

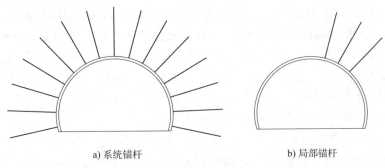

a) 系统锚杆　　　　　　　　　b) 局部锚杆

图 7-3　锚杆布置类型

②端头锚固型锚杆,常见的类型有机械式锚杆、端头黏结式锚杆等。通过锚杆的机械式锚固或黏结式锚固作用,将锚杆前端锚固于锚杆孔底部的岩体,通过孔口垫板及螺母使锚杆受拉,对孔口附近围岩施加径向约束力。端头锚固型锚杆主要用于预应力锚杆、局部锚杆,起临时支护作用,注满砂浆后可作永久支护锚杆。机械式锚杆又分为楔缝式锚杆、胀壳式锚杆和倒楔式锚杆,一般可用于硬岩支护中。端头黏结式锚杆主要有树脂端头锚固锚杆两种、快硬水泥端头锚固锚杆两种。端头黏结式锚杆除可用于硬岩和中硬岩外,也可用于软岩。

③摩擦型锚杆包括缝管锚杆、水胀锚杆等,主要用于局部锚杆,起临时支护作用。

3. 钢架的分类

钢架支护(即钢拱架支护)的作用是与喷射混凝土层协同作用,形成联合支护以增加支护的刚度和强度,控制围岩变形与松弛,提高锚喷衬砌的支护能力。钢架主要有型钢钢架和钢筋格栅钢架两大类(图7-4)。

a) 型钢钢架　　　　　　　　　b) 格栅钢架

图 7-4　钢架类型

常用的型钢钢架有工字钢钢架、U 形钢钢架和 H 形钢钢架等类型。工字钢钢架使用冷弯机加工成形;U 形钢钢架不需要连接钢板,可采用搭接连接、螺栓固定,并可进行小范围拱幅调节,有一定的灵活性。型钢钢架的刚度和强度大,可作为临时支撑并单独承受较大的围岩压力,也可设置于混凝土内作永久衬砌,尤其是在Ⅳ、Ⅴ级软弱破碎围岩段施工或处理塌方时使用较多。但型钢钢架与喷射混凝土的黏结不好,与围岩间的空隙难以用喷射混凝土填充密实,易导致钢架附近的喷射混凝土出现开裂。

格栅钢架由钢筋焊接而成,安装后可立即承受部分松动荷载,当锚杆和喷射混凝土达到一定强度后,便能共同承受逐渐增长的围岩压力,符合新奥法先柔后刚的支护原则。同时格栅钢架与喷射混凝土黏结较好,能形成良好的钢筋混凝土结构,易于发挥支护作用,钢架与围岩间的空隙也容易被喷射混凝土填充密实,有利于结构受力。格栅钢架虽然具有诸多优点,但由于初期刚度小(其刚度随喷射混凝土硬化而增加,因此初期刚度较小),不适用于初始就需要较大支护力的情况,如浅埋段、地质条件较差区段等。

一般来说,当遇到下列情况时,应增加钢架支护:

①自稳时间很短的Ⅳ、Ⅴ级围岩,在锚杆和喷射混凝土支护发挥作用前,可能发生围岩失稳或坍塌危险时。

②浅埋、偏压隧道,当早期围岩压力增长快,需要提供初期支护的早期强度和刚度时。

③在难以施作锚杆、喷射混凝土的砂卵石、土夹石或断层泥等地层,大面积淋水地段,以及为了抑制围岩大变形需要增加支护抗力时。

④当需要施作超前支护,设置钢架作为超前支护的支承构件时。

4.锚喷衬砌组合类型

锚喷衬砌是目前最常用一种围岩支护手段,主要由喷射混凝土、锚杆、钢筋网和钢架等组成,在不同的围岩条件、隧道断面条件下发挥不同的作用。这些组成构件可以单独使用,也可以组合使用。常见的锚喷衬砌组合形式有:

①喷射混凝土支护。

②喷射混凝土+锚杆支护(系统锚杆或局部锚杆)。

③喷射混凝土+锚杆+钢筋网支护。

④喷射混凝土+锚杆+钢筋网+钢架(型钢钢架或格栅钢架)支护等。

一般来说,在下列条件下可采用锚喷衬砌作为永久衬砌:

①作为施工使用的导洞。

②低等级公路隧道的Ⅰ~Ⅲ级围岩段。

③Ⅰ~Ⅲ级围岩段的紧急救援通道、泄水洞等。

④施工用竖井、斜井。

而在下列情况下,不应采用锚喷衬砌作为永久衬砌:

①地下水发育或大面积淋水地段。

②膨胀性围岩或能造成衬砌腐蚀的地段。

③月平均最低气温低于-5℃地区的冻害地段。

④有其他特殊要求的隧道。

此外,围岩自承能力较差的Ⅳ~Ⅵ级围岩区,不宜单独采用锚喷衬砌作为永久衬砌;安全等级为一级的隧道、隧道进出口段、浅埋段以及围岩条件较差的软弱围岩段,不宜直接使用锚喷衬砌作为衬砌结构。

不同围岩条件的锚喷衬砌选用标准可参照表7-4。

围岩与锚喷衬砌选用关系表　　　　　　　　　　　　　　　　表 7-4

围　　岩	支 护 目 的	锚喷衬砌形式	辅助支护
围岩发生弹性变形,稳定性良好的围岩	防止围岩风化	喷射混凝土支护	—
存在少许掉块,产生松弛的围岩	支护局部可能掉落的岩块;阻止岩块滑移	喷射混凝土;局部锚杆	—
产生较大松弛和一部分塑性变形的围岩	控制围岩松弛;形成内压,提供支护阻力;控制塑性区的发展;提高围岩承载能力	喷射混凝土;系统锚杆;局部格栅钢架	钢筋网;短超前支护
围岩强度不足,产生形变土压的围岩	形成内压,提供强大的支护阻力;控制塑性区的扩大;提高围岩的承载能力	喷射混凝土;系统锚杆;系统型钢钢架或格栅钢架	钢筋网;长超前支护

三、锚喷衬砌的设计要点

1. 喷射混凝土支护的设计要求

喷射混凝土设计应满足以下要求:

①喷射混凝土的设计强度等级不应低于 C20,这是喷射混凝土强度的基本要求。对于重要隧道、竖井及斜井工程,喷射混凝土的设计强度等级不宜低于 C25。

②喷射混凝土的最小厚度不应小于 50mm。这是因为受喷射混凝土收缩的影响,厚度小于 50mm 时易引起混凝土收缩开裂;同时,喷层过薄不足以抵抗岩块的移动。在含水较丰富的地层中,喷射混凝土支护厚度不应小于 80mm,且抗渗等级应满足抗渗要求。

③为了确保喷射混凝土衬砌有足够的柔性,其厚度不宜过大。一般情况下,两车道隧道喷射混凝土厚度不宜超过 300mm。对于三车道以上的大断面隧道,喷射混凝土层相对柔性大,在不稳定的Ⅴ级围岩区段,喷射混凝土厚度可按需要大于 300mm。随着隧道施工机械化水平的提升和隧道施工技术的进步,厚度大于 300mm 的喷射混凝土已没有施工障碍,可根据实际情况确定最大厚度。

④喷射混凝土宜采用普通硅酸盐水泥配制,且水泥抗压强度不得低于 32.5MPa;有特殊设计需要时,可采用特种水泥配制。细集料可采用中砂或粗砂,细度模数宜大于 2.5,含水率宜控制在 5%~7%;粗集料可采用砾石或碎石,粒径不应大于 15mm。

⑤当防水要求较高时,可采用强度等级大于 C30 的高性能喷射混凝土。

在围岩变形大、自稳性差的软弱围岩、膨胀性围岩地段,为增加锚喷衬砌的抗拉和抗弯强度,提高其抗裂性能,可采用纤维喷射混凝土支护,试验结果表明,喷射混凝土内添加一定数量的钢纤维或合成纤维,各项性能都优于普通喷射混凝土。纤维喷射混凝土设计应符合下列规定:

①纤维喷射混凝土强度等级不应低于 C25。

②钢纤维喷射混凝土中钢纤维掺量宜为干混合料质量的 1.5%~4%。钢纤维喷射混凝

土的韧性比素混凝土提高 10～50 倍,抗冲击能力比素混凝土提高 8～30 倍。当钢纤维掺量为 40～60kg/m³ 时,与不掺钢纤维的混凝土相比,抗压强度增加 10.3%～22.3%,劈裂强度增加 41%～68%。钢纤维喷射混凝土的力学性能随钢纤维掺量的提高而提高,但掺量过大,搅拌的均匀性及喷射流畅性会出现问题。实际上,钢纤维掺量主要由喷射混凝土工艺决定,当钢纤维掺量超过混凝土干混合料质量的 4% 时,搅拌的均匀性和喷射混凝土施工中的流畅性变差,回弹增加。因此,每立方米喷射混凝土宜掺钢纤维 33～96kg,即混凝土干混合料质量的 1.5%～4%。

③合成纤维喷射混凝土中的纤维掺量应根据试验确定。合成纤维喷射混凝土是指由化工原料制成的具有一定抗拉强度的细长纤维(如聚丙烯纤维)掺进混凝土内,使喷射混凝土的抗拉强度、韧性、抗裂均有显著提高,而对混凝土的施工工艺没有影响。但是,掺加合成纤维对提高混凝土抗压强度的效果并不明显。

④防水要求较高时,可采用强度等级高于 C30 的高性能喷射混凝土。高性能喷射混凝土是在钢纤维喷射混凝土的基础上,增加少量纤维、微硅粉、矿渣粉、粉煤灰、高效减水剂等成分形成的高强度等级、高抗渗性及高耐久性的喷射混凝土衬砌。高性能喷射混凝土设计强度等级一般为 C40、C50,抗渗指标不低于 P12。

2. 钢筋网的设计要求

为了提高喷射混凝土的抗剪强度和抗弯强度、增强喷射混凝土的抗冲切能力和抗弯曲能力,进而增加喷射混凝土的整体性、减少喷射混凝土的收缩裂缝,在特定的围岩条件下,需要在喷射混凝土内布设钢筋网。钢筋网喷射混凝土施工顺序是:先初喷射混凝土,铺挂钢筋网,再复喷射混凝土,覆盖钢筋网。

钢筋网设计应符合下列规定:

①钢筋网钢筋直径不应小于 6mm,也不宜大于 12mm。喷射混凝土层厚度较小时,钢筋网的钢筋直径 6mm 即可达到提高喷射混凝土性能的目的。钢筋网要求随岩面凹凸起伏进行敷设,钢筋网直径过大会导致敷设困难,因此,钢筋网的钢筋直径不宜过大。

②钢筋网钢筋应按矩形布置,钢筋间距宜为 150～300mm。实践表明,当钢筋间距小于 150mm,喷射混凝土回弹量大,且钢筋与壁面之间易形成空隙,不易保证钢筋网喷射混凝土的密实性;当钢筋间距大于 300mm 时,则将大大削弱钢筋网在喷射混凝土中的作用,因此,规定钢筋网的钢筋间距为 150～300mm,可采用 150mm×150mm、150mm×200mm、200mm×200mm、200mm×250mm、250mm×250mm、250mm×300mm、300mm×300mm 等组合方式。

③钢筋网搭接长度与钢筋混凝土结构中的钢筋搭接要求是一致的,即钢筋绑扎搭接长度为钢筋直径的 30 倍。

④钢筋网喷射混凝土保护层厚度不应小于 20mm。当采用双层钢筋网时,两层钢筋网之间的距离不宜小于 80mm。钢筋保护层厚度不应小于 20mm,这与普通钢筋混凝土的规定是一致的。当采用双层钢筋网时,两层钢筋网之间的距离不宜过小,以确保双层钢筋网能有效地发挥作用。

⑤单层钢筋网喷射混凝土厚度不应小于 80mm,双层钢筋网喷射混凝土厚度不应小于 150mm。钢筋网要求一定的保护层厚度,由于钢筋铺设位置不可能十分准确,所以钢筋网喷射

混凝土厚度不应小于 80mm;双层钢筋网的喷射混凝土厚度不应小于 150mm,这是为了保证钢筋网有足够的保护层厚度和两层钢筋网间的距离。

⑥钢筋网可配合锚杆或临时短锚杆使用,钢筋网宜与锚杆或其他固定装置连接牢固。钢筋网与锚杆绑扎连接或焊接,以便固定在岩面上。如没有锚杆或后期再施作锚杆,可采用长度不小于 0.3m 的临时短锚杆固定钢筋网。

3. 锚杆支护的设计要求

1) 锚杆支护的总体设计要求

应根据隧道围岩条件、断面尺寸、锚杆作用、施工工艺条件等因素选择锚杆种类、长度、间距等参数,并应符合以下要求:

①用作永久支护的锚杆应选择全长黏结型锚杆,而端头锚固型锚杆作为永久支护时必须在孔内注满砂浆或树脂,砂浆或树脂的强度等级不应小于 M20。要保证作永久支护的锚杆的长期作用效果,锚杆体中的钢筋需要一定的保护层,孔内注满水泥砂浆或树脂,不仅保证砂浆与锚杆、砂浆与孔壁之间具有足够的摩擦力,使锚杆与围岩共同工作,还可作为锚杆的保护层。端头锚杆不能直接作为永久支护,注满砂浆后才能用作永久支护,因为地下水或潮湿空气会造成锚杆锈蚀,而围岩蠕变也易导致锚杆松弛降低锚固力。锚杆孔内水泥砂浆或树脂强度不应小于 M20 是为了保证锚杆的强度和耐久性。

②自稳时间短的围岩,宜采用全长黏结树脂锚杆或早强水泥砂浆锚杆,以发挥锚杆的早期作用。

③软岩、变形较大的围岩地段,可采用预应力锚杆。预应力锚杆的预加力不应小于 100kPa。预应力锚杆的锚固端必须锚固在稳定岩层内。预应力锚杆在公路隧道内应用不多,可按现行《岩土锚杆与喷射混凝土支护工程技术规范》(GB 50086)的有关规定执行。

④岩体破碎、成孔困难的围岩地段,宜采用自进式锚杆。因为在这些区段,拔出钻杆后孔内易出现塌孔,锚杆插入困难。而自进式锚杆利用钻杆作锚杆,锚杆前端加钻头,钻孔过程即为锚杆打入过程,钻杆不拔出,钻孔到位后利用钻杆中孔向锚杆孔内注浆。

⑤锚杆直径宜采用 20~28mm。一般来说,普通砂浆锚杆直径一般采用 20~25mm;中空锚杆、组合中空锚杆直径一般采用 25~28mm;自进式锚杆直径一般采用 25~52mm。

⑥锚杆外露端头应设垫板,垫板尺寸不应小于 150mm(长)×150mm(宽)×8mm(厚)。锚杆外露端头设垫板,通过螺栓将垫板紧贴孔口岩面,对围岩产生径向约束力,增大锚杆的作用范围,可大大提高锚杆的作用效果。

2) 系统锚杆设计要求

系统锚杆主要对围岩起整体加固作用,在围岩一定深度范围内形成拱形承载结构,发挥围岩岩体抗压强度高的特性,提高围岩的自承能力。系统锚杆的设计应符合以下要求:

①锚杆宜沿隧道周边径向布置。但当存在明显的结构面或岩层层面时,锚杆宜与岩体主结构面或岩层层面成大角度布置。这是因为锚杆与岩体主结构面、岩层层面平行或交角较小时,锚固效果很差,锚杆的组合拱作用效果不好;而成大角度布置,能穿过更多的结构面,可以把不利结构面或岩层串在一起,共同参与工作。

②系统锚杆宜按梅花形排列,如图 7-5 所示。

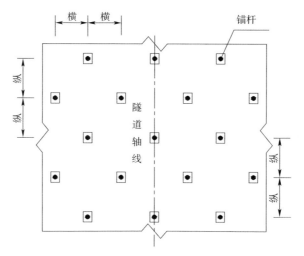

图 7-5 系统锚杆布置方式

③系统锚杆长度和间距应根据围岩条件、隧道宽度,通过计算或工程类比确定,也可按式(7-1) 和式(7-2)取值:

锚杆长度

$$L = \left(\frac{1}{3} \sim \frac{1}{5}\right)W \tag{7-1}$$

锚杆间距

$$P = (0.3 \sim 0.5)L \tag{7-2}$$

式中:L——锚杆长度(m);

W——隧道开挖宽度(m);

P——锚杆的横向设置间距(m)。

④锚杆间距不宜大于锚杆长度的 1/2 且不宜大于 1.5m,锚杆间距较小时,可采用长、短锚杆交错布置的方式减少锚杆用量。

⑤两车道隧道系统锚杆长度不宜小于 2.0m,三车道隧道系统锚杆长度不宜小于 2.5m,四车道隧道系统锚杆长度一般不小于 3.0m。公路隧道开挖宽度一般大于 10m,开挖断面面积也较大,只有要求系统锚杆具有一定长度才可使围岩在一定深度范围内形成拱形承载结构。

⑥土质围岩不设系统锚杆时,应采用其他支护方式加强。土质围岩中锚杆施工极为困难,且存在造价高、工期长、效果差等缺点,可考虑取消系统锚杆,而采取加强钢架支护、增加锁脚锚管等措施予以加强。

3)局部锚杆的设置要求

对于局部不稳定的岩块,宜设置局部锚杆加以悬吊。局部锚杆可选用全长黏结型锚杆、端头锚固型锚杆、预应力锚杆等类型,锚固端应置于稳定岩体内(图 7-6)。局部锚杆的主要作用是阻止部分不稳定岩块崩落或滑移,其参数可通过工程类比或计算确定。

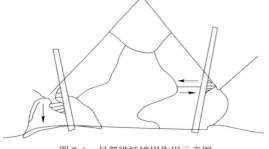

图 7-6 局部锚杆锚固作用示意图

4.钢架的设计要求

围岩条件较差地段、洞口段、浅埋段或地面沉降有严格限制地段,可在喷射混凝土层内增设钢架。

1)钢架设置的总体要求

①钢架支护应有足够的刚度和强度,能够承受隧道施工期间可能出现的荷载。一般来说,钢架应能承受1~3m松动岩柱荷载,同时还要保证自身的稳定。

②在能满足初期支护受力要求的条件下,宜优先选用格栅钢架。与型钢钢架相比,格栅钢架具有受力好、质量轻、刚度可调、可现场加工制作、安装方便、能与喷射混凝土紧密结合等优点,能形成有一定刚度和强度的钢拱肋支护。但须注意,如果围岩极其破碎、自稳时间短且前期需要及时支撑时,不宜设置格栅钢架,此时需要采用型钢钢架。

③钢架间距宜为0.5~1.2m。钢架支护设置间距是根据围岩级别、隧道开挖宽度和开挖进尺确定的,并通过施工监控量测结果进行调整。间距太小,难以保证钢架背后的喷射混凝土密实;间距太大,由于钢架支护宽度范围有限,两榀钢架之间的岩块容易坍塌,支护作用减弱。在实际工程中,采用钢架支护时,钢架间距采用1.2m以上的很少,因此钢架间距建议设置为0.5~1.2m。为了避免锚杆和钢架重叠,能各自发挥作用,钢架与锚杆的纵向间距采用相同距离布置(图7-7)。

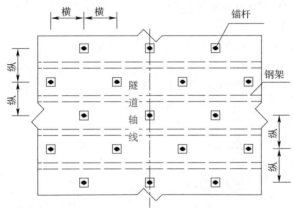

图7-7 钢架与锚杆布置关系示意图

④连续使用钢架的数量不应少于3榀,且相邻钢架之间应设横向连接,采用钢筋作横向连接时,钢筋直径不宜小于20mm,间距不应大于1m,并在钢架内缘、外缘交错布置。独立一榀钢架的刚度很小,类似于细长杆件,承载能力弱;连续3榀以上钢架同时使用,并将相邻两榀钢架之间用横向钢筋连接起来,可保证多榀钢架整体受力,增强侧向稳定性。

⑤钢架应分节段制作,节段之间应采用钢板连接,以便钢架的架设,分节段长度需与开挖断面相适应,节段之间通过钢板制作的法兰盘用螺栓连接或直接焊接(图7-8)。

⑥钢架支护贴岩壁一侧,由于岩面凹凸不平,钢架与围岩之间的喷射混凝土保护层厚要求不小于40mm。临空一侧喷射混凝土密实度较好,保护层厚度要求不小于20mm。当隧道仅采用锚喷衬砌作为永久支护时,由于锚喷衬砌长期暴露在空气中,保护层厚度要求不小于40mm。

a) 型钢钢架法拉盘　　　　　　　　　　　　b) 格栅钢架法兰盘

图 7-8　连接钢架的法兰盘

⑦钢架形状和尺寸应根据开挖断面确定,受力变形后不得侵入设计净空或二次衬砌。隧道开挖断面要考虑预留变形量,钢架要求贴近围岩布置,与围岩共同变形,受力变形后会比加工的尺寸小,可能侵入设计净空或二次衬砌。因此,钢架形状和尺寸要根据开挖断面确定。

⑧在设置超前支护的地段,应设钢架作为超前支护的尾端支点,钢架截面高度不宜小于 160mm。这是因为在设置超前支护的地段,超前支护尾端需要较强支撑。

2) 格栅钢架的设计要求

①主筋应采用 HRB400 钢筋,腹筋可采用 HRB400 或 HPB300 钢筋。

②主钢筋直径宜选用 18~25mm,腹筋直径宜选用 10~20mm。

③截面尺寸通过工程类比或计算确定,截面高度可采用 120~220mm。

④连接钢板平面宜与钢架轴线垂直,格栅钢架主钢筋与连接钢板焊接应增加 U 形钢筋帮焊。格栅钢架节段两端的连接钢板平面与钢架轴线垂直,以便于安装。格栅钢架主钢筋与连接钢板焊接增加 U 形钢筋帮焊,如图 7-9 所示,保证焊接牢固。

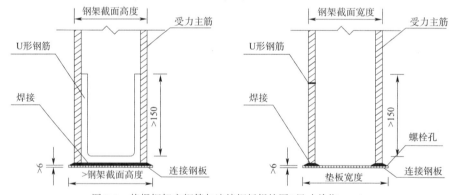

图 7-9　格栅钢架主钢筋与连接钢板焊接图(尺寸单位:mm)

5. 锚喷衬砌设计参数取值

锚喷衬砌一般用作复合式衬砌中的初期支护,在Ⅰ~Ⅲ级围岩区段的一些低等级隧道、平行导洞、斜井中也可作为单层永久衬砌;而在Ⅳ~Ⅵ级围岩段,由于地质软弱、破碎,且一般地下水发育,不宜将锚喷衬砌作为单层永久衬砌,此时应采用复合式衬砌。锚喷衬砌作为隧道单层永久衬砌时的支护参数可通过工程类比或数值计算确定,并结合现场监控量测结果进行调整。采用锚喷衬砌作永久支护时的设计参数可按表 7-5 选用。

锚喷永久支护设计参数表 表 7-5

部 位	围岩级别		
	Ⅰ	Ⅱ	Ⅲ
人行通道	喷混凝土 5cm	喷混凝土 5cm	喷混凝土 6~8cm； 锚杆直径 22mm，长 1.0~2.0m
平行横通道	喷混凝土 5cm	喷混凝土 5cm； 锚杆直径 22mm，长 1.5~2.0m； 锚杆间距@1.0×1.0m	喷混凝土 8~10cm； 锚杆直径 22mm，长 2.0~2.5m； 锚杆间距@1.0×1.0m
两车道隧道	喷混凝土 5cm	喷混凝土 5~8cm； 锚杆直径 22mm，长 2.0~2.5m； 锚杆间距@1.2×1.2m	喷混凝土 8~15cm； 锚杆直径 22mm，长 2.0~3.5m； 锚杆间距@1.0×1.0m； 钢筋网直径 6.5mm，@25×25cm

第五节 复合式衬砌设计

一、复合式衬砌的概念与特点

复合式衬砌是由多层衬砌结构在不同的时间先后施作组合而成的一种隧道衬砌结构。复合式衬砌可以由 2 层、3 层或更多层衬砌组成。我国实际隧道工程建设中，复合式衬砌主要由外衬(又称初期支护或初衬)和内衬(又称二次衬砌或二衬)两层组成。

与传统的单层厚壁模筑混凝土衬砌不同，双层复合式衬砌形式上比整体式衬砌多了初期支护和防水板。初期支护的设置体现了新奥法基本原理，可以最大限度地发挥围岩自身的承载力。与传统的单层模筑混凝土衬砌相比，复合式衬砌有以下特点：

①复合式衬砌中的锚喷衬砌具有稳定围岩、封闭围岩、避免暴露岩面风化的作用，能充分发挥围岩的自身承载力。

②复合式衬砌采用先后两次支护，对衬砌受力非常有利。围岩在柔度较大的外衬条件下，可产生较大的形变，释放了大部分的变形能，因而能减小后设的内衬所受的力。内衬施作以后，又会对原先处于二维受力状态的外衬产生径向抗力，从而改善外衬的受力条件。

③复合式衬砌中的内衬表面光洁平整，有利于隧道通风和防水，并保护外层支护，使喷层内钢筋网和锚杆端部免于锈蚀。

④复合式衬砌由于在外衬与内衬之间设置了防水板，其结构体系的整体防水性能得到了很大的提高。

⑤复合式衬砌优点突出，但存在造价较高、工艺复杂、工期长等缺点。

二、复合式衬砌的分类与选择

根据内、外衬复合方式的不同，复合式衬砌有锚喷衬砌和混凝土衬砌、锚喷衬砌和喷射混凝土衬砌、可缩式钢拱喷射混凝土支护和模筑或喷射混凝土衬砌、装配式衬砌(管片)和模筑混凝土衬砌等几种形式。在我国,由初期支护、二次衬砌及中间夹防水层组合构成的复合式衬砌结构是山岭隧道工程衬砌结构的主流形式,常见的公路隧道复合式衬砌结构设计图如图7-10所示。我国高速公路、一级公路、二级公路已全部采用这种复合式衬砌,三级公路隧道也大量采用,其结构稳定,防水和衬砌外观均能满足公路隧道使用的基本要求,适合多种地质条件,技术较为成熟。

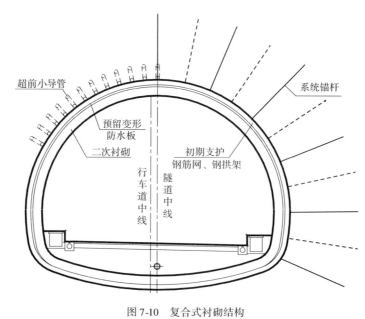

图 7-10 复合式衬砌结构

初期支护一般采用锚喷衬砌结构,一般采用模筑混凝土衬砌结构,两种衬砌的设计要求分别与前文叙述的锚喷衬砌和整体式衬砌的设计要求基本相同。

我国现有的设计理念认为,初期支护承担施工期间的全部围岩荷载,此时围岩与初期支护成为隧道结构承载主体;在运营阶段,二次衬砌常作为安全储备,能够保证隧道的长期稳定。

复合式衬砌中的初期支护是隧道复合式衬砌中极为重要的一部分,在隧道修建过程中发挥了重要的作用,确保了隧道施工安全。概括起来,初期支护的主要功能如下:

①保护围岩,减缓或防止围岩风化。
②隧道开挖后与围岩共同形成承载的主体结构。
③施工期间控制围岩的变形、掉块、挤出或膨胀等。

复合式衬砌中的二次衬砌也是重要组成部分,二次衬砌与初期支护、周边围岩共同构成了隧道承载结构,从而形成人工支护和围岩相结合的隧道结构体系。二次衬砌的主要功能如下:

①与初期支护一起承受可能出现的各种荷载,保证隧道断面的使用净空。
②使隧道支护体系有足够的安全度。
③具有良好的防水功能。
④表面光滑,风阻小,非常利于隧道通风。
⑤具有内装功能,确保隧道美观。

三、复合式衬砌的设计要点

复合式衬砌设计应符合下列规定：

①初期支护应按永久支护结构设计，宜选择喷射混凝土、锚杆、钢筋网和钢架等支护单独或组合使用。根据工程地质、水文地质、隧道断面尺寸、覆盖层厚度等条件确定初期支护参数，并应符合本章中有关锚喷衬砌的设计要求。

②二次衬砌应采用模筑混凝土或模筑钢筋混凝土衬砌结构，宜采用刚度大、整体性好、外观平顺的整体模筑混凝土衬砌，符合隧道外观的基本要求，并应符合本章中有关整体式衬砌的设计要求。

③围岩开挖暴露后会产生一定的变形，为了减小衬砌所承受的形变压力，允许围岩产生一定的变形，释放一定的能量，故在确定开挖尺寸时需预留一定的变形量。预留变形量是围岩在支护控制的条件下设计所允许的变形量。在确定开挖断面时，除应满足隧道净空和结构尺寸外，还应考虑围岩及初期支护的变形，预留适当的变形量。

预留变形量大小应根据围岩级别、断面大小、埋置深度、施工方法和支护情况等，通过理论计算或采用工程类比法预测，预测值可参照表7-6选用。还应根据现场监控量测结果调整预留变形量。

预留变形量（单位：mm）　　　　　　　　　　　　　　　　表7-6

围岩级别	两车道隧道	三车道隧道	四车道隧道
Ⅰ	—	—	10~50
Ⅱ	—	10~30	50~80
Ⅲ	20~50	30~80	60~100
Ⅳ	50~80	60~120	80~150
Ⅴ	80~120	100~150	120~240
Ⅵ	现场量测确定		

注：1. 围岩软弱、破碎，取大值；围岩完整，取小值。

2. 四车道隧道可以通过工程类比和计算分析确定，本表中给出的四车道隧道预留变形量数据参照了国内设计院单洞四车道隧道的设计文件。

表7-6是根据近几年来国内设计经验和现场量测数据建立的。Ⅰ~Ⅱ级围岩变形量小，并且多有超挖，所以三车道及以下隧道不考虑预留变形量，四车道隧道由于断面大，可考虑设置10~50mm的预留变形量；Ⅲ~Ⅴ级围岩有不同程度的变形，特别是软弱围岩（含浅埋隧道）的情况比较复杂，围岩变形与围岩条件、开挖方法、支护方式、支护时间有直接关系，统一规定预留变形量存在一定的不足，需要在施工期间根据现场量测结果修正。

复合式衬砌可采用工程类比法进行设计，必要时可通过理论分析进行验算。隧道围岩对支护结构的压力是不确定的，它与开挖方法岩体性质、结构刚度和支护时间有关，在实际应用中很难准确把握。因此，现今大多数隧道支护参数的拟定是以工程类比为主、理论计算为辅，并实行动态设计。

两车道隧道、三车道隧道复合式衬砌设计参数可按表7-7和表7-8选用。

两车道隧道复合式衬砌设计参数　　　　　　　　　　表7-7

围岩级别	初期支护							二次衬砌厚度(cm)	
	喷射混凝土厚度(cm)		锚杆(m)			钢筋网间距(cm)	钢架		拱、墙混凝土	仰拱混凝土
	拱、墙	仰拱	位置	长度	间距		间距(m)	截面高(cm)		
Ⅰ	5	—	局部	2.0~3.0	—	—	—	—	30~35	—
Ⅱ	5~8	—	局部	2.0~3.0	—	—	—	—	30~35	—
Ⅲ	8~12	—	拱、墙	2.0~3.0	1.0~1.2	局部@25×25	—	—	30~35	—
Ⅳ	12~20	—	拱、墙	2.5~3.0	0.8~1.2	拱、墙@25×25	拱、墙0.8~1.2	0 或 14~16	35~40	0 或 35~40
Ⅴ	18~28	—	拱、墙	3.0~3.5	0.6~1.0	拱、墙@20×20	拱、墙、仰拱0.6~1.0	14~22	35~50 钢筋混凝土	0 或 35~50 钢筋混凝土
Ⅵ	通过试验或计算确定								

注：1. 有地下水时可取大值，无地下水时可取小值。
　　2. 采用钢架时，宜选用格栅钢架。
　　3. 喷射混凝土厚度小于18cm时，可不设钢架。
　　4. "0"或"—"表示可以不设；要设时，应满足最小厚度要求。

三车道隧道复合式衬砌设计参数　　　　　　　　　　表7-8

围岩级别	初期支护							二次衬砌厚度(cm)	
	喷射混凝土厚度(cm)		锚杆(m)			钢筋网间距(cm)	钢架		拱、墙	仰拱
	拱、墙	仰拱	位置	长度	间距		间距(m)	截面高(cm)		
Ⅰ	5~8	—	局部	2.5~3.5	—	—	—	—	35~40	—
Ⅱ	8~12	—	局部	2.5~3.5	—	—	—	—	35~40	—
Ⅲ	12~20	—	拱、墙	2.5~3.5	1.0~1.2	拱、墙@25×25	拱、墙1.0~1.2	0 或 14~16	35~45	—
Ⅳ	16~24	—	拱、墙	3.0~3.5	0.8~1.2	拱、墙@20×20	拱、墙0.8~1.2	16~20	40~50☆	0 或 40~50
Ⅴ	20~30	—	拱、墙	3.5~4.0	0.5~1.0	拱、墙@20×20	拱、墙、仰拱0.5~1.0	18~22	50~60 钢筋混凝土	0 或 50~60 钢筋混凝土
Ⅵ	通过试验或计算确定								

注：1. 有地下水时可取大值，无地下水时可取小值。
　　2. 采用钢架时，宜选用格栅钢架。
　　3. 喷射混凝土厚度小于18cm时，可不设钢架。
　　4. "0"或"—"表示可以不设；要设时，应满足最小厚度要求。
　　5. "☆"表示可采用钢筋混凝土。

与跨度较小的隧道相比,大跨度隧道荷载比较大、荷载增大速率较快,开挖以及完成各部分结构的时间也较长,施工过程中还需采取必要的临时支护措施或辅助措施。因此在设计衬砌结构的同时,还需进行施工方法的设计。四车道隧道衬砌设计参数应通过工程类比和计算分析确定,也可参照表7-9选用(数据来源:国内设计院单洞四车道隧道设计文件)。

四车道隧道复合式衬砌的设计参数 表7-9

围岩级别	初期支护								二次衬砌厚度(cm)	
	喷射混凝土厚度(cm)		锚杆(m)			钢筋网间距(cm)	钢架		拱、边墙	仰拱
	拱、边墙	仰拱	位置	长度	间距		间距(m)	截面高		
Ⅰ	10~12	—	局部	3.0	—	局部	—	—	40	—
Ⅱ	12~18	—	局部	3.0~4.0	—	局部	—	—	45	—
Ⅲ	18~26	—	拱、墙	3.5~4.0	1.0~1.5	拱、墙@20×20	拱、墙 1.0~1.2	拱、墙 I18	50	50
Ⅳ	26~30	26~30	拱、墙	4.0~4.5	0.6~1.0	拱、墙@20×20	拱、墙、仰拱 0.8~1.0	拱、墙、仰拱 I20b	55~60 钢筋混凝土	55~60 钢筋混凝土
Ⅴ	28~32	28~32	拱、墙	4.5~6.0	0.5~0.8	拱、墙(双层)@20×20	拱、墙、仰拱 0.5~0.8	拱、墙、仰拱 H20×20	65~70 钢筋混凝土	65~70 钢筋混凝土

注:衬砌参数根据围岩详细分级(亚级)选取。

在施工过程中应根据超前地质预报及现场围岩监控量测信息对设计支护参数进行必要的调整。软弱流变围岩、膨胀性围岩、高地应力围岩等特殊地质条件隧道施工完成多年后围岩还在继续变形,故应考虑衬砌建成后持续增长的围岩变形应力的作用。

第六节 明洞衬砌设计

一、明洞衬砌的概念与特点

以明挖法修建的隧道称为明洞。明洞所采用的衬砌结构称为明洞衬砌。不同于前述的一般隧道,明洞是在露天的路堑地面上,或是在敞口的基坑内,先修筑结构物,然后再覆土回填形成的隧道结构。一般情况下,明洞拱背都有回填土石覆盖,但也可裸露或部分裸露。在以下情况下应当考虑修建明洞:

①洞顶覆盖薄,围岩成洞条件差,难以用暗挖法修建隧道,明挖修建隧道在技术经济上比暗挖修建隧道更合理,施工技术条件、施工工期和施工安全更容易得到保证,有利于环境保护。

②路基或隧道口受不良地质危害、难以整治,受路线线形控制无法避开,清理会造成更大病害的地段。

③道路两侧有受影响的重要建(构)筑物,开挖路堑会危及建(构)筑物安全,或将来交通

运营噪声和烟尘对建(构)筑物使用者造成严重影响的地段。

④为了保持洞口的自然环境,减少洞口开挖或防止洞口边仰坡对隧道洞口造成的危害,通常将隧道延长,以明洞方式接长隧道。

二、明洞衬砌的分类与选择

按结构类型,明洞分为拱形明洞和矩形框架明洞。明洞结构类型应根据地形、地质、施工条件,在考虑结构安全、经济实用、美观等因素的基础上综合分析确定,并应符合下列规定:

①洞顶回填土层较厚或一次塌方量大、落石较多时,宜采用拱形明洞。
②明洞需要克服来自仰坡方向的滑坡推力时,宜采用拱形明洞。
③高度受到限制的地段可采用矩形框架明洞。

1. 拱形明洞

拱形明洞的结构形式与一般隧道相似,也是由拱圈、边墙和仰拱或铺底组成,其内轮廓也和暗洞一致。但是,由于它周围是回填的土石,得不到可靠的围岩抗力支持,因而结构的截面尺寸要比暗洞的二次衬砌厚度略大一些。

当洞口的地形或地质条件难以用暗挖法修建隧道时,例如:洞口附近埋深很浅,施工时不能保证上方覆盖层的稳定;或是深路堑、高边坡上有较多的崩塌落石,会对行车有威胁时,常常需要修筑拱形明洞来防护。拱形明洞结构坚固,可以抵抗较大的推力,其适用范围较广。拱形明洞主要有以下几种类型:

1)路堑式拱形明洞

路堑式拱形明洞位于两侧都有高边坡的路堑中。在挖出路堑的基面上,先修建拱形明洞,然后在两侧墙外填筑浆砌片石或低抗压强度等级混凝土,使其密实;上面回填土石,夯实并覆盖防水黏土层,上层应留有排水的沟槽,以防止地面水渗入。路堑式拱形明洞可分为对称式和偏压式两种:

①对称式拱形明洞(图7-11)适用于路堑边坡对称或接近对称,边坡岩层基本稳定,仅防边坡有少量坍塌、落石,或用于隧道洞口破碎、覆盖层较薄而难以用暗挖法修建的隧道。

②偏压式拱形明洞(图7-12)适用于两侧边坡高差较大的不对称路堑。它承受不对称荷载,拱圈为等截面,边墙的外侧厚度视所处位置的地质和地形情况而定,可以和内侧边墙厚度相同,也可以大于内侧边墙厚度。

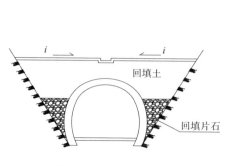

图 7-11 对称式拱形明洞

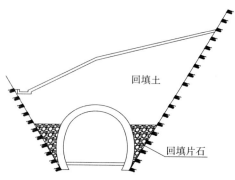

图 7-12 偏压式拱形明洞

2）半路堑式拱形明洞

在傍山隧道的洞口或傍山线路上，一侧边坡陡立且有塌方、落石的可能，对行车安全有威胁时，或隧道必须通过不良地质地段而急需提前进洞时，宜修建半路堑式拱形明洞。半路堑式拱形明洞受到单侧的压力，虽然其结构内轮廓与隧道一致，仍是左右对称的，但结构截面左右不同，外墙厚度需要加大，而且必须把基础置于稳固的基岩上。拱圈也可采用变截面，以抵抗单侧的压力。半路堑式拱形明洞可分为偏压斜墙式和单压耳墙式两种：

①偏压斜墙式拱形明洞（图7-13）适用于地形倾斜，低侧处路堑有较宽敞的地面供回填土石以增加明洞抵抗侧向压力的地段。此种明洞承受偏压荷载，拱圈和内侧边墙截面等厚度，外侧边墙截面厚度增加且不等厚。

②耳墙式拱形明洞（图7-14）适用于外侧地形过低、不能保持回填土的天然稳定坡度，或是按天然稳定坡度则边坡将延伸很远的情况。在外墙顶上接高一段挡墙，用以拦截土石以防流失。

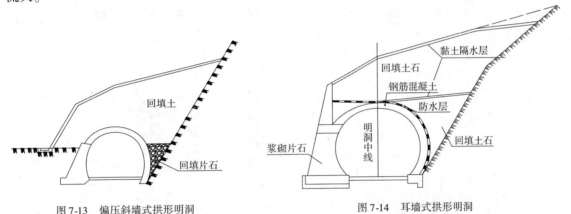

图7-13　偏压斜墙式拱形明洞　　　　图7-14　耳墙式拱形明洞

拱形明洞是露天施工的，不受隧道条件的限制，所以可以采用钢筋混凝土作拱圈。外边墙体积大，可以用混凝土或石料。

明洞顶上回填土可缓冲落石对衬砌的冲击，其厚度视落石下坠的实际情况而定，一般不应小于1.5m。在填土面上应留有不小于1:1.5的流水坡。填土的上面及拱顶上方都要做一层黏土隔水层，以防水下渗。

由于外墙尺寸较大，所以明洞圬工数量较多。如果基底地质较好，外墙可以做成连拱形，以节省圬工。如果明洞外侧覆盖土不厚，可以在明洞外侧开孔，使露天的光线可以照射进来，外界的新鲜空气也可进入，改善明洞内的环境条件。

在隧道洞口有公路或水渠横越而又不宜设立交桥时，为了保持公路通行和灌溉农田的水道不致中断，可以修建带有渡槽的拱形明洞。在有滑坡而路线又必须通过时，也可以配合挡墙、抗滑桩等修建抗滑明洞，作为综合治理滑坡的措施之一。

拱形明洞应设置横向贯穿的伸缩缝，其间距为6～20m，视情况而定。如有侧洞，伸缩缝应避开侧洞位置。

2. 矩形框架明洞

当山坡塌方、落石数量较少，山体侧向压力不大，或因受地质、地形限制而难以修建拱形明洞时,可采用矩形框架明洞(或称为棚式明洞)。矩形框架明洞常见的结构形式有盖板式、刚架式和悬臂式。

①盖板式明洞是由内墙、外墙及钢筋混凝土盖板组成简支结构(图 7-15)。其上回填土石,以保护盖板免受山体落石的冲击。这种明洞的内侧应置于基岩或稳定的地基上,一般为重力式墩台结构,厚度较大,以抵抗山体的侧向压力。当基岩完整、坡面较陡、地下水不发育、采用重力式内墙开挖量较大时,可采用钢筋混凝土锚杆式内墙。外墙只承受由盖板传来的垂直压力,厚度较薄,要求地基承载力较小。外墙也可做成梁式(即中间留有侧洞)以适应地形和节省圬工。

②刚架式明洞适用于地形狭窄、山坡较陡、基岩埋置较深而上部地基稳定性差的情况,可使基础置于基岩上,减小基础工程量。采用刚架式外墙,并做防水层及回填土石处理。

③悬臂式明洞适用于稳定而陡峻的山坡,外侧地形难以满足一般棚洞的地基要求且落石不太严重的情况。它的内墙为重力式结构,上端接悬臂式横梁,其上铺盖板,在盖板的内端设平衡配重来维持结构受外荷载作用下的稳定性(图 7-16)。为了保证悬臂式明洞的稳定性,要求悬臂必须伸入稳定的基岩内。

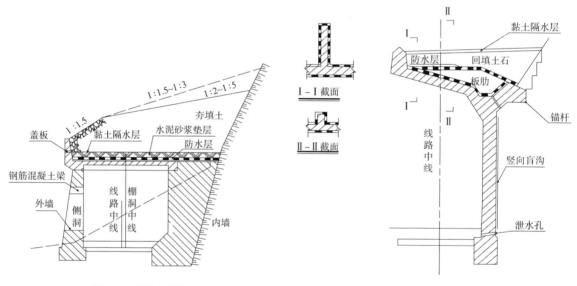

图 7-15　盖板式明洞　　　　　图 7-16　悬臂式明洞

明洞虽是在敞口的地面上修建的,但由于其圬工量较大,上覆回填也较费工,所以造价比暗挖隧道要高。过去,为了节省投资,很多隧道力求缩短洞身长度,但在施工以后发现洞口保证不了安全,于是只得一再地接长明洞加以补救,反而增加了造价,还会给洞口施工带来干扰。所以,选择洞口位置时应坚持"早进晚出"的原则,不宜将事后增修明洞作为补救的办法,必须有计划、有比较地全面考虑,慎重选用。

三、明洞衬砌的设计要点

1. 明洞衬砌设计的总体要求

明洞衬砌设计的总体要求为:

①明洞衬砌应采用钢筋混凝土结构。

②半路堑拱形明洞由于衬砌靠山侧需用土石回填,所受荷载明显不对称,加厚外侧边墙及拱圈可提高结构抗偏压能力。当地形条件允许时,采用反压回填或设反压墙可起到平衡偏压荷载的作用,以减小或消除偏压对明洞结构的不利影响。

③在土层、堆积层、回填土、黄土等地层松软或侧压力较大的地段修建明洞时,需设仰拱。

④当明洞作为整治滑坡的措施时,应按支挡工程设计,并采取综合治理措施。明洞结构具有一定的抗滑能力,如果结合其他措施(如衬砌加厚、地表排水、减载、反压、支撑墙、抗滑桩、地下排水盲沟等),可作为克服滑坡的一种有效方法。

⑤在地质条件有明显变化的地段,应设置沉降缝;在气温变化较大地区,可根据明洞长度设置伸缩缝。沉降缝可减少不均匀受力或不均匀变形对结构的破坏。在气温变化较大的地区设伸缩缝,可减少衬砌收缩变形开裂。沉降缝、伸缩缝的间距根据明洞长度、覆盖层厚度、温差大小及地质情况综合确定。

⑥为防落石危害而修建的明洞,应验算落石冲击荷载下明洞结构的安全性。

2. 明洞基础设计要求

不设仰拱的明洞基础应符合以下规定:

①应置于稳固的地基之上,基底承载力应满足设计要求。

②基础底面不应高于电缆沟的设计开挖底面。路侧边沟开挖底面低于基础底面时,边沟开挖边界距边墙基础的距离应大于500mm。

③在洞门墙厚度范围内,边墙基础应加深到与洞门墙基础底面相同的高程。

④边墙底截面宜适当扩大。

当基岩裸露或埋置较浅时,基础可设置于基岩上;当基础位于软弱地基上时,可采用仰拱、整体式钢筋混凝土底板,也可采用桩基、扩大基础、基础加深和地基加固处理等措施来确保基底承载力。

明洞基础应有一定的嵌岩深度和护基宽度。当地基为斜坡地形时,地基可开挖成台阶状。在有冻害地区,基底埋置深度应不小于最大冻结深度以下250mm。位于斜坡地段的明洞基础,为确保基底稳定,基底需嵌入稳固的地层中,并与外侧稳固地层边缘保持适当水平距离。明洞墙基嵌入基岩最小深度和护基最小宽度见表7-10。

明洞墙基嵌入基岩最小深度和护基最小宽度 表7-10

岩层种类	埋深 h(m)	护基宽 L(m)	说　明
较完整的坚硬岩层	0.25	0.3	
一般岩层(如砂页岩互层)	0.60	1.0	
松软岩石(如千枚岩)	1.00	1.5	
砂夹砾石	1.50	2.5	

当地基外侧受水流冲刷影响时,应采取加固和防护措施。在傍山沿河公路设置明洞时,要

考虑河岸冲刷可能影响基础稳定,根据地形、地质、流速等情况,设置河岸防护。

在横向斜坡地形,明洞外侧基础埋置深度超过路面以下 3m 时,宜在路面以下设置钢筋混凝土横向水平拉杆,并锚固于内侧基础或岩体中,这主要是为了减小基础长细比,以确保整个结构的整体性和稳定性。

3. 明洞洞顶回填及拱背处理设计要求

明洞的用途有多种,如可以防落石和坍塌;便于公路、铁路、沟渠在其上方通过;防止泥石流等危害;保护洞口自然景观等。因此,需根据明洞的用途和要求来确定洞顶回填土的厚度和坡度。明洞洞顶回填、拱背处理应根据明洞设置目的、作用、地形条件及边仰坡病害等因素综合确定,并应符合下列规定:

①边仰坡有严重的危石、崩塌威胁时,应予清除或进行加固处理。为防御落石、崩塌需要而设的明洞,要保证明洞拱背有一定的填土厚度,不使落石、崩塌物直接作用在拱圈上。根据经验,填土的厚度不小于 1.2m(图 7-17),洞顶回填表面坡度以能顺畅排泄坡面水为原则。

②采用明洞式洞门时,明洞拱背可部分裸露,裸露部分宜设厚度不小于 20mm 的砂浆层或装饰层,主要起到拱背防水和美观作用,这种设计近几年在公路隧道中应用较多(图 7-18)。

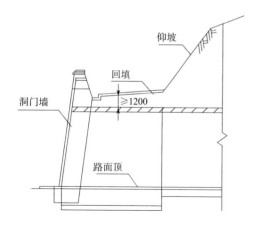

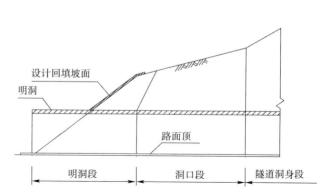

图 7-17 明洞回填(尺寸单位:mm)　　　　　图 7-18 明洞式洞门拱部裸露设计

③立交明洞上的填土厚度应结合公路、铁路、沟渠及其他人工构造物的高程、自然环境、美化要求和结构设计等因素综合研究确定;对拱形明洞,必要时可设护拱。是否要填土以及如何填土,由设计人员根据使用要求,结合构造物和具体环境情况灵活处理。拱背护拱可提高拱形明洞的承载力和拱背自身防护能力。护拱材料一般采用浆砌片石或混凝土,厚度 0.8~1.2m。

④明洞顶设置过水渠、过泥石流渡槽及其他构造物时,设计时应考虑其影响。一般过水沟渠或普通排水沟沟底距洞顶外缘不应小于 1.0m,这主要是为了保证过隧道顶的排水对隧道不产生影响;如果是为排泄山沟洪水、泥石流等而设置渡槽时,渡槽沟底距洞顶外缘不宜小于 1.5m,主要考虑泥石流淤积引起的漫溢和大漂砾通过时对沟底、沟身的撞击和磨损。

4. 明洞边墙回填设计要求

明洞边墙背后开挖,因围岩不同而有两种情况:一种是边墙部位垂直开挖,另一种是自墙底放坡开挖。边墙与边坡间的回填应根据这两种情况进行设计,视明洞类型、围岩级别和施工方法而定。明洞边墙背后回填应根据明洞类型、地质条件、设计要求和施工方法确定,并符合下列规定:

①考虑边墙地层弹性抗力时,边墙背后应用混凝土、浆砌片石或干砌片石回填。在Ⅱ、Ⅲ、Ⅳ级围岩地段,一般各种类型明洞边墙部位垂直开挖,墙顶起坡放坡,边墙部位要求与围岩密贴,设计时考虑围岩弹性抗力作用;此时墙背如有超挖,应视超挖大小,用混凝土或浆砌片石回填密实,以适应边墙受力条件。

②按回填土计算明洞边墙土压力时,边墙背后回填料的内摩擦角不应低于原地层计算摩擦角或设计回填料的计算摩擦角。Ⅳ、Ⅴ级围岩明洞墙背一般是放坡开挖的,一般情况下,边墙背后回填料的摩擦角不低于地层的计算摩擦角,以防出现侧压力系数超出计算值的情况。如果明洞墙背主动土压力是按地层计算摩擦角计算的,则边墙背后回填料的摩擦角不应低于地层的计算摩擦角;如果设计时按回填料的计算摩擦角计算,则回填料的内摩擦角不应低于该计算摩擦角。

第七节　隧道衬砌构造要求

一般情况下,隧道衬砌结构为混凝土结构或钢筋混凝土结构,除了满足前文介绍的结构设计基本要求外,还应满足相应的构造要求。本节重点介绍隧道衬砌结构的构造要求。

1. 最小厚度要求

为保证隧道衬砌结构施工质量和各类材料的施工要求,《规范》规定,隧道衬砌结构截面最小厚度应符合表7-11的相关要求。

截面最小厚度(单位:mm)　　　　　　　　　　表7-11

建筑材料种类	隧道和明洞衬砌			洞门端墙、翼墙和洞口挡土墙
	拱圈	边墙	仰拱	
混凝土	200	200	200	300
片石混凝土	—	—	—	500

需要注意,表7-11规定的截面最小厚度主要针对平行通道、横通道、辅助通道、辅助洞室衬砌圬工结构,不包括锚喷衬砌结构。此外,两车道、三车道隧道及地下风机房的衬砌圬工结构最小厚度不宜小于300mm;当衬砌材料为钢筋混凝土时,其截面最小厚度与混凝土结构最小厚度的要求相同。

2. 钢筋保护层厚度要求

为了使隧道衬砌结构构件满足耐久性要求和对受力钢筋有效锚固的要求,《规范》规定,钢筋混凝土构件中纵向受力钢筋的混凝土保护层最小厚度应满足表7-12的要求。

混凝土保护层最小厚度（单位：mm） 表 7-12

构 件 厚 度	保护层最小厚度	
	非侵蚀性环境	侵蚀性环境
<150	根据情况确定	根据情况确定
150~300	30	40~55
301~500	35	40~60
>500	40	50~60

注：严重侵蚀性环境地段取大值，轻微侵蚀性环境地段取小值。

从表 7-12 可以看出，隧道衬砌保护层的最小厚度比地面混凝土结构的保护层厚度要大，主要原因是：相比于地面结构，隧道衬砌结构服役环境位于地下，衬砌的外侧往往与围岩直接接触，受地层条件和地下水环境的影响，其服役环境较地面结构往往恶劣得多，加之施工条件差，如果混凝土保护层过薄，由于绑扎钢筋存在误差，将不能保护钢筋免遭锈蚀。对于不与围岩直接接触的钢筋混凝土构件，其保护层厚度可以按现行《混凝土结构设计规范》(GB 50010) 的相关规定确定。

3. 受力主钢筋的截面最小配筋率要求

《规范》规定，钢筋混凝土结构构件中纵向受力主钢筋的截面最小配筋率应符合表 7-13 的要求。

钢筋混凝土结构构件中纵向受力主钢筋的截面最小配筋率 表 7-13

受力类型		最小配筋率			
受压构件	全部受力主钢筋	0.6%			
	一侧受力主钢筋	0.2%			
受弯构件、偏心受拉、轴心受拉构件一侧的受拉钢筋	钢筋种类	混凝土强度等级			
		C25	C30	C40	C50
	HPB300	0.25%	0.30%	0.35%	0.40%
	HPB400	0.20%	0.20%	0.25%	0.30%

注：1. 当采用 HRB400 钢筋时，受压构件全部受力主钢筋的截面最小配筋率应按表中规定减小 0.1%。
    2. 偏心受拉构件中的受压钢筋应按受压构件一侧受力主钢筋考虑。
    3. 受压构件的全部受力主钢筋和一侧受力主钢筋的配筋率以及轴心受拉构件和小偏心受拉构件一侧受拉钢筋的配筋率应按构件的全截面面积计算；受弯构件、大偏心受拉构件一侧受拉钢筋的配筋率应按全截面面积扣除受压翼缘面积后的截面面积计算。
    4. 当钢筋沿构件截面周边布置时，"一侧受力主钢筋"指沿受力方向两个对边中的一边布置的受力主钢筋。

规定隧道衬砌受力主钢筋截面最小配筋率的目的是改善其脆性特征，避免混凝土突然被压溃，并使受压构件具有必要的刚度和抗偶然偏心作用的能力。当受力主筋使用 HRB400 级钢筋时，最小配筋率下调 0.1%。需要注意的是，这种调整只针对截面全部受力主钢筋，受压构件一侧受力主钢筋的最小配筋率仍保持不小于 0.2% 的要求。

4. 钢筋弯起及锚固要求

《规范》规定，隧道衬砌钢筋混凝土构件钢筋弯起（图 7-19）应符合下列要求：

①当受力主钢筋需弯起时,弯起钢筋的弯终点 B 处应留有锚固长度。该长度在受拉区不应小于钢筋直径 d 的 20 倍,在受压区不应小于钢筋直径 d 的 10 倍。光圆钢筋在端部应设弯钩。

②弯起钢筋的弯起角,对于梁宜取 45°或 60°,对于板不宜小于 30°。

③弯起钢筋为 HPB300 时,最小弯曲半径 R 为钢筋直径 d 的 10 倍;弯起钢筋为 HRB400 时,最小弯曲半径 R 为钢筋直径 d 的 12 倍。

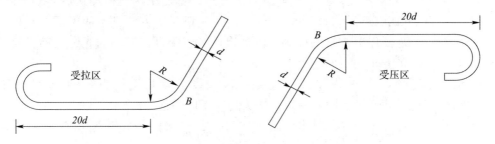

图 7-19　弯起钢筋端部构造

钢筋混凝土构件钢筋锚固应符合表 7-14 的规定。

钢 筋 锚 固 长 度　　　　表 7-14

锚 固 条 件		钢筋类别	
		HPB300	HRB400、HRB500
受压钢筋自不受力处算起的锚固长度	≥30d	不设弯钩	—
	<30d	10d 加直钩	—
	≥20d	—	不设弯钩
	<20d	—	10d 加直钩
受拉构件的钢筋按黏结力计算的锚固长度	在无横向压力区域	30d 加半圆钩	20d 加直钩
	在有横向压力区域	15d 加半圆钩	10d 加直钩
受弯构件、偏心受压构件的受拉钢筋自不受力处算起的锚固长度	在受压区	10d 加直钩	10d 不设弯钩
	在受拉区(在困难情况下)	20d 加半圆钩	20d 加直钩
弯起钢筋伸到受压区的长度	≥20d	不设与纵筋平行的直段,端部采用直钩	不设与纵筋平行的直段,且不设弯钩
	<20d	设与纵筋平行长度为 10d 的直段,并加直钩	设与纵筋平行长度为 15d 的直段,且不设弯钩

注:1. d 指钢筋直径。

2. HRB400、HRB500 钢筋的直径大于 25mm 时,其锚固长度乘以修正系数 1.1。

3. HRB400、HRB500 级的环氧树脂涂层钢筋,其锚固长度应乘以修正系数 1.25。

4. 钢筋在混凝土施工过程中易受扰动(如滑模施工)时,其锚固长度应乘以修正系数 1.1。

5. HRB400、HRB500 钢筋在锚固区的混凝土保护层厚度大于 3d 且配有箍筋时,锚固长度可乘以修正系数 0.8。

6. 受力主钢筋末端需设弯钩时,弯钩内径应为 4d,弯后直段长度应为 5d。

5. 受力主筋连接要求

《规范》规定,隧道衬砌钢筋混凝土结构受力主钢筋连接应符合下列规定:

①受力主钢筋接头宜设置在受力较小处,在同一根钢筋上宜少设接头。这主要是因为钢筋通过连接接头传力的性能不如整根钢筋。

②直径大于25mm的光圆钢筋以及所有螺纹钢筋的接头均应采用焊接或机械连接,焊接或机械连接接头的抗拉强度不应低于钢筋本身的强度。钢筋采用机械连接后,还需要保证其与未连接前具有相同的强度。当直径大于25mm时,用搭接等方法已不能保证接头处与未接头处具有相同的强度,所以要求采用焊接或机械连接。至于直径较小的光圆钢筋搭接长度的规定,一般按等强度的要求由试验求得。

③焊接接头应相互错开,焊接接头连接区段长度为较粗钢筋直径的35倍且不小于500mm,接头中点位于该连接区段内的焊接接头均属于同一连接区段。

④位于同一连接区段内受拉主钢筋的焊接接头、机械连接接头面积百分率不应大于50%。受压主钢筋的接头面积百分率可不受此限制。

⑤直径较小的光圆钢筋可以采用搭接,此时钢筋端部应弯成半圆形弯钩,对于受拉钢筋,两钩切点间的距离不得小于钢筋直径的30倍,对于受压钢筋,两钩切点间的距离不得小于钢筋直径的20倍,在搭接范围内应用铁丝绑扎或焊接。

⑥其他情况下的钢筋连接应符合现行《混凝土结构设计规范》(GB 50010)的相关规定。

6. 配筋构造要求

根据隧道衬砌结构的特点,结合现行《混凝土结构设计规范》(GB 50010),《规范》规定隧道衬砌配筋构造应符合下列要求:

①受力钢筋最小直径不应小于16mm。这里的受力钢筋指的是隧道衬砌中的环向钢筋。

②受力主钢筋截面积不应小于构件截面积的0.6%,且不宜大于3%。

③衬砌内、外侧应设垂直于受力主筋的分布钢筋(在衬砌截面内、外两侧沿隧道纵向布置的钢筋,也称纵向钢筋),分布钢筋直径不宜小于12mm,间距不宜大于300mm。

④衬砌内、外两层受力钢筋之间应设连接箍筋。衬砌箍筋一般是两头带弯钩的单筋,见图7-20a)。箍筋的直径不应小于6mm。箍筋两端应设弯钩,弯钩内径不应小于受力钢筋直径,弯后直段长度不应小于$5d$。

⑤衬砌箍筋应布置在环向受力钢筋和分布钢筋的交叉位置,间距不应大于分布钢筋间距的2倍,环向受力钢筋和箍筋应绑扎或焊接。考虑到隧道衬砌结构的约束条件、结构受力特点、箍筋形式以及箍筋作用,要求箍筋在受力主筋和分布筋的交点位置形成对受力主筋和分布筋的制约。箍筋梅花形间隔设置见图7-20b)。

⑥宜在内、外层环向受力钢筋之间设构造限位钢筋。限位钢筋直径不宜小于16mm,间距不宜小于2.0m×2.0m。限位钢筋应布置在环向受力钢筋与分布钢筋的交叉位置。设有限位钢筋位置可不设箍筋,限位钢筋应与环向受力钢筋和分布钢筋绑扎和焊接。箍筋能限制内、外两层环向受力钢筋和分布钢筋间距向外扩大,但不能限制内、外两层钢筋间距缩小。在实际工程中,内、外两层钢筋间距缩小甚至并在一起的现象比较普遍,大大降低了钢筋的作用。限位钢筋主要起"撑"的作用,采用矩形布置形式,保证"撑"得直、不歪斜。图7-21为限位钢筋的一种形式。

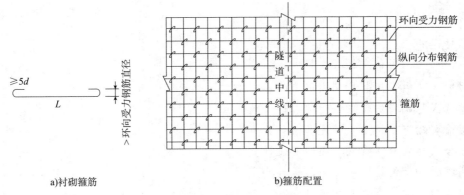

图 7-20 箍筋示意图

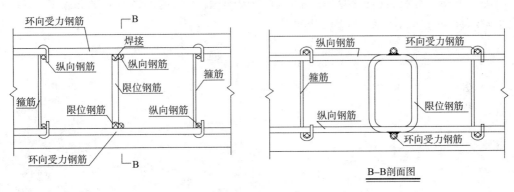

图 7-21 限位钢筋示意图

7. 裂缝控制要求

隧道衬砌裂缝是常见的隧道病害,导致衬砌开裂的原因很多。为确保隧道衬砌结构在运营期能够安全服役,《规范》对隧道钢筋混凝土构件的表面裂缝最大宽度做出了规定,即隧道钢筋混凝土构件的表面裂缝最大宽度计算值应不大于 0.2mm,腐蚀环境较严重时不应大于 0.15mm,并应符合相关规范的规定。这里的裂缝指的是围岩压力、水土压力、结构自重等外荷载造成的结构受力裂缝,不包括收缩、徐变和温度等作用引起的裂缝。在需严格控制裂缝宽度的地段,隧道衬砌分布筋间距可适当减小,但不宜小于主筋间距。

8. 其他构造要求

其他隧道结构构件中的钢筋及考虑地震设防的钢筋的构造要求应符合现行《混凝土结构设计规范》(GB 50010)的相关规定。对于电缆沟、水沟盖板钢筋直径和间距,《规范》提出了表 7-15 所示的要求。

盖板中钢筋的直径和间距(单位:mm) 表 7-15

类别	直径 d	板厚 h	间距
纵向受力钢筋(主筋)	受力钢筋常用 6、8、10	$h \leqslant 150$	$\leqslant 200$
		$h > 150$	$\leqslant 1.5h$,且 $\leqslant 300$
构造钢筋	分布钢筋常用 $d \geqslant 6$		$\leqslant 200$

思考与练习

1. 隧道工程中常用的建筑材料有哪些？有何技术要求？
2. 整体式衬砌有何特点？简述其设计要点。
3. 锚喷衬砌有何特点？简述其设计要点。
4. 复合式衬砌有何特点？简述其设计要点。
5. 明洞衬砌有何特点？简述其设计要点。
6. 隧道衬砌结构有哪些构造要求？
7. 某一级公路隧道，设计速度80km/h，双向四车道（单洞两车道），围岩级别为Ⅴ级，请设计其复合式衬砌的结构参数，并绘制结构图。

第八章 隧道防排水设计

大量的隧道病害检测结果表明,渗漏水现象在隧道工程中广泛存在,成为当前隧道工程中突出的质量通病和亟待深入解决的难题。隧道渗漏水问题频发也从一个侧面反映出目前我国隧道防排水系统在设计与施工方面仍存在薄弱环节。因此,为保障隧道结构及运营的安全,确保隧道内工作环境干燥,进行科学、合理和经济的隧道防排水设计尤为重要。本章将重点介绍隧道防排水系统的设计原则、设计方法和设计流程。

第一节 隧道工程防排水设计的总体要求

一、隧道及地下工程防水设计标准

我国《地下工程防水技术规范》(GB 50108—2008)将地下工程的防水等级分为4级,同时给出了不同防水等级的适用范围,隧道工程及地下工程的防水分级标准见表8-1。

地下工程防水分级标准　　　　　表8-1

防水等级	防水标准
一级	不允许渗水,结构表面无湿渍
二级	不允许漏水,结构表面可有少量湿渍; 工业与民用建筑:总湿渍面积不应大于总防水面积(包括顶板、墙面、地面)的1/1000;任意100m² 防水面积上的湿渍不超过2处,单个湿渍的最大面积不大于0.1m²; 其他地下工程:总湿渍面积不应大于总防水面积的2/1000;任意100m² 防水面积上的湿渍不超过3处,单个湿渍的最大面积不大于0.2m²;其中,隧道工程还要求平均渗水量不大于0.05L/(m²·d),任意100m² 防水面积上的渗水量不大于0.15L/(m²·d)
三级	有少量漏水点,不得有线流和漏泥沙; 任意100m² 防水面积上的漏水或湿渍点数不超过7处,单个漏水点的最大漏水量不大于2.5L/d,单个湿渍的最大面积不大于0.3m²
四级	有漏水点,不得有线流和漏泥沙; 整个工程平均漏水量不大于2L/(m²·d);任意100m² 防水面积上的平均漏水量不大于4L/(m²·d)

在确定隧道工程防水等级时,除应参考不同防水等级的适用范围外,还应结合工程的重要性和使用过程的防水要求综合确定。常见的隧道工程防水要求如下:

①高速铁路隧道及其设备洞室、车站隧道、有抗冻设防要求的隧道,要求达到一级防水标准。

②普通电气化铁路和内燃牵引铁路隧道及其设备洞室、城市轨道交通区间隧道及连接通道等附属的隧道结构、高速公路及城市道路隧道,要求达到二级防水标准。

③在隧道运营期间作为防灾救援、检修或通风排烟等人员临时活动的辅助坑道、一般公路隧道,要求达到三级防水标准。

二、隧道工程防排水设计原则

隧道防排水设计应遵循"防、排、截、堵结合,因地制宜,综合治理"的原则,具体要求如下:

①"防":要求隧道衬砌结构、防水层具有防水能力,防止地下水透过防水层、衬砌结构渗入洞内。

②"排":隧道具有畅通的排水设施,将衬砌背后、路面结构层下的渗水、积水排入洞内中心水沟或路侧边沟。排出衬砌背后的积水,能减小或消除衬砌背后的水压力,降低衬砌渗漏水的概率,防水也就更容易;排出路面结构层下的积水,能防止路面冒水、翻浆、结构破坏。

③"截":对可能渗漏到隧道的地表水、溶洞水、采空区积水设置截(排)水沟引排地表水,回填积水坑洼地,封闭地面渗漏点,减少地表水下渗;对溶洞水、采空区积水,采取引流措施。

④"堵":针对富水地段,采用向围岩体内注浆、设堵水墙等封堵方法,将地下水堵在围岩体内,减少或防止地下水流失。

一般情况下,地表水与地下水都存在一定的联系,因此,隧道防排水设计应妥善处理地表水与地下水之间的关系,结合隧道衬砌结构设计,采取可靠的防水、排水措施,使洞内外形成一个完整、通畅的防排水系统。抗渗是防水设计的核心,防、排、截、堵等措施均以达到防水整体效果为目的。

在进行隧道防排水设计时,应充分调查和分析以下内容:

①水文、地质及气候条件。

②地下水类型、水位,区域地下水的动态特征,隧道范围内的地下水补给、径流和排泄条件。

③地下水的侵蚀性评价。

④地下水排放对周边建筑、生态环境的影响。

⑤隧道施工方法和衬砌结构类型。

⑥隧道结构的使用功能要求。

隧道防排水设计要做到防排结合,因地制宜,具体设计时宜满足以下要求:

①隧道防排水要符合环保要求,在城市、生态环境保护区等环境敏感地段修建隧道时,宜采取全封闭不排水的防水设计。

②当隧道穿越地下水发育地段时,如果采用"以排为主"的方式可能影响环境,宜采取"以堵为主,限量排放"的原则。

③当隧道穿越段地下水为岩溶、暗河等径流状态时,应尽量维系岩溶、暗河等的既有径流条件。当隧道穿越段地下水为渗流状态时,应采取堵水等工程措施,以减少渗流的流量。

④对于同一座隧道的不同区段,可根据地下水量、水压和水质等,采取分区防水措施,以提高整座隧道防水系统的可靠性,合理控制工程投资。

⑤下穿河流、湖泊、海洋等水域时,宜按照全封闭不排水的原则设计。

⑥防水设计要综合考虑隧道施工方法和隧道结构类型等因素,对于采用盾构法、TBM法或顶管法施作的预制拼装衬砌结构,宜采用全封闭不排水的防水设计。

第二节　隧道防水设计

一、防水系统组成

1. 概述

隧道的防水设计一般设有 3 道防线,由外向里分别是初期支护喷射混凝土、中间防水层和二次衬砌混凝土。常见的隧道防水系统如图 8-1 所示。

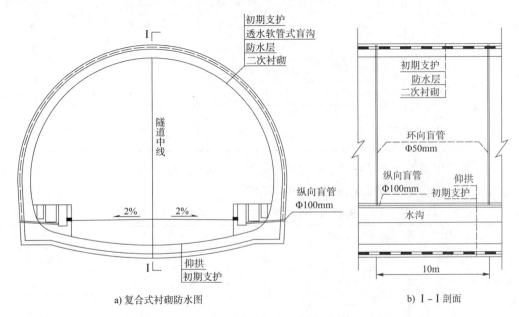

a) 复合式衬砌防水图　　　　b) Ⅰ-Ⅰ剖面

图 8-1　常见的隧道防水系统设计图

2. 喷射混凝土防水层

在采用新奥法设计与施工的隧道中,喷射混凝土是常用的初期支护方式。初期支护的基本作用是加固、支护围岩,其防水作用未得到重视。事实上,喷射混凝土与隧道防排水有着密切的关系。虽然喷射混凝土密实性差,强度低,在围岩变形过程中容易产生大量的裂缝,导致其抗渗性较差,但喷射混凝土仍是一道地下水防线,能起到一定程度的防水效果。

3. 防水层

初期支护与二次衬砌之间铺设以防水板或薄膜为主体材料的专用防水层(图 8-2)。防水层由防水

图 8-2　防水层铺设

板及垫层组成,将地层中的渗水阻隔于二次衬砌之外,避免水与二次衬砌接触,防止地下水通过二次衬砌的薄弱环节渗入隧道。垫层主要是保护防水板免受尖锐物刺伤,同时充当渗水通道。

防水板多为合成高分子卷材,种类繁多,常用的有 PE(聚乙烯)、LDPE(低密度聚乙烯)、HDPE(高密度聚乙烯)、PVC(氯乙烯)、EVA(乙烯-乙酸乙烯共聚物)、ECB(乙烯醋酸乙烯共聚物)等。厚度一般为 0.4~2mm,根据环境而定。常用防水板、膜物理性能如表 8-2 所示。

常用防水板、膜物理性能 表 8-2

项 目	单 位	HDPE	LDPE	PVC	PE	EVA	ECB
密度	g/ml	≥0.94	≥0.91	1.35~1.45	0.92	0.93	0.95~0.94
伸拉强度	MPa	≥15	≥12	4.91~12	7.1~16.3	22.5	10.1~115.6
断裂伸长率	%	≥500	≥450	150~250	90~650	300	570~750
直角撕裂强度	N/mm	≥65	≥45	1.96~40	—	—	50~76.2
耐酸碱性	—	稳定	稳定	稳定	稳定	稳定	稳定
维卡软化温度	℃	≥90	>0	—	—	—	—
脆化温度	℃	-60	-60	-45			
燃烧性	—	—	—	难燃	燃烧	燃烧	燃烧

垫层一般采用无纺织土工织物,在隧道防水板内、外两侧各敷设一层。根据《规范》,隧道内用无纺织土工织物技术指标可按表 8-3 的规定选用。

隧道内用无纺织土工织物技术指标 表 8-3

项 目		单 位	指 标			备 注
单位面积质量		g/m²	300	400	500	偏差为 ±5%
断裂强度	纵、横向	kN/m	≥15	≥20	≥25	
断裂延伸率	纵、横向	%	≥40			
CBR 顶破强力		kN	≥2.9	≥3.9	≥5.3	
撕破强力	纵、横向	kN	≥0.42	≥0.56	≥0.70	
等效孔径 $O_{90}(O_{95})$		mm	0.05~0.2			
垂直渗透系数		cm/s	$K \times (10^{-1}~10^{-3})$			$K = 1.0~9.9$
厚度		mm	≥2.2	≥2.8	≥3.4	

4. 混凝土自防水层

混凝土衬砌是隧道防水的最后一道防线,一般要求如下:

①混凝土的抗渗等级划分为 P4、P6、P8、P10、P12。一般地区抗渗等级不得低于 P6,平均气温低于 -15℃时抗渗等级不得低于 P8。

②试件的抗渗等级应比设计要求提高 0.2MPa。

③防水混凝土结构应满足:衬砌厚度不小于 300mm;裂缝宽度不大于 0.2mm,不贯通;迎水面主筋保护层厚度不小于 50mm。

防水混凝土常用的有普通防水混凝土、外加剂防水混凝土、膨胀水泥防水混凝土等,其中,外加剂防水混凝土是在混凝土中掺入适量的外加剂,如引气剂、减水剂或密实剂等以达到防水要求的混凝土。下面简要介绍一下常用的几类防水混凝土。

①普通防水混凝土:指以控制水灰比、适当调整含砂率和水泥用量的方法来提高密实性及抗渗性的混凝土。其配合比需经过抗压强度及抗渗性能试验后确定。在有冻害的地区或受侵蚀介质作用的地区应选择与之适应的水泥品种,并按有关要求严格施工。

②引气剂防水混凝土:常用的引气剂有松香酸钠、松香热聚物。松香酸钠在混凝土中产生的气泡数量多、均匀、细小、间距小、质量好,其抗渗等级可达 1.2MPa,抗冻性比普通混凝土提高 3 倍,抗侵蚀性和抗碳化能力亦有提高,但强度和弹性模量有所下降,添加量须通过试验确定。

③减水剂防水混凝土:加入减水剂,可增强混凝土的密实性、提高抗渗能力和抗压强度。引气型减水剂混凝土的抗渗性能较好,非引气型减水剂混凝土强度较高,缓凝型减水剂可使混凝土缓凝 3~6h,促凝型减水剂可使混凝土早凝 1~2h,可根据实际工程情况选用。

④密实剂防水混凝土:常用的密实剂主要有氯化铁、三乙醇胺。氯化铁防水混凝土具有高密度、高抗渗性(1.2MPa 以上),抗压强度比普通混凝土增加 13%~14%,并有早强作用。三乙醇胺防水混凝土具有抗渗和早强作用,其强度在前 2d 提高 60%,28d 时提高 10%。

⑤膨胀水泥防水混凝土:用膨胀水泥配制,其孔隙率减小,毛细孔径缩小,可提高抗渗性,一般用于隧道拱墙接缝处,防水效果明显。

二、隧道防水设计分类

隧道工程的防排水系统可分为 3 类:

①全包式防水系统:结构外包全封闭式的柔性防水层或复合式衬砌的内、外衬之间夹全封闭式的柔性防水层,如图 8-3 所示。适用于对保护地下水环境(不允许排水)、限制地层沉降要求高的工程,可以确保隧道结构的耐久性和隧道安全运营,但造价较高。

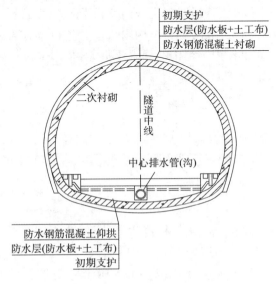

图 8-3 全包式防水系统断面

②半包式防排水系统:结构边墙和顶板或拱部设防水层,底板或仰拱不设防水层,结构为普通混凝土或防水混凝土,结构内部设排水系统;如为复合式衬砌,初期支护背后间隔一定距离设环向排水管或盲沟,在墙脚高于结构内排水沟位置设纵向排水管或盲沟,环向排水管与纵向排水管相连,初期支护背后的排水系统间隔一定距离以横向导水管与结构内排水沟相连,如图 8-4 所示。半包式防排水系统适用于对地下水环境保护、地层沉降没有严格要求的工程,结合其他必要的辅助措施,可以为确保隧道结构的耐久性以及安全运营提供良好的环境条件。这种方式直接造价相对较低,但运营维护成本相对较高。

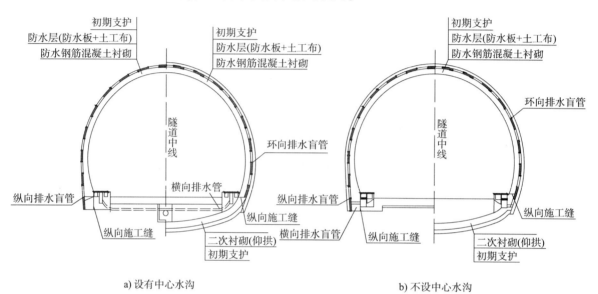

a) 设有中心水沟　　　　　　b) 不设中心水沟

图 8-4　半包式防排水系统断面

③控制排水型全包式防排水系统:结构外包全封闭式防水层,或复合式衬砌的内、外衬之间夹全封闭式防水层,结构本身为普通混凝土或防水混凝土。复合衬砌初期支护背后设盲管或盲沟排水系统与结构内排水沟相连,在与结构内水沟相连的横向导水管上安装可控制的排水阀门以实现控制排水。如果作用于结构的静水压很大,采用全包式防水代价太高,此时采用控制排水型全包式防排水系统更为有利。

三、明挖隧道防水设计

明挖隧道采用放坡开挖和设置基坑围护结构时,需要在其周边设计排水系统。高速铁路隧道洞口缓冲段、山区隧道防落石明(棚)洞等结构防水设计可参考明挖隧道的防水设计。

1. 防水体系构成及防水要求

明挖隧道的结构防水体系由混凝土结构自防水、附加防水层防水、接缝防水构成,其防水设防要求应当结合使用功能、设计使用年限、水文条件、结构形式、环境因素和施工方法综合确定,并应符合现行《地下工程防水设计规范》(GB 50108)对明挖法地下工程的防水要求,见表 8-4。

明挖隧道防水要求 表8-4

防水等级	主体结构						混凝土结构接缝防水											
							施工缝						后浇带					变形缝(诱导缝)
	防水混凝土	防水卷材	防水涂料	塑料防水板	膨润土防水材料	金属防水板	遇水膨胀止水条或胶	外贴式止水带	中埋式止水带	外抹防水砂浆	外涂防水涂料	预埋注浆管	补偿收缩混凝土	外贴式止水带	遇水膨胀止水条或胶	预埋注浆管	防水密封材料	外贴式止水带 / 中埋式止水带 / 可卸式止水带 / 防水密封材料 / 外涂防水涂料 / 外贴防水卷材
一级	应选	应选1~2种					应选2种						应选	应选2种				应选 / 应选1~2种
二级	应选	应选1种					应选1~2种						应选	应选1~2种				应选 / 应选1~2种
三级	应选	宜选1种					宜选1~2种						应选	宜选1~2种				应选 / 宜选1~2种
四级	宜选	—					宜选1~2种						应选	宜选1种				应选 / 宜选1种

2. 结构自防水

衬砌结构应采用防水混凝土,其设计抗渗等级一般根据隧道埋深参照表8-5确定。

防水混凝土设计抗渗 表8-5

埋深 H(m)	设计抗渗等级	埋深 H(m)	设计抗渗等级
$H<10$	P6	$20 \leq H < 30$	P10
$10 \leq H < 20$	P8	$H \geq 30$	P12

注:《铁路隧道设计规范》(TB 10003—2016)和《地铁设计规范》(GB 50157—2013)要求衬砌混凝土的抗渗等级不低于P8,地下水发育地段和寒冷地区抗冻设防段不低于P10;《规范》要求衬砌混凝土的抗渗等级不低于P6,冻害地段及最冷月份平均气温低于-15℃的地区不得低于P8。

3. 防水层防水

明挖隧道的外防水层以防水涂料、防水卷材、塑料防水板为主,特殊部位或有特殊环境要求时也可采用金属防水板、膨润土防水毯等。优先选用能与现浇混凝土直接粘结且具有良好施工性能的柔性防水材料。国内使用较为广泛的防水卷材是在基材上加上自粘层后可较好地与隧道结构表面密贴的高聚物改性沥青类防水卷材和高分子类防水卷材。

放坡开挖的明挖隧道拱墙部位和设置基坑围护结构的明挖隧道顶部防水层一般采用后铺法施工。铺设防水层前,对结构外表面一般采用水泥砂浆进行找平,回填防水层外侧土石前,应施作水泥砂浆或细石混凝土等保护层,机械回填时厚度一般不小于80mm,人工回填时厚度一般不小于50mm,如图8-5所示。

隧道洞顶需要绿化且回填层厚度小于植物根系深度时,考虑耐根穿刺的保护层,一般在防水层之外单独增设耐根穿刺的防水层,如图8-6所示。

四、暗挖隧道防水设计

暗挖隧道施工过程复杂,隐蔽工程较多,一般综合采用多种防水方式进行防水处理,由外到内设置 3 道防线:①对初期支护背后的围岩进行注浆,提高抗渗性能,同时初期支护自身也能起到一定的防水效果,构成地下水的第一道防线;②在初期支护与二次衬砌间设置防水层、疏排水系统,建立第二道防水屏障;③提高二次衬砌的抗渗性能,并加强结构施工缝、变形缝防水处理,作为隧道防水的最后一道防线。

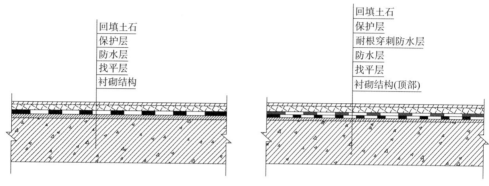

图 8-5　后铺的拱墙或顶板防水层构造　　　　图 8-6　增设耐根穿刺防水层构造

1. 防水体系构成及防水要求

暗挖隧道一般采用复合式衬砌结构,防水体系由初期支护、二次模筑混凝土衬砌、防水层和接缝防水组成。在欧洲,山岭隧道中多采用喷射钢纤维混凝土单层衬砌作为永久支护,其防水效果要求较高。在我国,因现场喷射混凝土施工工艺存在离散性、受力变形后有局部开裂现象等原因,初期支护整体抗渗性能较差,防水效果难以保证,故隧道结构设计一般对初期支护防水效果要求较低。

结合使用功能、设计使用年限、水文条件、结构形式、环境因素,暗挖隧道的防水要求见表 8-6。

暗挖法地下工程防水设防要求　　　　表 8-6

工程部位		衬砌结构						内衬砌施工缝						内衬砌变形缝(诱导缝)				
防水措施		防水混凝土	塑料防水板	防水砂浆	防水涂料	防水卷材	金属防水层	外贴式止水带	预埋注浆管	遇水膨胀止水条(胶)	防水密封材料	中埋式止水带	水泥基渗透结晶型防水涂料	中埋式止水带	外贴式止水带	可卸式止水带	防水密封材料	遇水膨胀止水条(胶)
防水等级	一级	必选	应选一至二种						应选一至二种					应选	应选一至二种			
	二级	应选	应选一种						应选一种					应选	应选一种			
	三级	宜选	宜选一种						宜选一种					应选	宜选一种			
	四级	宜选							宜选一种					应选	宜选一种			

2. 结构自防水

二次衬砌防水是隧道防水体系的最后一道防线,同时衬砌混凝土的抗渗性能直接影响结构的耐久性和隧道的使用寿命,因此,衬砌混凝土的自防水十分关键。隧道结构设计中越来越重视混凝土的自防水性能。

防水型或控制排水型隧道衬砌设计须考虑水压力作用。浅埋暗挖隧道按照埋深确定。大埋深隧道根据水头高度和结构混凝土抗水压能力综合确定,水压过高时宜采取适当的排水措施降低水压力对衬砌的作用。

暗挖隧道主要采用混凝土衬砌台车现浇施工,二次衬砌拱部脱空问题影响着衬砌混凝土的防水质量。目前常用的做法有预埋注浆导管(在浇筑混凝土衬砌拱部预留注浆孔或沿纵向预留管道)和防水板焊接注浆底座,在衬砌混凝土达到一定强度后进行补充回填注浆,以加强隧道的防水性能。

3. 防水层防水

防水层是暗挖隧道实现防水功能的重要保障。防水层设置于复合式衬砌初期支护与二次衬砌之间,为便于施工,一般采用柔性材料,以表面光滑不透水的塑料防水板为主,主要包括PE、PVC、EVA、ECB、LDPE等材料。

防水层外侧通常设置土工布缓冲层组成复合式防水结构,缓冲层用射钉直接安设在初期支护基层面上,防止喷混凝土表面不平顺产生的静力穿刺防水板。在安设缓冲层的射钉上还应附带热塑性垫圈,用以固定防水板(图8-7)。对于排水型隧道,土工布缓冲层还可以较好地滤除渗水中的泥沙,防止堵塞防水层背后的排水系统。

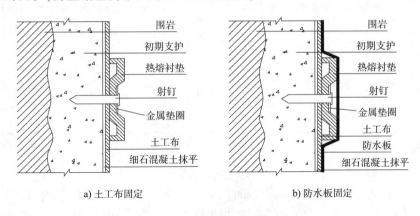

图8-7 防水板铺挂

4. 接缝防水

与明挖隧道相比,暗挖隧道一般可根据需要在施工缝、变形缝等接缝部位的结构外侧全环或拱墙部位增设背贴式止水带,如图8-8所示。

五、隧道防水材料

隧道常用防水层的防水材料主要有防水卷材、塑料防水板、防水涂料、止水带等。

1) 防水卷材

防水卷材可与现浇混凝土直接粘结,铺设工艺简单,性能可靠,被广泛应用于明挖隧道结构外侧防水层。常用的防水卷材主要包括高聚物改性沥青类和合成高分子类,见表8-7。聚乙烯丙纶复合防水卷材是耐根穿刺防水材料,对植物生长基本无害,经常用于浅覆土明挖隧道的顶板防水。

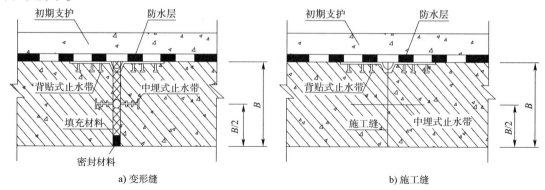

图 8-8　暗挖隧道接缝防水构造

常用防水卷材　　　　　　　　　　　表 8-7

类　　别	品 种 名 称
高聚物改性沥青类防水卷材	弹性体改性沥青防水卷材(SBS)
	改性沥青聚乙烯胎防水卷材(PEE)
	自粘聚合物改性沥青防水卷材
合成高分子类防水卷材	三元乙丙橡胶防水卷材
	聚氯乙烯防水卷材
	聚乙烯丙纶复合防水卷材
	高分子自粘胶膜防水卷材

2）防水板

（1）普通防水板

一般采用塑料防水板,该类防水板表面光滑不透水,主要用于暗挖隧道,铺设于初期支护与二次衬砌之间,既可将地下水阻挡在二次衬砌之外起到防水作用,还可对初期支护和二次衬砌起隔离、缓冲和光滑接触作用,其材质主要有 PE、PVC、EVA、ECB、LDPE 等。

（2）可粘式防水板

隧道初期支护喷混凝土表面平整度控制和防水板铺挂难度高,经常造成防水板背后空洞。近年来,通过在 EVA、ECB 等基材上附加自粘层,形成可与二次衬砌粘接和具有防窜水功能的自粘式防水板、集防水与排水功能于一体的自粘式防排水板、反粘式防水板等新型防水材料,如图 8-9 所示。

3）防水涂料

防水涂料包括无机防水涂料和有机防水涂料。无机防水涂料一般选用水泥基防水涂料和水泥基渗透结晶型防水涂料;有机防水涂料一般选用反应型、水乳型和聚合物水泥等涂料。应根据防水部位、防水要求合理选择适宜的防水涂料。无机防水涂料宜用于隧道结构内侧(即背水侧),有机防水涂料宜用于隧道结构外侧(即迎水侧)。

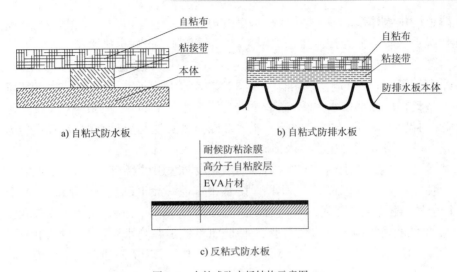

图 8-9 自粘式防水板结构示意图

防水涂料主要用于明挖隧道顶部,作为加强防水的辅助措施,增强结构抗裂和防水性能。

4)止水带

(1)普通止水带

隧道现浇混凝土衬砌主要的接缝防水材料为中埋式止水带与背贴式止水带。止水带按材料分为橡胶类(图 8-10)、钢边橡胶类(图 8-11)、钢板类、塑料类等。

图 8-10 橡胶止水带

图 8-11 钢边橡胶止水带

(2)自粘止水带

为便于安装施工、增强接缝止水效果,可采用能与衬砌胶粘密封的自粘式止水带等新型接缝止水材料。

第三节 隧道排水设计

隧道排水系统的主要引排对象是围岩渗入水、结构渗漏水以及运营期清洗水、消防污水等。隧道排水系统主要由环、纵、横向盲管(沟)等衬砌背后排水设施及侧沟、中心沟等衬砌内部排水设施组成。按隧道的排水系统能否从隧道内顺坡自流出洞外,分为自流排水和机械排水。根据隧道防排水体系的差异，分为排水型隧道和防水型隧道两大类，其中排水型隧道还可根据实际情况进一步划分为控制排水的限排型和不控制排水的全排水型。

排水型隧道通常在隧道拱墙部位设置防水层，并在防水层背后设置盲管（沟）、集水钻孔及局部排水盲管等衬砌外部排水系统，引导围岩渗入水经由泄水孔、横向导水管等进入侧沟、中心水沟等隧道衬砌内部排水系统，通过顺坡自流排水方式或机械强制排水方式将地下水引至洞外，因此衬砌结构一般不需考虑外水压力。限排型隧道与全排水型隧道的区别在于：前者一般在隧道开挖后采取围岩注浆堵水措施，减少地下水的排放量。

防水型隧道通常在初期支护与二次衬砌间全环设防水层，控制地下水进入隧道内，所以二次衬砌结构一般会承受一定的外水压力作用。防水型隧道一般不设置盲沟系统，仅在洞内设置侧沟或中心沟引排局部结构的渗漏水及运营期消防、冲洗污水等。近些年，为了有效控制衬砌水压力，引排一定量的隧道结构背后的地下水，一些防水型隧道在防水层与二次衬砌间设置了环、纵向盲沟系统，并通过泄水孔、横向导水管等引入侧沟或中心水沟等隧道洞内沟槽排水系统。

一、隧道排水系统的构成

在隧道排水设计中，一般应结合地质、气象、使用功能、生态环境、周边环境等确定隧道排水系统的构成。不同类型隧道排水系统的组成见表8-8。

不同类型隧道排水系统的组成 表8-8

交通隧道类型		排水系统主要引排对象	主要排水系统设置
铁路隧道	排水型	围岩渗入水、少量结构渗漏水	环、纵、横向盲管（沟）+ 中心沟、侧沟等
	防水型	结构渗漏水	中心沟、侧沟 + 集水井及泵房等
公路隧道	排水型	围岩渗入水、消防及冲洗污水、少量结构渗漏水	环、纵、横向盲管（沟）+ 中心沟、路边侧沟
	防水型	结构渗漏水、消防及冲洗污水	中心沟、路边侧沟 + 集水井及泵房等
地铁区间隧道	防水型	结构渗漏水、消防及冲洗污水	轨道排水沟 + 集水坑及泵房
地铁车站隧道	防水型	结构渗漏水、消防及冲洗污水、雨水	排水沟、集水坑及泵房

注：公路隧道的排水系统要求将地下水和运营清洗污水、消防污水等分开排放，并对应设置中心沟和路边侧沟。

二、隧道洞身排水设计

隧道内一般均需设置与其使用功能相适应的洞身排水系统，但洞身排水系统的工作环境一般随着时间、季节而变化，其功能降低或失效的情况时有发生。此外，洞身排水系统大部分为隐蔽性工程，重建难度大，维修养护困难。因此，隧道洞身排水系统应根据工程地质和水文地质条件、隧道周边建筑物分布、环境保护等相关要求，在充分考虑隧道运营、维修、养护需求的基础上进行综合设计。排水系统布置、构成、结构尺寸、材料选择等方面应采取"防淤积、防堵塞"的理念，实现系统的有效性和可维护性。

隧道洞身排水系统一般由盲沟排水系统和沟槽排水系统组成。当有可利用的横洞、平行导坑等辅助坑道进行排水时，可充分发挥其排水能力；当隧道洞身排水系统能力无法满足要求时,应专门设潜水洞截排地下水,保证隧道运营安全。

1. 一般情况下的隧道洞身排水系统

位于山岭地区的公路及铁路隧道一般为排水型隧道。设置洞身排水系统的主要目的是确保围岩渗入隧道的地下水或采取注浆堵水措施后仍然渗入隧道的地下水,能够经排水系统顺利排出洞外。

公路隧道运营过程中会产生清洗及消防污水等,为避免污染环境,洞身排水系统应按"洁污分排"的原则设置纵向排水系统。因此,铁路和公路隧道的洞身排水系统略有不同,铁路隧道洞身排水系统主要包括环、纵、横向盲管(沟)等衬砌背后排水系统以及侧沟和中心沟(管)等洞内沟槽排水系统,如图 8-12 所示;公路隧道洞身排水系统主要包括环、纵、横向盲管(沟)等衬砌背后排水系统以及路测边沟和中心管(沟)等洞内沟槽排水系统,如图 8-13 所示。

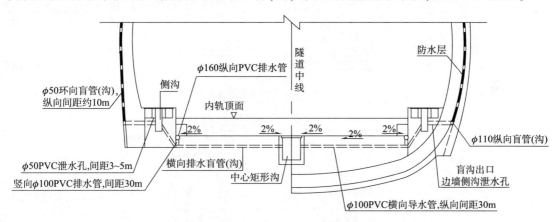

图 8-12　铁路隧道洞身排水系统横断面示意

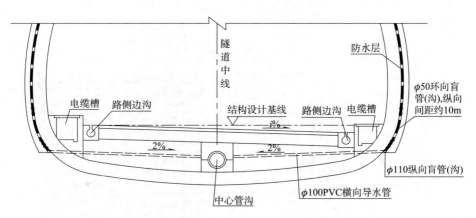

图 8-13　公路隧道洞身排水系统横断面示意

2. 隧道衬砌背后排水系统设计

1) 盲管设计

二次衬砌边墙背后底部应设纵向排水盲管,其排水坡度应与隧道纵坡一致,管径不应小于 100mm,纵向排水盲管不得侵占二次衬砌空间。

防水层与初期支护间设环向、横向排水通道,是为了将衬砌背后地下水迅速引到边墙脚,防止衬砌背后积水。排水通道可以是环向盲管、横向盲管、排水板、排水型防水板等。当采用环向盲管、横向盲管时,其间距根据出水量大小、出水面积确定,一般不大于10m,直径不小于50mm。即使施工期间没有地下水,也需按每10m设一道,这是因为隧道衬砌施工完成后衬砌背后地下水可能发生改变。隧道围岩有集中出水处时,直接插管引排。环向盲管、横向盲管与边墙底部的纵向排水盲管连通,形成通畅的排水系统,如图8-14所示。环向排水盲管构造见图8-15,纵向排水盲管节点大样见图8-16,环向排水盲管和纵向排水盲管施工现场见图8-17。

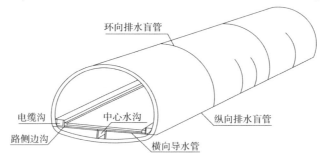

图8-14　一般情况下的隧道衬砌纵向排水系统示意

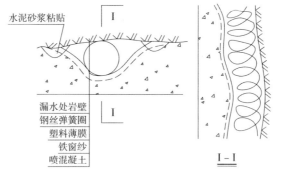

图8-15　环向排水盲管构造

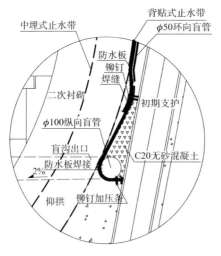

图8-16　纵向排水盲管节点大样

图8-17　环向、纵向排水盲管施工

2) 横向导水管

横向导水管应在衬砌边墙脚穿过二次衬砌与纵向排水盲管连通,设有中心水沟的隧道应连接至中心水沟,不设中心水沟的隧道应连接至路侧边沟。横向导水管直径不宜小于80mm,排水坡度不宜小于1%,沿隧道纵向间距不宜大于10m,水量较大的地段应加密。

横向导水管的作用是将衬砌背后的地下水引出,导入中心水沟或路侧边沟。横向导水管需穿过二次衬砌和电缆沟底部,设有中心水沟的隧道还需埋设在路面结构层以下或埋设在仰拱填充层内。横向导水管与横向透水盲管不同,通常采用封闭的不透水管。

3) 局部引水盲管

局部引水盲管通常结合集水钻孔使用,主要作用是将隧道开挖轮廓面出现的局部股状出水集中引排至隧道侧沟或中心沟。局部引水盲管一般采用不透水管,如图8-18所示。

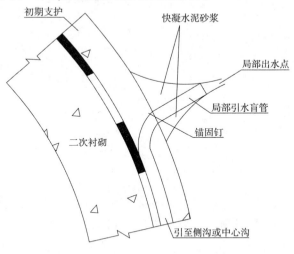

图8-18 隧道局部出水点引排处理示意图

4)(防)排水板

当围岩或初期支护稳定完整、地下水丰富、渗漏面大且渗流路径不稳定时,可沿壁面敷设(防)排水板形成衬砌背后的面状排水通道,替代环向盲管(沟)。

3. 隧道内沟槽排水系统设计

排水型铁路、公路隧道的洞身沟槽排水系统一般由侧沟、中心沟等组成,并结合隧道断面进行布设。根据公路隧道"洁污分排"的要求,一般设置中心沟排放地下水并设置路侧边沟排放运营清洗及消防污水等。而防水型隧道一般不考虑盲沟排水系统,仅在洞内设置沟槽排水系统,主要针对结构渗漏水、清洗水及消防污水等。

地铁区间隧道排水系统则一般由侧向排水沟、集水坑及泵房等组成,侧向排水沟通常结合轨道板设置,集水坑及泵房一般结合联络通道设置。

地铁车站排水系统一般由截水沟、集水坑及泵房组成。

(1) 侧沟

侧沟多用于铁路隧道,其主要作用是汇集围岩渗入水、结构渗漏水,并将地下水引排至洞外或中心排水管(沟),兼具沉淀及部分排水的功能。而公路隧道为引排洞内运营清洗及消防污水须专门设置路侧边沟。

铁路隧道侧沟一般结合隧道横断面布设于隧道两侧。有中心排水管(沟)时,可通过设置于仰拱填充内的横向导水管或底板下的横向导水盲管与中心盖板明沟或中心管沟检查井连通,如图8-19所示。横向导水管通常采用直径100mm的PVC管,其纵向间距一般不大于30m。侧沟需设置盖板,其顶面通常可作为洞内疏散通道的行走面。对于有条件设置中心排水管(沟)的隧道,双侧水沟可作为辅助排水沟;对于无条件设置中心排水管(沟)的情况,双侧水沟为主排水沟。侧沟设计通常应满足以下要求:

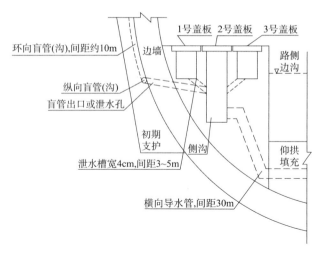

图 8-19 铁路隧道侧沟

①侧沟坡度应与线路坡度一致。

②当侧沟作为主要排水设施时,应根据水量大小确定侧沟截面,保证具有足够的排水能力。

③侧沟的设置及构造应便于维修养护,并应铺设平整稳定的盖板以利于防灾疏散救援等。

④单线铁路隧道侧沟有效排水截面一般不小于 25cm×40cm(宽×深),双线及多线铁路隧道侧沟有效排水截面一般不小于 30cm×40cm(宽×深)。

⑤侧沟靠围岩侧宜与环、纵向盲管连通。考虑侧沟具有沉淀作用,连通侧沟与中心沟间的横向导水管在侧沟连接处的孔口距侧沟底高度不应小于 10cm。

⑥边墙至侧沟设泄水孔,泄水孔直径一般不小于 80mm,纵向间距一般为 3~5m。

公路隧道路侧边沟一般紧邻电缆槽设置于仰拱填充内或底板内,其顶面应与隧底或仰拱填充顶面齐平,如图 8-20 所示。路侧边沟可设置为开口式明沟或暗沟,其坡度与线路坡度一致,一般采用钢筋混凝土结构。当路侧边沟为暗沟时,纵向应每隔 25~30m 设置一处沉砂池及滤水箅以便于日常维护检修。

(2)中心排水管(沟)

中心排水管(沟)的作用主要是排放上游管路汇集的地下水,兼具汇集道床积水的功能。当中心排水管(沟)位于隧道仰拱或底板下部时,还具有疏排隧道基底积水的功能。

中心排水管(沟)通常有矩形盖板明沟和暗埋管两种。中心矩形盖板明沟一般设置于仰拱填充内或底板内。暗埋管根据实际需要可设置于仰拱填充内、底板内或隧道结构底部,如图 8-21 所示。

(3)沟槽排水能力

应根据流量要求确定隧道内沟槽断面尺寸,并检查其流速是否在允许范围内。当隧道洞身排水系统无法满足要求时,可考虑利用既有平行导坑、横洞等辅助坑道联合排水,必要时还应设置泄水洞截排地下水。

沟槽排水能力一般按式(8-1)~式(8-4)计算:

$$Q = Av \tag{8-1}$$

$$A = \frac{d^2}{8}(\theta - \sin\theta) \quad (\text{管沟}) \tag{8-2}$$

$$v = \frac{1}{n} \times R^{\frac{1}{3}} \times i^{\frac{1}{2}} \tag{8-3}$$

$$A = bh \quad (\text{矩形沟}) \tag{8-4}$$

式中：Q——流量(m^3/s)；

v——无压等速流的平均流速(m/s)；

b——矩形沟沟底宽(m)；

h——矩形沟水深(m)；

d——管沟内径(m)；

R——水力半径(m)，$R = A/\rho$，ρ 为湿周，$\rho = b + 2h$(矩形沟)，$\rho = \frac{d\theta}{2}$(管沟)；

i——排水纵坡，一般为线路纵坡并取小数代入；

n——糙率，侧沟取 0.013，管沟取 0.014；

θ——充满度，$\theta = \pi + 2\sin^{-1}\left(\frac{2h-d}{d}\right)$，计算排水能力时管沟充满度一般取 0.7。

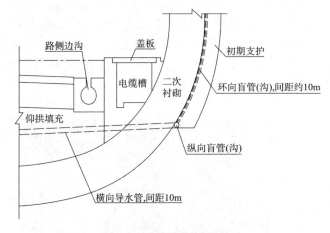

图 8-20　公路隧道路侧边沟

图 8-21　位于仰拱内的中心排水管(暗埋管)

第四节　洞口与明洞防排水设计

一、洞口防排水设计

洞口防排水设计是指设计合理的隧道洞口防排水措施，防止地表水及地下水下渗或向隧道内汇集。隧道洞顶地表水下渗会大量补充地下水，使隧道围岩内地下水增加，水压升高，给洞内防排水带来不良影响。在隧道洞口区域，地表水容易通过边、仰坡向洞门汇集，地表水的浸泡、冲刷容易引起边、仰坡失稳滑塌、洞门失稳或开裂等事故。常用的洞口防排水措施有：洞顶地表处理、洞顶截水沟、洞门排水和洞口路堑排水等。

1. 洞顶地表处理

应防止地表水的下渗，其处理措施为填充、铺砌、勾补、抹面等。对坑穴、钻孔等采用防水材料充填密实封闭，必要时应对隧道进出口段一定范围的地表进行注浆加固处理，以降低地层的渗透性。

2. 洞顶截水沟

洞顶截水沟是修筑在距洞门边仰坡一定距离外、环抱隧道洞门的截水沟。洞顶截水的主要目的是截断洞口边、仰坡地表水来源，防止地表水冲刷边、仰坡和洞门区域。截水沟设计应满足以下要求：

①截水沟应设置在隧道、辅助坑道的洞口及明洞边、仰坡开挖线 3～5m 以外（黄土地区一般为 10m 以外），避免影响边、仰坡景观效果。截水沟一般沿等高线一侧或两侧排水。

②截水沟坡度根据地形设置，但不应小于 0.5%，以免淤积。在地面自然坡度陡于 10% 时，水沟一般应做成阶梯式，以减少冲刷。土质地面纵坡大于 20% 或石质地段水沟纵坡大于 40% 时，应设置抗滑基座，以确保纵向稳定。

③截水沟断面应根据流入截水沟的汇水流量确定：水沟深度应高出计算水位 20cm。铁路隧道的截排水沟横截面一般采用梯形，按沟底宽 40cm、沟深 60cm 设计，多采用钢筋混凝土结构，当汇水面积较大或顺接地表自然沟渠时，截排水沟的截面可根据地表水流量确定；公路隧道的截排水沟断面底宽和深度不小于 60cm，水沟一般采用浆砌片石，横截面采用梯形或矩形，如图 8-22 所示。

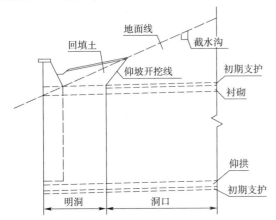

图 8-22 洞口截水沟

④截水沟长度应使边仰坡坡面不受冲刷为宜，下游应将水引至适当地点排泄，不宜将水引入路基排水边沟排泄，应根据地形将水引至附近沟谷或涵洞，以防止对邻近工程的结构或基础造成冲刷或浸泡，消除运营安全隐患。

3. 洞门截排水

洞门截排水的主要目的是截流洞口边仰坡流下来的地表水，防止水流在洞门处下渗进入洞门结构，影响洞门结构安全、行车安全和美观，采取的主要措施为：

①削竹式洞门应沿洞门框环向设置高度不小于 30cm 的钢筋混凝土帽石,沿洞门环框内壁面设置滴水线,以防雨水漫流进入隧道。

②对于带有翼墙的各类隧道墙式洞门,洞口仰坡坡脚至洞门墙背的水平距离不小于 150cm,洞门翼墙与仰坡之间水沟的沟底至衬砌拱顶外缘的高度不应小于 100cm,洞门墙高出仰坡坡脚 0.5m 以上。

4. 洞口路堑排水

当隧道口出洞方向的路堑为下坡时,洞内的边沟汇水可顺坡排到洞外路基边沟中;而当隧道口出洞方向的路堑为上坡时,可在洞口外路基两侧设置反向排水边沟或采取引排措施,防止洞外水流入隧道。

二、明洞防排水设计

相对于隧道暗洞,明洞防排水条件要优越得多。一方面,明洞属于明挖回填结构,可以在迎水面(衬砌结构外侧)设置防水层,其施工条件和防水效果要好得多;另一方面,明洞口冲刷方式可以人为设置,易于控制回填后明洞洞周的地下水流量和路径。明洞防排水设计应符合下列规定:

①与洞内衬砌一样,明洞衬砌也需要设置防水层,一般是在明洞外缘敷设外贴式防水层。

②明洞与暗洞连接处防水层接头应密封搭接。

③回填土顶面宜铺设黏土隔水层,并与边、仰坡夯实连接,黏土隔水层以上宜厚度不小于 20cm 的耕植土,以防止干旱季节黏土干裂,失去隔水作用,同时便于种草、种树。

④为防止拱背积水,明洞回填顶面应根据情况设排水沟。对端墙式洞门,明洞回填顶面的排水沟设在端墙背面、回填面与开挖边仰坡的交界处或其他需要的位置;对明洞式洞门,排水沟可设在仰坡平台位置、回填面与开挖边仰坡的交界处。排水沟截面尺寸一般不小于 $200mm \times 200mm$。

⑤明洞式洞门的明洞拱背裸露时,应在拱背设防水砂浆层或贴瓷砖,主要起到防水、保护和装饰作用。

⑥靠山侧边墙底或边墙后宜设置纵向和横向盲沟,将水引至边墙泄水孔排出。

思考与练习

1. 隧道防排水设计的原则是什么?
2. 隧道防排水系统分为哪三类?各自有何特点?
3. 简述隧道洞身段防排水设计的要点。
4. 简述洞口与明洞段防排水设计的要点。
5. 隧道工程界流传"十隧九漏"之说,请从隧道防排水设计角度分析隧道渗漏水的成因,并给出相应的渗漏水治理对策。
6. 某施工单位未按照设计要求严格控制隧道防排水系统的施工质量,造成防水板破裂、排水管淤堵等问题,导致隧道运营后短期内就出现了渗漏水病害。从隧道工程设计角度,隧道防排水系统应遵循怎样的设计原则?你如何看待该施工单位的行为?

第九章　隧道辅助工程措施设计

隧道通过浅埋段、严重偏压段、自稳性差的软弱地层、断层破碎带及大面积淋水或涌水地段时,应根据地形、地质条件、隧道断面大小、埋置深度、施工方法,采用有效、可靠、耐久、经济、符合现场实际情况的辅助工程措施。隧道辅助工程措施主要分为围岩稳定措施和涌水处理措施两大类。在自稳性差的地段,仅采用锚杆、喷射混凝土、钢支撑等措施难以保持围岩稳定,容易发生开挖面失稳、隧道坍塌、冒顶等事故,对这类地层可采取围岩稳定措施以增强围岩的稳定性;在围岩涌水突泥地段、地下水发育需要治理的地段,可采取涌水处理措施以减少地下水对隧道施工和运营的危害或减少地下水的流失。

围岩的稳定措施主要有超前管棚、超前小导管、超前锚杆、超前钻孔注浆、超前水平旋喷桩、超前玻璃纤维锚杆、地表砂浆锚杆、地表注浆、锁脚锚杆、小导管径向注浆和临时支撑等;涌水处理措施主要有超前围岩注浆堵水、围岩径向注浆堵水、超前钻孔排水、泄水洞排水和井点降水等。本章主要介绍隧道辅助工程措施的设计要点。

第一节　围岩稳定措施设计

一、超前管棚支护设计

超前管棚(也称超前大管棚)支护是在隧道暗洞开挖前,将一系列钢管在隧道开挖轮廓线外侧一定范围沿隧道轴线方向外倾一定角度打设形成的一种棚状纵向支护形式。随着隧道开挖,管棚钢管与及时施作的钢架联合形成纵横向的支护体系(图9-1),可有效阻止围岩下沉、防止掌子面拱顶塌方和维护掌子面稳定。超前管棚具有很强的超前支撑能力和控制沉降能力,特别适用于对地面沉降有严格要求的浅埋段、松散破碎地层和塌方地段。受施工作业空间的限制,超前管棚多用于洞口浅埋段(图9-2),在洞内应用较少,但当洞内遇到大型塌方或断层破碎带时,也可考虑采用超前管棚支护措施。

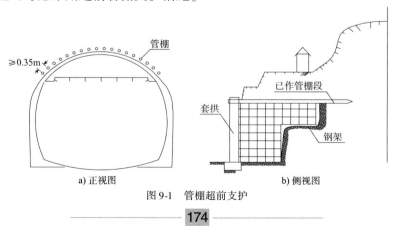

图9-1　管棚超前支护

图 9-2　超前管棚支护（含套拱）

超前管棚支护的设计要求如下：

①管棚钢管布置的形状与隧道开挖面形状相似（图 9-3），钢管中心距开挖轮廓线的距离为 100～200mm。拱部管棚设 0.5°～2°的外倾角，避免纵向管棚钢管侵入隧道开挖轮廓线内。

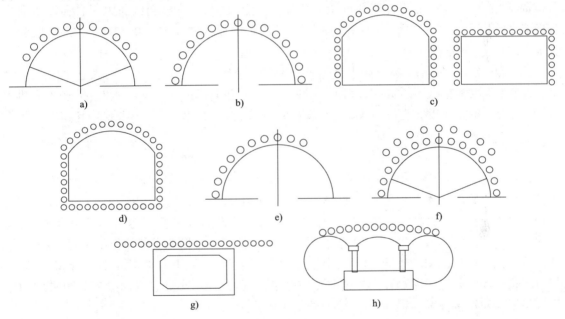

图 9-3　管棚形状

②管棚钢管环向间距视管棚支护段的地质条件而定，应保证两管之间不掉渣，一般为 350～500mm。当围岩为含水的砂土质地层、松散碎石层、回填地段、破碎围岩粒径较小的地层时，可取小值。

③管棚一次支护长度宜为 10～45m。当需采用超前支护的长度大于 45m 时，一般采用其他超前支护措施继续延伸，也可分两次施作管棚。两次管棚支护间、管棚与其他超前支护之间应有不小于 3.0m 的水平搭接长度，以保证钢管远端的有效支撑。所需支护的长度小于 10m 时，采用管棚作为超前支护不经济。需施作超前支护的地段长度在 10～45m 时，为保证开挖后管棚远端仍有足够的超前支护长度，钢管需伸入稳定地层不小于 3.0m。

④钢管宜选用热轧无缝钢管，外径宜为 80～180mm，钢管分节段采用"V"形对焊或丝扣连

接,钢管节段长度宜为 1.6~4.0m。管棚钢管节段长度根据管棚工艺确定。钢管每一接头应与相邻钢管接头错开,错开距离不小于 500mm,并保证同一断面钢管接头比例不大于 50%。

⑤钢管内应插入钢筋笼或钢筋束并注满强度等级不低于 M20 的水泥砂浆(图 9-4)。这是因为:钢管节段之间连接不佳容易发生断裂从而导致管棚失效,插入钢筋笼或钢筋束能保证钢管的整体连续性;管棚内注满具有一定强度的砂浆是为保证钢管的强度和刚度,受力后钢管不易产生折、瘪,保证整个管棚支撑体系的支撑能力。注浆一般采用有限注浆法进行设计,注浆浆液水灰比 1:0.5~1:1.0,注浆压力初压 0.5~1.0MPa。

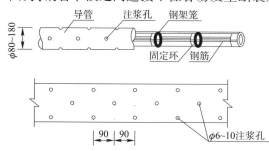

图 9-4 管棚钢管构造(尺寸单位:mm)

⑥管棚钢管管壁可钻注浆孔,注浆孔孔径宜为 6~10mm,间距宜为 200~300mm,按梅花形布置(图 9-4)。钢管钻设注浆孔可使部分浆液渗透至围岩体内,起到加固围岩和提高围岩自稳能力的作用。钢管末端(终端)应设置止浆段,且须伸入岩体内 1.0~2.0m。外露段和钢管末端的止浆段不设钻孔。

⑦管棚尾端(起始端)要有支撑才能发挥管棚超前支护作用,一般是支承在套拱上(图9-1)。套拱应为整体式钢筋混凝土结构或钢架结构(图 9-2)。为保证管棚钢管准确就位和钻孔导向,套拱内应预埋钢管导向管。另外,套拱的基础应设置牢靠,具有足够的承载力,以确保套拱的稳定。

二、超前小导管支护

超前小导管支护是一种沿隧道拱部开挖轮廓线布置,向隧道纵向前方外倾一定角度打设密排注浆小导管的一种支护形式(图 9-5)。小导管的外露端需支承在紧邻开挖面的钢架上,与钢架组成纵横向支撑体系(图 9-6)。通过小导管向前方围岩注浆,使浆液渗透入围岩中,能加固一定范围内的围岩,又可支承围岩。超前小导管具有与管棚相类似的作用原理,施工比管棚简单、灵活,造价也相对较低,且小导管注浆属于渗入性注浆,其注浆效果好于管棚,但支护能力较管棚弱。如地层需要较强的超前支护作用,可通过减小小导管纵向循环间距来增加小导管每循环间搭接长度,以起到双层小导管的加固作用。

超前小导管支护适用于隧道开挖后掌子面不能自稳的地段、拱部易出现剥落或局部坍塌的地段、塌方段、浅埋段、地质较差的洞口段等。

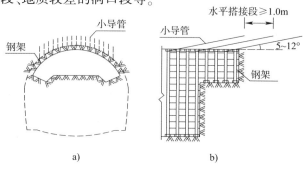

图 9-5 超前小导管支护

图 9-6　超前小导管支护

超前小导管支护的设计要求如下：
①宜采用直径为 42～50mm 的无缝钢管,长度宜为 3～5m。
②管壁应设注浆孔,孔径宜为 6～8mm,间距 150～250mm,呈梅花形布置,前端成锥形,尾部留有长度不小于 500mm 长的止浆段(图 9-7)。

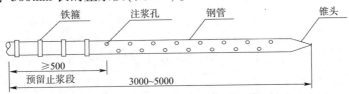

图 9-7　小导管构造(尺寸单位:mm)

③环向间距宜为 300～400mm,外插角宜为 5°～12°,纵向水平搭接长度不应小于 1m。
④尾端(起始端)应支承在钢架上(图 9-6)。
⑤应通过小导管向围岩注浆。压注水泥砂浆的水灰比一般为 1∶0.5～1∶1.0。当围岩破碎,岩体止浆效果不好时,亦可采用水泥-水玻璃双液注浆,将浆液凝结时间控制在数分钟之内,注浆压力宜为 0.5～1.0MPa。
⑥浆液扩散半径 R 可根据导管排列密度确定,考虑注浆扩散范围相互重叠的情况,可按式(9-1)确定：

$$R = (0.6\sim 0.7)L \tag{9-1}$$

式中：L——导管中心间距(m)。

单根导管注浆量 Q 按式(9-2)计算：

$$Q = \pi R^2 ln \tag{9-2}$$

式中：R——浆液扩散半径(m);
　　　l——导管长度(m);
　　　n——围岩空隙率(%)。

⑦岩体破碎时,导管间岩体可能塌落,可考虑设双层小导管,内层小导管外插角 5°～12°、外层小导管外插角 10°～30°,交错布置。当洞口段采用双层小导管时,两层小导管间距不宜大于 300mm。

三、超前锚杆支护设计

超前锚杆支护是一种沿隧道拱部开挖轮廓线布置、向隧道纵向前方外倾一定角度打设纵向锚杆(或小钢管)的支护形式(图9-8)。通过锚杆对围岩的加固作用,形成超前于工作面的围岩加固棚,在此棚的保护下进行开挖;开挖一个进尺后,再打入一排纵向锚杆,再掘进,如此往复推进。超前锚杆的布置与超前小导管相同,作用原理相似,但提供的支护力较超前小导管弱。

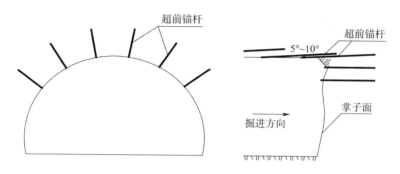

图9-8 超前锚杆加固设计图

超前锚杆适用于无地下水的软弱地层、薄层水平层状岩层、开挖数小时内拱顶围岩可能剥落或局部坍塌的地段等。

超前锚杆设计遵循的原则和要求如下:

①宜采用普通砂浆锚杆,直径宜为22～28mm。围岩破碎、不易成孔的地段可采用自进式锚杆,自进式锚杆直径可取28～76mm。

②对于拱部,超前锚杆设置范围宜为隧道拱部外弧全长的1/6～1/2,外插角宜为5°～15°,拱部超前锚杆纵向两排之间应有1m以上的水平搭接段。

③超前锚杆长度宜为3～5m,采用自进式锚杆时长度宜为5～10m。环向间距宜为300～400mm。

④尾端应支撑在钢架上。

⑤砂浆宜采用强度等级不低于M20的早强砂浆。

⑥自进式锚杆应注强度等级不低于M20的水泥浆。

四、锁脚锚杆(管)及临时支护措施设计

1. 锁脚锚杆(管)

锁脚锚杆(管)用于采用全断面开挖的边墙脚、采用正台阶开挖的上半断面拱脚和下台阶边墙脚,以控制初期支护沉降变形为主要目的。地质情况较好时,采用锁脚锚杆;地质情况较差时,采用锁脚锚管。

锁脚锚杆(管)的设计要求如下:

①应设在钢架底端或钢架接头位置,以2根锁脚锚杆(管)为一组,并应与钢架焊接。

②2 根锁脚锚杆(管)合力方向应与初期支护轴线方向成15°~30°的夹角。

③锁脚锚杆宜采用直径22~32mm的螺纹钢,锁脚锚管宜采用直径42~54mm、壁厚不小于3mm的无缝钢管,锁脚锚杆(管)长度宜为2.5~4.0m。

④锚孔与锁脚锚管内应注满砂浆,砂浆强度等级应与普通砂浆锚杆相同。

2. 临时支护措施

当隧道施工遇到地质条件很差、断面较大而需进行工序转换,或掌子面失稳、支护结构开裂、变形持续发展、隧道塌方处理等情况时,可设置施工临时支护措施。所谓的临时支护措施指的是仅在隧道施工的某个阶段起到支护作用的工程措施,后续要对其进行拆除。临时支护措施应方法有效、方便施工、利于后期拆除。临时支护措施一般有临时封闭措施和临时支撑措施两大类,具体包括掌子面临时封闭、初期支护临时仰拱、临时构件支撑、拱部扇形支撑、井形桁架支撑、木垛支撑等,应根据需求合理选择临时支护措施。根据隧道工程实践经验,常见的临时支护措施的选用条件如下:

①在掌子面发生挤出、突泥或塌方地段,宜采用锚喷支护、袋装土封闭掌子面等措施。

②在控制围岩大变形或开挖塌方体时,宜设型钢临时仰拱或型钢、方木斜撑等措施。

③在初期支护开裂严重,需拆换拱墙衬砌的地段,宜采用拱形钢架支撑、扇形钢架支撑等措施。

④在拱部沉降明显或地表沉陷要求严格时,宜采用井形桁架支撑、木垛支撑等措施。

⑤在需要对掌子面前方进行高压注浆时,宜采用现浇混凝土挡墙或沙袋土封闭。

⑥宜采用拱形钢架、拱部扇形支撑、井形桁架支撑、木垛支撑等措施对塌方进行锁口。

五、玻璃纤维锚杆支护设计

玻璃纤维锚杆是一种对掌子面前方开挖土体进行预加固的超前支护措施,主要用于大断面或全断面开挖、浅埋地段需要严格控制地面沉降的隧道,尤其适用于新意法(全断面机械化开挖的隧道设计、施工技术)施工的隧道。玻璃纤维锚杆强度高,质量轻,抗拉强度可达到钢质锚杆的1.5倍,质量为同种规格钢质锚杆的1/4~1/5,安全性强,防静电,阻燃,高度耐腐蚀,耐酸碱,耐低温。玻璃纤维锚杆具有全长黏结锚固和锚注结合的特点,可有效加固掌子面前方土体,使掌子面达到一定的自稳能力,并且后续可利用玻璃纤维锚杆抗剪强度低的特性采用施工机械直接挖除。玻璃纤维锚杆的设计要求如下:

①已采用超前管棚或超前小导管支护时,加固范围宜在掌子面范围内。

②在掌子面区域,锚杆间距宜为1~3m;在隧道周边围岩区域,锚杆间距宜为300~600mm,并应根据围岩性进行调整。

③加固纵向长度宜为10~30m,每一循环搭接长度不小于6m。

④全螺纹实心锚杆直径宜为18~32mm;全螺纹中空锚杆直径宜为18~60mm。

⑤地质条件较差时宜选用中空注浆锚杆,注浆材料采用水泥浆或水泥砂浆。

⑥应做好掌子面排水,并监测掌子面纵向挤出位移。

采用玻璃纤维锚杆进行掌子面前方超前核心加固的示意图如图9-9、图9-10所示。

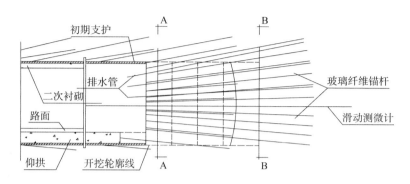

a) 隧道纵剖面图

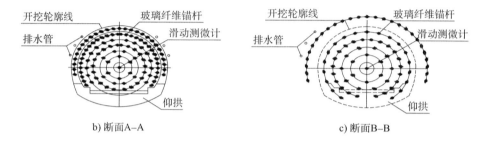

b) 断面A-A   c) 断面B-B

图9-9 超前玻璃纤维锚杆加固示意图

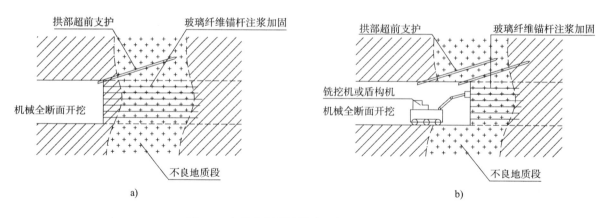

图9-10 超前玻璃纤维锚杆加固与施工开挖示意图

六、地表锚喷网支护设计

地表锚喷网支护是针对洞口边仰坡、浅埋段地表等地段,采用锚杆、喷射混凝土和钢筋网等进行地表加固的支护措施。

设计地表锚喷网支护措施时,宜采用以下经验参数:

①喷射混凝土厚度一般为5~10cm。

②锚杆宜选用直径16~22mm的螺纹钢筋,长度一般为3~6m,间距1~2m,梅花形布置,或依具体情况而定;锚孔直径应大于杆体直径30mm,充填砂浆强度不应低于M20。

③钢筋网钢筋直径为 6~8mm,网格尺寸宜采用 40cm×40cm 规格,焊接于锚杆地表出露端。

1. 洞口边仰坡锚喷网支护

先按设计坡度刷坡,然后沿坡面喷射混凝土和打设锚杆,必要时加设钢筋网。适用于松软砂土质地层坡面的加固,可防止表层剥落和滑塌,如图 9-11 所示。

2. 洞门上方陡坎加固及仰坡加固措施

洞门上方陡坎指洞门端墙施工前,衬砌拱顶外缘至仰坡坡脚的陡立壁面。如果岩体较软弱,可往陡坎中水平打入锚杆(或小导管),锚杆布置宽度以隧道洞宽为准,并喷射混凝土将陡坎面封闭,必要时加设钢筋网,如图 9-12 所示。

图 9-11 洞口边仰坡锚喷网支护

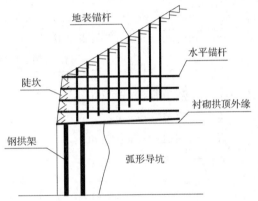

图 9-12 洞门上方陡坎加固及仰坡加固示意图

3. 地面砂浆锚杆

地面砂浆锚杆是在地面加固地层的一种方法,一般适用于埋深小于 25m 的隧道段。地面砂浆锚杆宜垂直设置,也可根据地形及主结构面的具体情况倾斜设置。

地表砂浆锚杆的纵向加固长度一般采用浅埋段长度,或按埋深 $h \leq 2b$(b 为隧道开挖宽度)时的长度作为加固长度范围,同时还应保证沿隧道纵向的加固范围超出不良地质段 5~10m,如图 9-13 所示。

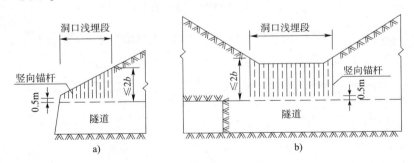

图 9-13 地面砂浆锚杆纵向布置

锚杆横向布置以不侵入隧道开挖范围为原则,按距隧道开挖线 0.5m 的距离控制,如图 9-14 所示。

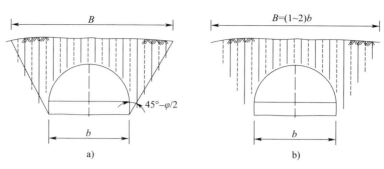

图 9-14 地面砂浆锚杆横向布置

地表砂浆锚杆的横向加固宽度一般按 1~2 倍隧道宽度考虑,或按计算破裂面确定:

假定在软弱围岩中开挖隧道后,边墙两侧岩体沿与竖直面成 $45°-\varphi/2$ 夹角的破裂面滑动。两破裂面与地面的交点之间距离,即为应加固的宽度 B(图 9-15),其半宽度 $B/2$ 为:

$$\frac{B}{2} = \frac{b}{2} + (h+H)\tan\left(45° - \frac{\varphi}{2}\right) \tag{9-3}$$

式中:b——隧道开挖宽度(m);

h——隧道埋深(m);

H——隧道开挖高度(m);

φ——岩体内摩擦角(°)。

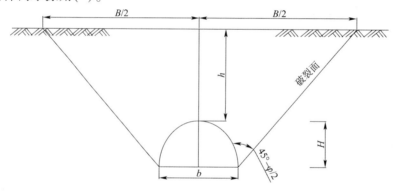

图 9-15 加固宽度计算示意图

为保证加固效果,锚固砂浆达到 70% 以上强度后,才能进行下方隧道的开挖。

第二节 隧道围岩注浆堵水和加固设计

一、注浆机理

隧道工程注浆施工过程中,由于地质条件、地层介质、注浆材料的不同,在地层加固、堵水中浆液可能表现出不同的扩散机理,主要有渗透扩散、劈裂扩散、裂(孔)隙填充、扰动置换压密,如图 9-16 所示。

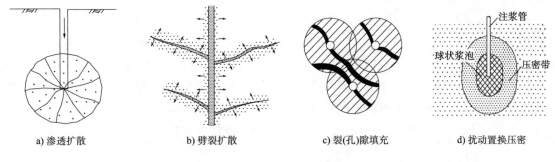

图 9-16 浆液在地层中扩散机理

1. 渗透扩散

渗透扩散是指浆液在压力条件下,在不改变土结构和颗粒排列的前提下,挤走颗粒间的游离水和空气,达到填充土体孔隙的目的,浆液凝结后起到加固土体与堵水作用。对中粗砂、砂卵石层、砾石层的注浆堵水加固都属于渗透扩散机理。

2. 劈裂扩散

劈裂扩散是当注浆压力超过软弱地层的极限抗剪力,软弱地层被劈裂,浆液便沿此劈裂面渗入和挤密地层,形成网状劈裂浆脉,使土体的力学性质及不透水性得以加强,达到注浆加固和堵水的目的。

3. 裂(孔)隙填充

在裂隙或孔隙发育的地层中,浆液在低压下填充裂(孔)隙,达到封堵地下水及固结围岩的目的。主要适用地层为块石角砾堆积层、岩层断层破碎带、富水溶槽溶隙等。

4. 扰动置换挤密

扰动置换挤密是近年来为解决第三系粉细砂层注浆堵水难题,根据实践总结提出的新的注浆机理。扰动置换挤密注浆机理是通过高压风(水)钻孔,预先扰动、破坏粉细砂地层原有致密结构,再高压注入细颗粒浆液,对地层进行置换和挤密固结,与粉细砂形成复合形态,完全改变粉细砂地层的属性,达到堵水加固的效果。

二、隧道工程注浆堵水与加固设计

注浆设计内容主要包括注浆目的、注浆段落划分、注浆孔布置、注浆工艺、注浆材料、注浆结束标准、注浆效果检查评定方法和标准等。以下介绍 5 种常用隧道注浆堵水与加固设计。

1. 水平超前钻孔注浆

水平超前钻孔注浆加固是把具有充填和凝胶性能的浆液材料,通过配套的注浆机具设备压入需加固的地层中,经过凝胶硬化作用后充填和堵塞地层中缝隙,提高注浆区围岩密实性,减小渗透系数及隧道开挖时的渗漏水量,固结软弱和松散岩体,使围岩强度和自稳能力得到提高。

1) 止浆墙厚度

止浆墙是为固定孔口管、密闭注浆体系、抵抗注浆压力影响而施作的构筑物。除围岩较完整的情况外,原则上隧道水平超前注浆均应设置止浆墙。止浆墙厚度可结合注浆压力、开挖断面直径、混凝土抗剪强度等,采用抗剪公式计算,但计算得到的止浆墙厚度一般较大。因此,实际施工中一般根据工程实践和经验取值,铁路隧道工程中常用的止浆墙厚度见表9-1。

铁路隧道工程止浆岩墙厚度选取经验数值(单位:m)　　表9-1

参　数	水平注浆帷幕圈厚度			
	3m 周边注浆	3m 全断面	5m 全断面	8m 全断面
辅助导坑	0.8~1.0	1.0~1.5	1.5~2.0	2.0~2.5
单洞单线隧道	1.0~2.0	1.5~2.0	2.0~2.5	2.5~3.0
单洞双线隧道	1.0~2.0	2.0~2.5	2.5~3.0	3.0~3.5

2) 帷幕厚度

应综合考虑地质条件、水压力值、注浆效果和注浆工期要求等因素,一般按经验值确定注浆帷幕厚度。结合近年大量隧道堵水加固设计经验,注浆施工设计中,注浆帷幕厚度可根据工程实际条件进行类比确定,见表9-2。

隧道注浆堵水等级与适用范围参考表　　表9-2

措施等级	加固范围	应用条件
低	3m 上半断面周边	隧道拱部富水,但围岩稳定性好,没有塌方风险
较低	3m 上半断面	隧道拱部富水,但围岩稳定性较好,没有大塌方风险,注浆后一般需要增设大管棚
中下	3m 全断面	隧道全断面富水,水压不高,围岩稳定性较好,没有大塌方风险
中上	5m 全断面	隧道全断面富水,围岩稳定性差,有大塌方风险,注浆后需要增设大管棚
较高	8m 全断面	隧道全断面富水,水压高(大于1MPa),地层复杂,围岩稳定性差,极易塌方、突涌水,注浆后需要增设大管棚

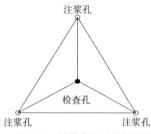

图9-17　扩散半径试验布孔图

3) 浆液扩散半径

注浆扩散半径并不是指浆液在地层中扩散的最远距离,而是指浆液能符合设计要求的扩散距离,因此通常采用三角形布孔,注浆后对三角形重心位置进行钻孔取芯验证,通过试验确定扩散半径,如图9-17所示。

实际设计时也可以根据类似工程经验进行选择,再通过试验段验证优化确定,常见地层注浆堵水扩散半径取值范围见表9-3。

常见地层注浆堵水扩散半径取值范围(单位:cm)　　表9-3

地层	中细砂、砂土	粗砂、节理破碎	卵砾、淤泥、黄土	各种构造带、岩溶
扩散半径	50~80	80~150	150~250	150~350

4）注浆孔布孔

超前钻孔注浆的注浆孔可由工作面向开挖方向呈伞形辐射状布置，在开挖面正面分层布置，根据隧道施工开挖方式可全断面一次布孔或半断面多次布孔，钻孔布置成 1 圈或数圈，长短孔相结合，如图 9-18 所示。

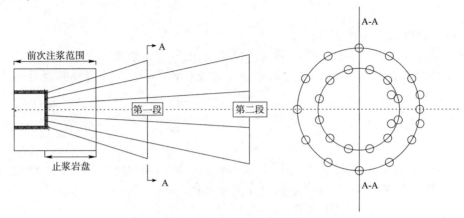

图 9-18　超前钻孔注浆孔布置

5）加固范围

加固范围可以是整个开挖范围及其周边，也可以是一侧、拱部或其他局部区域，如图 9-19 所示。

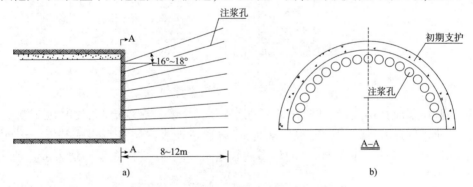

图 9-19　周边孔预注浆

6）注浆孔间距

注浆孔布置受孔底间距控制，孔底间距取 1.4~1.7 倍浆液扩散半径，浆液扩散半径按 1~2m 控制。注浆孔布孔既要最大限度地发挥每个注浆孔的作用，降低工程造价，又要考虑孔与孔之间的浆脉相互搭接，确保注浆效果。一般需要两排（圈）或两排（圈）孔以上。各孔之间扩散范围应紧密搭接，避免出现注浆盲区。多排（圈）孔的最优搭接为等边三角形梅花形布置，如图 9-20 所示。根据等边三角形梅花形布置计算，注浆终孔间距 a 与扩散半径 R 的关系为 $a=\sqrt{3}R$。因此在实际设计中，注浆孔终孔间距应满足式（9-4）：

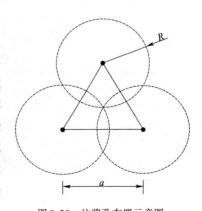

图 9-20　注浆孔布置示意图

$$a \leqslant \sqrt{3}R \tag{9-4}$$

7）总注浆量

浆液设计用量 Q 可按式(9-5)计算：

$$Q = Vn\alpha\beta \tag{9-5}$$

式中：Q——注浆量(m^3)；

V——被加固的土体体积(m^3)；

n——地层孔隙率，可按地质勘察报告中给出的地层孔隙率取值；

α——地层填充系数，深孔注浆及填充注浆宜取 0.6~1.0，小导管注浆及径向注浆宜取 0.2~0.5；

β——浆液损失系数，宜取 1.2~1.4。

2. 隧道地表垂直预注浆

地表注浆加固是从地面向下钻孔注浆，对围岩进行预加固。与地表砂浆锚杆地表加固相比，除了灌浆孔的布置(图9-21)不同外，其余要求相同。

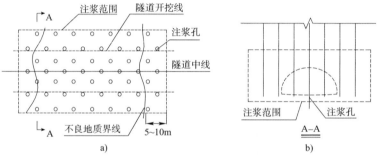

图 9-21 灌浆孔布置

地表垂直注浆成孔难度低、注浆工艺可操作性强、注浆可靠度更高、注浆施工与隧道内开挖可平行作业。隧道开挖过程中出现异常时，可以通过地表注浆进行跟踪补强。因此地面条件允许下，对于埋深较小(小于50m)的隧道注浆堵水加固段，宜优先采用地表垂直预注浆。

1）注浆设计

地表垂直注浆设计方案如图9-22所示，注浆设计参数见表9-4。

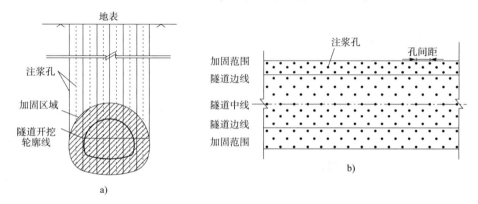

图 9-22 地表垂直注浆设计示意图

地表垂直注浆设计参数 表9-4

参数名称	参数值	备注
加固范围	开挖掌子面及开挖轮廓线外3~5m	大断面及富水地层取高值;若隧道上软下硬、底部为基岩,进入基岩深度应不小于1m
扩散半径	0.8~2m	根据地层的扩散能力选取,一般砂质地层取低值
注浆孔间距	1.2~3m	一般为扩散半径的1.5倍
注浆孔布置方式	梅花形布置	—
注浆分段长度	0.5~1m	根据地层的扩散能力选取,一般砂质地层取低值

2) 套壳料

套壳料的作用是在袖阀管周围形成具有一定强度的保护层。套壳料采用膨润土、水泥和水配制,施工时应通过多组室内及现场试验选取最佳配比。根据施工要求,套壳料凝固时间和强度增长速率应控制在2~5d内可灌浆。套壳料一般配比为膨润土:水泥:水=1:1:2。

3) 注浆材料

地表垂直注浆材料主要根据地层的可注性及注浆工艺要求选取。一般采用普通水泥单液浆、硫铝酸盐水泥单液浆、普通水泥-水玻璃双液浆。

4) 注浆管材选择

地表垂直注浆管材主要分为PVC袖阀管和刚性袖阀管两种。当隧道埋深不大(不超过25m)、注浆压力不大(不超过2MPa)时,宜采用PVC袖阀管。当隧道埋深大(超过25m)、注浆压力大(超过2MPa)时,应采用刚性袖阀管。

5) 注浆终压

注浆终压一般采用2~3MPa。当隧道埋深大、钻孔成本高时,也可采用4~6MPa的注浆终压,以获得较大的扩散半径,减少钻孔数量。

3. 隧道基底注浆

隧道基底注浆一般是在仰拱面或填充层表面布置注浆孔,在注浆孔内安装刚性注浆管,注浆钢管还可与加固地层形成钢管桩复合地基。隧道基底注浆的目的:一是提高基底承载力;二是堵水,减少水压力及水对地层的软化。

1) 注浆设计

隧道基底注浆设计方案如图9-23所示。对于隧底有岩溶发育、钻孔无法达到基岩的情况,加固深度应不小于25m;对于隧底为承载力不足的软弱地层、钻孔无法到有效持力层的情况,加固深度应不小于20m;对于控制隧底应力或膨胀岩地层引起的结构变形,加固深度应不小于10m。其他参数可参照地表垂直注浆设计参数。

2) 注浆材料

基底注浆材料应保证具有良好的耐久性和较高的后期强度,一般可采用普通水泥单液浆、硫铝酸盐水泥单液浆等浆液。为避免单液浆软化基底,宜采用低水灰比的浓浆,必要时掺入一定量的外加剂。

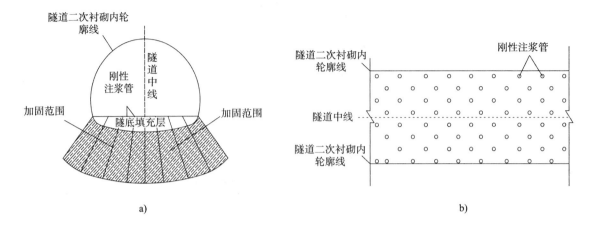

图 9-23　隧道基底注浆设计示意图

3) 注浆管材

注浆管材宜选用热轧无缝钢管,管径应≥76mm,壁厚应≥3.5mm。为保证注浆效果,管材应加工成袖阀管形式。

4. 隧道径向注浆

径向注浆是在隧道开挖后垂直于隧道轮廓线钻孔布设注浆孔实施的注浆。径向注浆的主要作用如下:

①用于对隧道周边局部股流或小面积渗水裂隙进行封堵,控制隧道排水量,降低排水压力,保护生态环境。

②对软弱围岩进行注浆,提高围岩承载力,控制围岩变形。

1) 注浆设计

径向注浆是在需要径向注浆堵水或加固的区段,垂直于隧道开挖轮廓线,按照一定的间距和深度布孔并进行注浆,达到堵水或加固围岩的要求。根据加固范围的不同,径向注浆可分为局部注浆、上半断面注浆或周边全断面径向注浆等。上断面径向注浆设计如图 9-24、图 9-25 所示。

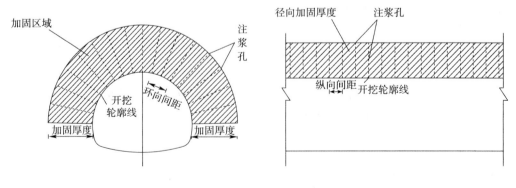

图 9-24　径向注浆设计横断图　　　图 9-25　径向注浆设计纵面图

2)设计参数

径向注浆设计参数一般根据地质条件和地层特点确定,在现场施作过程中不断完善,一般径向注浆设计参数见表9-5。

径向注浆设计参数　　　　　　　　　　表9-5

参 数 名 称	封堵裂隙水	加固软弱地层	注浆加固兼堵水
加固厚度(m)	(0.2~0.5)D	(0.2~0.5)D	0.5D
扩散半径(m)	1~2	0.5~1	0.5
环向间距(m)	2~3	0.8~1.5	0.6~1.0
纵向间距(m)	1~2	0.5~1.5	0.5~1.0
布孔方式	梅花形布置	梅花形布置	梅花形布置

注:D为隧道开挖跨度。

3)注浆参数

注浆宜采取低压力、小流量注浆的作业方式,注浆压力一般为1~2MPa,注浆流量为10~50L/min。实际施工中根据地层地质特点进行动态调整,以满足注浆堵水加固要求。

4)注浆材料

径向注浆材料应以水泥基材料为主,局部动水出水量较大区域可考虑用改性聚氨酯类化学浆液。

5. 高压水平旋喷注浆

高压水平旋喷注浆工法是采用水平定向钻机钻孔至设计深度后,边拔钻杆、边将高压射流浆液喷射到土体内,借助流体的冲击力切削土层,对土体进行置换和切削混合,改变土体结构。钻杆一边低速(20r/min)旋转,一边缓慢(速度15~30cm/min)外拔,使土体与水泥浆充分搅拌混合,胶结硬化后形成直径比较均匀、具有一定强度(0.5~8.0MPa)的桩体,从而达到止水和加固地层的目的。

近年来的工程实践表明,高压水平旋喷注浆工法具有加固体强度高、均匀性强、可控性好等特点。采用高压水平旋喷桩在隧道内进行超前支护的适用于流塑状、孔隙率小、开挖后自稳能力极差的地层,如含水砂层、淤泥地层、富水黄土、第三系含水未成岩地层以及风积沙层等。高压水平旋喷注浆工法需要采用大型专用钻机、超高压注浆泵站、自动化水泥仓等设备,费用相对较高,在矿山法山岭隧道中主要用于富水粉细砂地层的超前预支护;在城市地下工程中主要用于封堵地下水和高精度控制地表沉降。根据富水砂层的地质特点及在开挖施工中易出现的风险点,水平旋喷注浆设计应重点防止拱顶流沙、涌水及坍塌,以确保开挖面稳定。结合设备能力,水平旋喷注浆纵向每循环加固长度为12~18m,每循环开挖9~15m,预留3m作为开挖安全岩墙。周边旋喷为咬合桩,内置钢管,加强桩体刚度;工作面水平桩为大头桩,必要时掌子面稳定桩可内置直径35mm的玻璃纤维锚杆,确保桩体抗拉拔能力;旋喷桩桩径一般为50~80cm。

隧道内水平旋喷桩应根据揭示的地层地质条件进行合理的方案设计,保证成桩效果。旋喷桩方案选择及适用条件见表9-6。

水平旋喷桩方案选择及适用条件　　　　　　　　　　　表9-6

旋喷柱方案	适用地层条件
隧道周边旋喷	适用于需要控制隧道变形、地基处理以及避免拱顶塌落、漏沙的区段,如风积沙、黏土层等地层
周边+掌子面旋喷桩	适用于含水量丰富、掌子面稳定性差的地层,如富水粉细砂层、全风化花岗岩等地层
全断面旋喷	适用于水量大、水压高、容易突水涌沙的粉细砂层

根据实际的地质条件确定超前水平旋喷桩布孔间距。表9-7给出了超前水平旋喷桩的直径,供参照选用。定喷和摆喷的有效直径为旋喷桩直径的1.0~1.6倍。

旋喷桩的设计直径(m)　　　　　　　　　　　表9-7

土　质	标准贯入锤击数 N	单　管　法	二 重 管 法	三 重 管 法
黏性土	0 < N < 5	0.5~0.8	0.8~1.2	1.2~1.8
	6 < N < 10	0.4~0.7	0.7~1.1	1.0~1.6
	11 < N < 20	0.3~0.6	0.6~0.9	0.7~1.2
砂性土	0 < N < 10	0.6~1.0	1.0~1.4	1.5~2.0
	11 < N < 20	0.5~0.9	0.9~1.3	1.2~1.8
	21 < N < 30	0.4~0.8	0.8~1.2	0.9~1.5

水平旋喷桩旋喷注浆材料一般采用水泥浆,地下水丰富地段根据情况采用速凝早强型水泥浆。水泥采用32.5级或42.5级硅酸盐水泥,浆液水灰比1:1~1.5:1。

注浆量计算一般采用体积法或喷量法。体积法按式(9-6)计算注浆量:

$$Q = \frac{\pi}{4}D_e^2 k_1 h_1 (1+\beta) + \frac{\pi}{4}D_0^2 k_2 h_2 \tag{9-6}$$

式中:Q——注浆量(m^3);

D_e——旋喷管直径(m);

k_1——填充率,取0.75~0.9;

h_1——旋喷长度(m);

D_0——注浆管直径(m);

β——损失系数,取0.1~0.2;

k_2——未旋喷范围土的填充率,取0.5~0.75;

h_2——未旋喷长度(m)。

喷量法根据单位时间喷浆量及喷射持续时间计算注浆量,按式(9-7)计算:

$$Q = \frac{H}{v} q (1+\beta) \tag{9-7}$$

式中:Q——注浆量(m^3);

H——喷射长度(m);

v——提升速度(m/min);

q——单位时间喷浆量(m^3/min);

β——损失系数(0.1~0.2)。

三、注浆材料及其配比

注浆材料和注浆设备是开展注浆施工的两大前提,材料的特点和设备的性能决定着注浆工艺的选择及可能实现的注浆效果。

1. 注浆材料分类

注浆材料种类众多,按注浆材料成分可分为粒状无机材料和化学材料两大类。

粒状无机材料为悬浊液型,主要有水泥浆、水泥-水玻璃双液浆、超细水泥浆、超细水泥-水玻璃双液浆、黏土浆、水泥黏土浆、硫铝酸盐水泥浆(HPC 外加剂)等,是目前隧道加固堵水注浆材料的主要选取对象。

化学材料为溶液型,主要有改性水玻璃类、丙烯酰胺类、聚氨酯类、丙烯酸盐类、木质素类、环氧树脂类等。但因为环境污染及自身耐久性问题,在隧道堵水注浆的大剂量注浆材料方案中很少采用。

2. 注浆材料选择及配比

1) 注浆材料选择

主要按照地层及地下水文条件选择注浆材料,但由于各种材料都有其优缺点,很难有一种注浆材料能完全达到理想的要求。因此,在复杂地质条件下应通过综合比选确定注浆材料。隧道堵水常用注浆材料的优缺点对比见表9-8。

六种注浆材料优缺点对比 表9-8

浆液名称	优 点	缺 点
普通水泥单液浆	1. 扩散范围大; 2. 固体结实,强度高,永久固结; 3. 货源广,单价低; 4. 操作简单	1. 凝结时间长,易被地下水冲散,影响注浆效果; 2. 浆液凝结时间不易调整,扩散范围不好控制,造成材料浪费; 3. 浆液颗粒大,细小裂(孔)隙注入性差
普通水泥-水玻璃双液浆	1. 凝结时间快,能快速堵水; 2. 凝结时间可调,能达到不同扩散半径; 3. 业内认可度高; 4. 取材方便,货源广	1. 浆液强度不高; 2. 耐久性差; 3. 双液注入,操作较复杂
改性硫铝酸盐系单液浆	1. 凝结时间可调,实现不同扩散半径; 2. 抗地下水冲散; 3. 耐久性好; 4. 浆块固结体具有微膨胀性	1. 浆液凝结时间不能达到10min 以内,不能用于快速堵水; 2. 因浆液具有快凝特性,操作较复杂; 3. 货源有限,价格略高
改性水玻璃浆(酸性)	1. 化学浆液,能注入极细小孔隙; 2. 货源广泛	1. 浆液强度极低,仅适用于部分少水或无水砂层的固结; 2. 浆液有腐蚀性

续上表

浆液名称	优　点	缺　点
超细水泥单液浆	1.凝结时间长,扩散范围大; 2.固体结实,强度高,永久固结; 3.颗粒细,适用于细小孔隙地层的注浆; 4.操作简单	1.凝结时间长,易被地下水冲散,影响注浆效果; 2.浆液凝结时间不易调整,扩散范围不好控制,造成材料浪费; 3.单价较高
超细水泥-水玻璃双液浆	1.凝结时间短,能快速堵水; 2.凝结时间可调,能实现不同扩散半径; 3.颗粒细,适用于细小孔隙地层的注浆; 4.取材方便,货源广	1.单价较高; 2.浆液强度低; 3.双液注入,操作较复杂

2) 浆液配合比参数

为确保注浆效果,在浆液黏度不影响泵送和扩散半径的情况下,浆液配置原则上宜浓不宜稀,常用浆液配比见表9-9。

常用注浆材料配比参数　　　　表9-9

浆液名称	配比参数		
	水灰比	体积比	水玻璃浓度(波美度)
普通水泥单液浆	0.6:1~0.8:1	—	—
超细水泥单液浆	0.6:1~1:1	—	—
改性硫铝酸盐水泥浆	0.6:1~1.2:1	—	—
普通水泥-水玻璃双液浆	0.6:1~1:1	1:1~1:0.3	30~35
超细水泥-水玻璃双液浆	0.6:1~1:1	1:1~1:0.3	30~35

由于水泥品种和地下水质的不同,可能会对浆液凝结时间产生一定的影响,实际施工中,应对配比参数进行室内试验,确定参数后进行现场试验,然后才能在现场使用。

四、注浆效果检查评定

1. 检查评定内容

检查评定内容主要包括注浆专项设计文件、注浆施工组织方案、钻孔注浆记录表、施工过程特征工序影音资料、效果检查报告等。

2. 评定方法体系

参考北京市地方标准《城市轨道交通隧道工程注浆技术规程》(DB11/T 1444—2017),将目前常用的注浆效果检查评定方法分为宏观类、检查孔类、过程类和物探类四大类,包含10种常用的具体方法及评定标准,见表9-10。

注浆效果检查评定方法与标准　　　　　　　　　　　表9-10

评定方法		标　准
宏观类	P-q-t 曲线法	根据所记录的注浆压力(P)、注浆速度(q)、注浆时间(t)三者之间的关系,绘制 P-q-t 曲线图进行分析。满足合格标准的注浆孔数量宜大于80%
	涌水量对比法	以加固为主要目的注浆工程堵水率宜大于80%,以止水为主要目的注浆工程堵水率宜大于90%
	填充率反算法	以加固为主要目的注浆工程浆液填充率宜大于80%,以止水为主要目的注浆工程浆液填充率宜大于90%
检查孔类	取芯法	取芯孔数量宜取注浆孔数的3%~6%。以止水为主要目的的注浆工程芯样无侧限抗压强度宜大于0.3MPa,以加固为主要目的的注浆工程宜大于0.5MPa,且应满足专项设计的要求。孔深与隧道计划开挖长度一致
	检查孔观察法	检查孔数量宜取注浆孔数的3%~6%(不少于3个)。利用孔内成像仪对注浆后的地层进行直接成像观察,检查孔应成孔完整,无塌孔、涌沙、涌泥现象,出水量小于注浆专项设计要求且能保持1h以上,孔深与隧道计划开挖长度一致
	渗透系数测试法	测试孔数量按注浆孔数的1%~3%布设。注浆后地层的渗透系数应降低一个数量级,且止水目的深孔注浆宜小于10^{-2}m/d。孔深与隧道计划开挖长度一致
过程类	直接观察法	开挖面掌子面应浆液填充饱满,能自稳,无水或少水,且满足安全开挖要求,或径向注浆、填充注浆后隧道周围渗漏水明显减少,变形得到明显控制
	监测数据判定法	通过监测反馈的结果,判断注浆加固效果是否达到工程要求
物探类	雷达法	以雷达为工具,对比注浆作业前后成果图像差异,宏观判断注浆效果
	电法	以电法仪为工具,对比注浆作业前后成果图像差异,宏观判断注浆效果

　　隧道内超前水平预注浆(全断面超前预注浆、半断面超前预注浆、超前周边注浆等)效果的检查评定可采用2~4种检查方法相互验证,其中检查孔观察法和 P-q-t 曲线法是最常用方法,可根据工程特征再选1~2种方法进行辅助验证。

　　垂直注浆(隧道上方地表垂直注浆、隧底加固垂直注浆、路基工程垂直加固注浆等)效果的检查评定可采用渗透系数测试法、取芯法和 P-q-t 曲线法,其中渗透系数测试法是必选项目,选其余两种中的一种作为辅助验证。

　　隧道径向注浆(隧道径向堵水注浆、隧道变形处理的加固径向注浆等)的堵水注浆效果检查评定通常采用涌水量对比法,要求堵水率大于80%;处理隧道变形的径向加固注浆,要求注浆后变形控制量降低至原变形量的40%以下。

思考与练习

1. 什么是隧道辅助工程措施?隧道辅助工程措施的主要作用是什么?
2. 简述超前管棚支护的设计要点。
3. 简述超前小导管支护的设计要点。
4. 隧道工程的注浆浆液扩散机理有哪些?
5. 隧道工程注浆效果的检查评定方法主要有哪些?

第十章 隧道路基与路面设计

第一节 路基与路面设计基础知识

一、路基设计基础知识

道路路基是在地面上按路线的平面位置和纵坡要求开挖或堆填成一定断面形状的土质或石质结构物,是道路的主体,也是路面的基础,它与路面共同承受交通荷载的作用。路基一方面要保证汽车行驶的通畅与安全,另一方面要支承路面承受行车荷载的作用。路基应具有足够的强度、抗变形能力和耐久性。路基应作为支承路面的岩土结构物来进行综合设计。道路路基设计应坚持调查研究、因地制宜、就地取材的原则,应符合道路建设的基本原则。设计前必须做好工程地质、水文地质、环境、土地利用、文物古迹及建筑材料等有关条件的调查和勘测工作,并根据道路等级、行车要求和自然条件,做出正确、合理的设计。

路基横断面的常见形式主要有路堤、路堑、半填半挖路基(图10-1)。

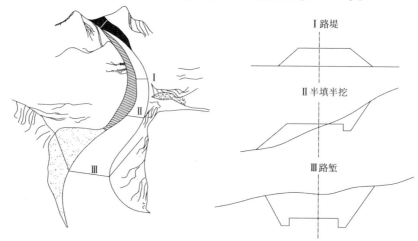

图10-1 道路路基断面形式

路堤是指路基顶面高于原地面的填方路基。路堑是指全部由地面开挖出的路基。半填半挖路基是指在原地面的横向斜坡上,由一部分路堤和一部分路堑组合而成的路基形式。路基横断面方向上一般由路基的边坡、路肩(人行道)、车行道、分隔带、支挡和排水构造物等部分组成。

二、路面设计基础知识

路面是各种不同材料按一定的厚度与宽度分层铺筑在路基顶面上的结构物。路面可供汽车在其表面上行驶,可直接承受行车荷载的作用,能够担负汽车的荷载而不破坏,确保道路全天候安全通车。路面应有足够的强度和良好的稳定性,其表面应达到平整、密实和抗滑的要求。

路面结构主要由面层、基层和垫层组成。

1. 面层

面层是直接同行车和大气接触的表面层,承受行车荷载较大的竖向力、水平力和冲击力作用,易受降水的侵蚀和温度变化的影响。面层应具有较高的结构强度、刚度和稳定性,并且耐磨、不透水,其表面还应具有良好的抗滑性和平整度。

修筑面层的主要材料有水泥混凝土、沥青混合料、碎(砾)石混合料及水泥混凝土嵌锁式块料等。修筑高等级道路面层所用的材料主要有沥青混凝土和水泥混凝土。其中,沥青面层往往由2层或3层构成,即表面层(或称为磨耗层)、中面层、下面层等。

2. 基层

基层位于面层之下,是路面结构中的承重部分,承受由面层传来的车轮荷载垂直压力,并将其向下面层次扩散分布。基层应具有足够的抗压强度和扩散应力的能力,应平整以保证面层的厚度均匀,与面层结合良好以提高路面结构整体强度,避免面层沿基层滑移推挤,还应具有足够的水稳性。修筑基层用的材料有:

①各种结合料(如石灰、水泥或沥青等)稳定性碎(砾)石混合料。

②各种工业废渣混合物:如化铁炉熔渣、煤渣或粉煤灰等石灰组成的混合料、外掺碎石或土的混合料。

③各种碎砾石混合料或天然砾石。

④片石、块石或圆石。

3. 垫层

为保证面层和基层的强度、刚度和稳定性不受土基温度和湿度状况变化所造成的不良影响,应设置垫层。垫层介于路基和基层之间,它的主要功能是改善土基的湿度和温度状况,并且将基层传递来的车辆荷载应力加以扩散,以减小路基产生的应力和变形。垫层材料强度不要求很高,但其水稳性要好。常用的修筑垫层的材料有:

①松散颗粒材料(透水性垫层):如砂、砾石、炉渣、片石、锥形块石等。

②整体性材料(稳定类垫层):水泥、石灰稳定土。

按照材料的不同,路面可分为以下3类:

①沥青路面,是在柔性基层、半刚性基层上,铺筑一定厚度的沥青混合料面层的路面结构,是一种柔性路面。沥青面层分为沥青混凝土、沥青混合料、乳化沥青碎石、沥青贯入式、沥青表面处治等类型。

②水泥混凝土路面,是指以水泥混凝土面板和基(垫)层组成的路面,又称为刚性路面,种类有普通混凝土路面、钢筋混凝土路面、碾压式混凝土路面、纤维混凝土路面、连续配筋混凝土路面等。

③其他路面,主要是指在柔性基层上用有一定塑性的细粒土稳定各种集料的中低级路面,如普通水泥混凝土预制块路面、联锁型路面砖路面、石料砌块路面、级配碎石路面及泥结级配

碎石路面等。

在上述3种路面形式中,沥青路面和水泥混凝土路面是最常用的两种。

沥青路面的优点主要有:

①具有足够的力学强度,能承受车辆荷载施加到路面上的各种作用力。

②具有一定的弹性和塑性变形能力,能承受应变而不破坏。

③与汽车轮胎的附着力较大,可保证行车安全。

④有高度的减振性,可使汽车快速、平稳行驶,噪声低。

⑤不扬尘,容易清扫和冲洗。

⑥维修工作比较简单。

沥青路面的缺点主要有:

①沥青路面的物理、力学性质受气候和时间的影响比较大,必须满足高温稳定性、低温抗裂性、耐久性及抗滑要求。

②沥青路面易受温度、行车及整体强度因素影响易产生裂缝。

③温度较高时,车辆反复碾压,路面会产生塑性流动变形而形成车辙。

④沥青与矿料黏附性差,易导致路面松散剥落。

⑤沥青路面经反复碾压后会产生沥青上翻,导致表面磨光。

水泥混凝土路面的优点主要有:

①强度高,有较强的抗压、抗弯拉、抗磨耗能力。

②稳定性好,水稳定性、热稳定性都较好,特别是其强度能随时间的延长而逐渐提高,不像沥青存在老化现象。

③耐久性好,一般能用20~30年,能通行履带车等各种车辆。

④有利于夜间行车,水泥路面色泽鲜明,能见度好。

水泥路面的缺点如下:

①对水泥需求量大。

②行车噪声大,舒适性差。

③有接缝,增加施工和养护的复杂性,容易引起车辆跳动,且接缝是路面的薄弱点,处理不当会引起路面板边和板角处破坏。

④开放交通较迟,路面完工后要经28d的潮湿养护,若提前开通须进行特殊处理。

⑤修复困难,混凝土路面损坏后,开挖困难,修补工作量大,影响交通。

三、隧道路基、路面的特点

隧道在地层中穿越,其埋置条件、运营环境与洞外明线路段有较大的不同,因此,与洞外路段相比,隧道内路基和路面具有以下特点:

①隧道路基(底板)处于山体中,地下水对路基、路面的影响更大。

②隧道为管状构造物,空间狭小,汽车尾气、粉尘易在洞内积聚,导致废气、油烟、粉尘在路面表面的黏附比洞外多。油渍污染、粉尘黏聚使路面抗滑性能变差,且得不到天然降雨的冲洗,长期作用影响隧道内路面的抗滑性能。

③洞内发生火灾时,高温对路面的影响比洞外严重。

④洞内路基、路面受场地条件限制,施工条件差,维护难度大。
⑤行车安全受雨天影响大,隧道洞口段车辆带进的水会降低路面抗滑性能。
⑥洞内光线差,视觉环境差,对行车不利。

上述特殊性使得隧道内的交通量、行车速度、平纵线形指标、气候条件对行车安全的影响比一般路段更大。因此,在设计隧道内路基与路面时,除应满足普通道路路基与路面的设计要求外,还应重点考虑隧道内路基与路面的特殊要求。

第二节 隧道路基设计

隧道路基应稳定、密实、均质,为路面结构提供均匀的支承。相比于洞外明线线路,山岭隧道底部一般为岩石条件,具备良好的地基承载力,用作路基具有天然的承载力优势。但是,由于隧道路基(底板)处于山体中,地下水对路基的影响很大,在进行隧道路基设计时还必须充分考虑地下水对隧道路基的作用。一般可通过在路面以下设置完善的排水系统来减轻地下水对隧道路基的影响。

根据所处的围岩条件不同,隧道衬砌结构一般分为设置仰拱的封闭衬砌结构和不设仰拱的半封闭衬砌结构(图10-2)。针对不同的隧道衬砌结构形式,对应的路基的设计也有区别。

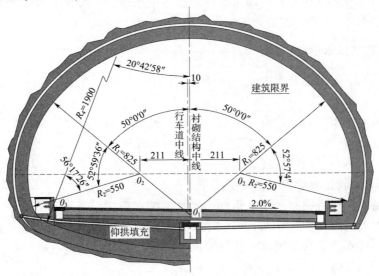

图10-2 隧道衬砌结构形式

一、设置仰拱的隧道路基设计

仰拱是为了改善上部支护受力条件而设置在隧道底部的反向拱形结构,是隧道的主要组成部分之一,是隧道的基础。仰拱可以将隧道上部的地层压力和路面荷载传递到地下,而且还能有效地抵抗隧道下部地层传来的反力(包括水压力)。是否设置仰拱,要统筹考虑围岩级别、地应力大小、隧道跨度、矢跨比以及隧道运营中可能遇到的最大动荷载等因素,其中起决定性作用的因素是围岩地质情况。一般来说,设置仰拱的区段都是地基承载力较弱的土质或破碎岩质地段。

当隧道衬砌设置仰拱时，路基主要由仰拱结构自身及仰拱回填共同形成。仰拱的填充材料和填充要求必须符合相应的规定。填充材料应采用混凝土或片石混凝土，其强度等级不得低于 C15（图 10-3）。

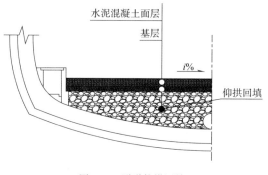

图 10-3　隧道仰拱回填

二、不设仰拱的隧道路基设计

不设仰拱的隧道区段，路基应置于稳定的石质地基上。一般情况下，不设仰拱的区段的地质条件较好，尤其是对于山岭隧道，地质条件一般为中风化～微风化的岩石地基，承载力较强，一般能满足路基承载力的要求，是天然的优良地基。

三、隧道路基防排水设计要求

隧道路基受地下水的影响很大，在进行隧道路基设计时必须充分考虑地下水对隧道路基的作用。

带仰拱隧道衬砌为封闭结构时，地下水的危害影响小，只要严格按仰拱填充材料的填充要求施工，就可以使路基达到较好的稳定性、密实性和均质性。

不设仰拱的天然石质地基作隧道路基，受地下水影响大，除其他物理力学性能要求外，还应对地基的水稳性、软化程度提出更高的要求。

隧道内的路基宜设置完整的排水系统。排水系统宜包括横向排水管和中央排水沟（条件限制或泄水量不大时可设侧式排水沟）。横向排水管应位于衬砌基础和隧道路面的下部，作为连接隧道纵向排水盲管与中央排水沟的通道。中央排水沟最后将隧道衬砌背后的渗水汇集后排出隧道，进入洞外路基排水边沟中。

对未设仰拱的隧道区段，当路面上面层采用沥青面层铺装时，其排水系统应保证地下水位不高于路基顶面以下 30cm。季节性冰冻地区，地下排水应符合现行《公路路基设计规范》（JTG D30）中有关路基防冻深度的规定。

第三节　隧道路面设计

隧道路面结构的受力状况、服务要求和工作环境与一般填挖路段的路面结构有较大的区别,尤其是隧道路面服务功能方面的技术要求更高。隧道路面处于半封闭环境中,与完全处于野外的普通路面相比,其特点表现为:路面层下通常为强度较高的基岩,净空有限,温差小,湿度大,光线暗,进、出隧道段亮度变化较大,噪声大且不易消散,尾气浓度高,防灾救援难度大以及路面维修不便等。隧道路面设计除了满足普通道路路面的基本技术要求外,还应考虑隧道内行车的特点。因此,隧道路面设计必须充分考虑隧道路面的特殊性,简单地按照一般路段路面结构设计方法进行隧道路面结构设计,可能影响隧道内行车的安全性和舒适性。

一、隧道路面的结构组成与类型

1. 隧道路面的结构组成

应根据隧道结构和地质条件确定隧道路面结构。不设仰拱的隧道路面应设置基层和面层,可根据需要增设整平层;设仰拱的隧道可只设基层和面层(图10-4)。

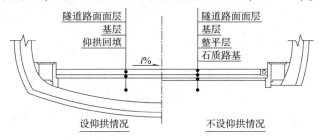

图10-4 不设仰拱段的路基

围岩较好的岩质隧道一般可不设仰拱。在不设仰拱的隧道底部施工时,由于施工控制问题,岩石路基一般存在超挖与欠挖现象,导致底部的地基面不平整。为了更好地承载上部路面结构,便于传递荷载,在不设置仰拱的路面区段应设整平层;而设仰拱的隧道,因仰拱回填已充当了整平层,无须单独设置整平层,故其路面结构仅设基层和面层即可。

2. 隧道路面的类型

欧洲几乎所有的隧道都采用沥青路面,日本则采用水泥混凝土路面。2000年以前,我国公路隧道多采用水泥混凝土路面。《公路隧道设计规范》(JTG D70—2004)颁布实施后,越来越多的高速公路隧道、一级公路隧道采用了复合式路面。工程实践表明,复合式路面可明显提高行车安全性和舒适性,并能有效降低事故率,因此越来越受到工程技术人员的认可。《规范》推荐一级公路、高速公路隧道路面采用上面层为沥青混合料、下面层为水泥混凝土的复合式路面,但由于我国地域辽阔、地区差异大、发展不平衡、交通量和运输状况不同,因而要求也不同;其他等级公路隧道可以根据交通运输状况、地方特点、材料供应、经济分析等决定采用复合式路面或水泥混凝土路面。

水泥混凝土路面(图10-5)由于强度较高,在隧道路面中得到了广泛应用。但水泥混凝土路面行车噪声较大,且在使用后很短的时间内其抗滑性能就会大大降低,因此,选择水泥混凝土作为路面材料时必须优先考虑其降噪和抗滑性能。目前新型的隧道路面材料(如钢纤维混凝土)具有较好的抗拉、抗折、耐磨和抗冲击能力,多孔水泥混凝土具有明显的降噪功能和良好的排水效果,是隧道路面设计中可考虑采用的面层材料。

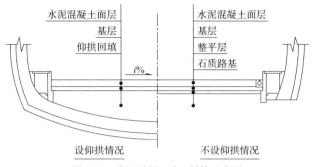

图 10-5 水泥混凝土路面结构示意图

在水泥混凝土路面板上加铺抗滑性能优良的两层沥青罩面形成双复合式路面(图10-6),是改进隧道路面抗滑性能的有效措施。但在隧道内发生火灾时,沥青路面可能参与燃烧并释放浓烟,不利于运营安全和救援工作的开展,因此应采用加入阻燃剂的复合改性沥青。

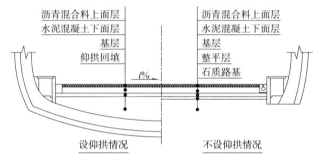

图 10-6 复合式路面结构示意图

常用路面面层的类型及其使用条件如表 10-1 所示。

常用路面面层类型及使用条件　　　　　表 10-1

水泥混凝土路面	复合式路面	适 用 条 件
横缝设传力杆的普通混凝土 连续配筋混凝土 钢纤维混凝土	沥青混合料上面层 + 连续配筋混凝土 沥青混合料上面层 + 横缝设传力杆的普通混凝土	高速公路、一级公路
钢纤维混凝土 连续配筋混凝土	沥青混合料上面层 + 连续配筋混凝土 沥青混合料上面层 + 横缝设传力杆的普通混凝土	特重交通的高速公路
普通混凝土 碾压混凝土	沥青混合料上面层 + 普通混凝土 沥青混合料上面层 + 普通混凝土	二级及二级以下公路

二、隧道整平层的设计要点

隧道整平层设计应符合以下规定:
①岩石路基开挖过程中,超挖或欠挖部分应采用素混凝土整平。
②整平层应具有符合设计要求的刚度和抗冲刷能力。
③整平层的平均厚度不小于150mm,其抗压强度不低于20MPa,弯拉强度不低于1.8MPa。

整平层与基层材料相同时,可与基层一起浇筑。

三、隧道基层的设计要点

路面基层设计应符合下列规定:
①基层应具有符合设计要求的刚度、抗冲刷能力和耐久性。
②不设仰拱的隧道路面基层应置于坚实的地基上。
③基层的类型、交通等级、厚度范围可根据表10-2选择。

基层类型、交通等级、厚度范围 表10-2

交 通 等 级	基 层 类 型	厚度范围(mm)
特重交通	素混凝土、碾压混凝土	120~200
重交通	水泥稳定碎石	150~200
中等或轻交通	半刚性稳定材料或级配碎石	150~200

④基层宜采用素混凝土,厚度宜为150~200mm,抗压强度等级不应低于C20,弯拉强度不应低于1.8MPa,且应设置与混凝土面层相对应的横向缩缝。
⑤隧道基岩的强度较高时,宜采用能减小路面厚度、增加隧道内净空的高强度薄层基层材料,如半刚性基层或素混凝土基层等。基层材料选择,除应考虑基岩的强度条件外,还应考虑不同交通等级的荷载情况。
⑥碾压混凝土基层应设置与混凝土面层相对应的接缝。当素混凝土基层弯拉强度值超过1.8MPa时,应设置与混凝土面层相对应的横向缩缝;一次摊铺宽度大于7.5m时,应设纵向缩缝。

四、隧道水泥混凝土路面的设计要点

隧道采用水泥混凝土路面面层时应符合下列规定:
①二、三、四级公路宜采用设接缝的水泥混凝土面层。水泥混凝土面层厚度要求为:三、四级公路宜为200~220mm,二级公路宜为220~240mm。混凝土强度等级要求为:三、四级公路宜为C35~C40,抗折强度宜为4.0~4.5MPa;二级公路不宜小于C40,抗折强度宜为4.5~5.0MPa。
②高速公路和一级公路应采用连续配筋混凝土面层或钢纤维混凝土面层。水泥混凝土面层厚度宜为240~260mm,混凝土强度等级宜为C40~C50,抗折强度不宜小于5.0MPa。
③面层厚度、接缝构造与布设间距、钢纤维混凝土钢纤维掺量、面层特殊部位的配筋应符合现行《公路水泥混凝土路面设计规范》(JTG D40)的有关规定;洞口段应设胀缝;衬砌结构变化处应结合衬砌变形缝统一设置横向接缝。
④各级水泥混凝土路面结构可靠度设计标准、材料性能、结构参数及变异水平、设计方法、标准轴载、材料组成和性质参数应符合现行《公路水泥混凝土路面设计规范》(JTG D40)的有关规定。高速公路、一级公路隧道水泥混凝土路面粗、细集料的级别均宜采用Ⅰ级。
⑤路面表面构造深度应满足现行《公路水泥混凝土路面设计规范》(JTG D40)对特殊路段的有关规定;对不利条件下的路面,构造深度应取大值。表面构造应具有耐磨损性能,采用刻

槽时宜采用纵向刻槽,高速公路、一级公路、进洞口段及坡度较大的隧道宜同时采用纵向和横向刻槽。采用复合式路面时,作为下面层的水泥混凝土表面构造可不受本要求限制。

⑥应根据使用要求及混凝土路面状况,经技术经济比较后选用水泥混凝土加铺结构或沥青混凝土加铺结构。加铺层结构设计应符合现行《公路水泥混凝土路面设计规范》(JTG D40)、《公路沥青路面设计规范》(JTG D50)的有关规定。

当路面采用连续配筋混凝土面层时,其配筋宜符合下列规定:

①宜采用直径为8~12mm的冷轧带肋钢筋焊接网,也可采用直径为12~20mm的纵向和横向冷轧带肋钢筋。配筋可按式(10-1)确定,且最小配筋率不宜小于0.15%。

$$A_s = \frac{16L_s h\mu}{f_{sy}} \tag{10-1}$$

式中:A_s——每延米混凝土面层宽(或长)所需的钢筋面积(mm^2);

L_s——纵向钢筋时,为横缝间距(m);横向钢筋时,为无拉杆的纵缝或自由边之间的距离(m);

h——面层厚度(mm);

μ——面层与基层之间的摩阻系数,可取1.8;

f_{sy}——钢筋的屈服强度或强度标准值(MPa)。

②纵向和横向钢筋设在面层上部时,均应采用单层布置,纵向钢筋的净保护层厚度不应小于50mm,横向钢筋应位于纵向钢筋以下。

③纵向和横向钢筋宜采用相同或相近的直径,直径差不应大于4mm。纵向钢筋的间距不应大于200mm,横向钢筋的间距不应大于800mm,且不应小于100mm或集料最大粒径的2.5倍。边缘钢筋至纵缝或自由边的距离宜为100~150mm。

④纵向钢筋的焊接长度不宜小于10倍(单面焊)或5倍(双面焊)钢筋直径,相邻钢筋焊接位置应错开,各焊接端连线与纵向钢筋的夹角应小于60°。

五、隧道复合式路面设计要点

隧道复合式路面沥青混凝土面层应符合下列规定:

①沥青混凝土面层应具有与水泥混凝土面板黏结牢固、防水渗入、抗滑耐磨、抗开裂、抗车辙、抗剥离等性能,相关性能要求应符合现行《公路沥青路面设计规范》(JTG D50)的有关规定。

②沥青混凝土面层宜采用双层式沥青面层,即由沥青面层和黏结层组成,厚度宜为80~100mm。

③黏结层是使沥青面层、防水层与混凝土面板联结成整体的结构层,应保证沥青上面层与水泥混凝土下面层之间有足够的抗剪切强度。黏结层的施工顺序宜为:先施工水泥混凝土下面层,完成后对其表面进行拉毛处理并喷洒高黏度热沥青,增加两层之间的黏结强度;对隧道路基存有的地下水,除应处理好路基排水外,还应在黏结层上设置防水层,防止地下水对沥青面层造成不良影响。

④沥青混合料上面层宜采用双层式沥青面层。表面层应具有平整密实、抗滑耐磨、稳定耐久、阻燃和反光等性能;沥青下面层应具有与混凝土面板黏结牢固、防水渗入、抗滑耐磨、低温

抗开裂、高温抗车辙和抗剥离等性能。

⑤沥青混合料上面层材料应具有较高的抗滑耐久性以抵抗行车荷载的磨耗;应具有较高的抗拉疲劳强度以抵抗在垂直荷载与水平荷载综合作用下对表层的拉应力,并且能够抵抗接缝处表面的拉应力作用。上面层材料宜优先选用具有较高沥青含量的 SMA 沥青混合料,也可采用表面抗滑性能较好的 OGFC 沥青混合料。表面层厚度宜为4cm,沥青表面层的厚度、混合料类型宜与洞外路段相同,以方便铺装施工。沥青下面层可采用厚度 4~6cm 的中粒式沥青混凝土。

⑥沥青面层的混合料类型宜与洞外路段相同,特长隧道可采用温拌沥青混合料,各种外加剂的掺入应不影响混合料的路用性能。

⑦沥青面层与混凝土面板间应设置黏结层,黏结层宜采用改性乳化沥青或热喷 SBS 改性沥青 + 预拌沥青碎石。

⑧隧道结构变形缝、非连续配筋且无拉杆的水泥混凝土面层接缝和胀缝处,以及存在后期不均匀沉降的软弱地层的隧道段,应在水泥混凝土面板相应位置采取设置加筋土工材料或应力吸收层等减缓反射裂缝的措施。

⑨沥青上面层在调平层上铺装时,混凝土调平层厚度不宜小于80mm,并应设钢筋网;纤维混凝土调平层厚度不宜小于60mm;调平层混凝土强度应与下层钢筋混凝土结构路面板一致,并应结合紧密。

⑩对沥青混合料的配合比设计、高低温性能、水稳性、黏结层、防水层的要求,可参照现行《公路沥青路面设计规范》(JTG D50)的有关规定执行。沥青复合式路面结构的设计实例见图 10-7。

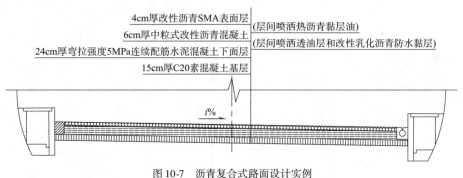

图 10-7 沥青复合式路面设计实例

六、隧道洞口过渡段路面设计要点

隧道洞内、外路面面层类型不一致时,尤其是在洞内采用水泥混凝土路面而洞外采用沥青路面的情况下,如果行车速度较高,由于两种面层抗滑性能的差异,极易造成车辆侧滑等事故,危及行车安全。根据浙江省高速公路隧道水泥混凝土路面交通事故的调查结果,事故大多发生在入口 200~400m 路段,且集中发生在长隧道。因此,为保证洞内一段路面与洞外路段路面保持一致,应设置与洞外路段一致的洞内过渡段,并应符合以下规定:

①高速公路和一级公路中的中隧道、长隧道和特长隧道,洞内进口过渡段长度不应小于隧道照明入口段、过渡段的合计长度,且不应小于300m,洞内出口过渡段长度不应小于3s 设计

速度行程长度。特别注意,根据《公路隧道照明设计细则》(JTG/T D70/2-01—2014)计算得到的隧道照明入口段、过渡段合计长度,比《公路工程技术标准》(JTG B01—2014)对隧道洞口平纵线形 3s 设计速度行程长度的规定要求高。

②高速公路和一级公路中的短隧道及二、三、四级公路隧道,洞内进、出口路面过渡段长度不应小于 3s 设计速度行程长度,且不应小于 50m。这与《公路工程技术标准》(JTG B01—2014)对隧道洞口平纵线形的规定是一致的。

③桥隧相接或与固定构造物相接的胀缝无法设置传力杆时,可在距接缝 10~15m 的水泥混凝土路面结构内配置双层钢筋网。隧道内混凝土路面与桥梁相接且桥头设有搭板时,应在搭板与隧道混凝土面层板之间设置钢筋混凝土面层过渡板。过渡板与搭板间的横缝采用设拉杆平缝形式,与混凝土面层间的横缝采用设传力杆胀缝形式。隧道内混凝土路面与桥梁相接,桥头未设搭板时,宜在混凝土面层与桥台之间设置钢筋混凝土面层板,或设置由混凝土预制块面层或沥青面层铺筑的过渡段。

④隧道内水泥混凝土路面面层与沥青路面面层相接时,沥青路面面层一侧应设不少于 3m 长的过渡段。过渡段的路面采用两种路面呈阶梯状叠合布置,其下面变厚水泥混凝土过渡板厚度不应小于 200mm,如图 10-8 所示。过渡板与水泥混凝土面层相接处的接缝内宜设直径 25mm、长 700mm、间距 400mm 的拉杆。混凝土面层毗邻该接缝的 1~2 条横向接缝应设置为胀缝。

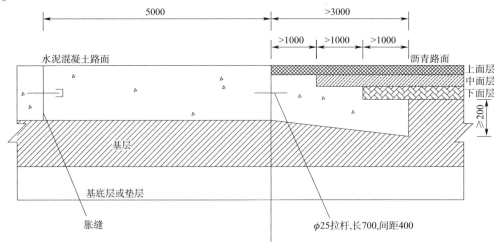

图 10-8 水泥混凝土路面与沥青路面相接段的构造布置(尺寸单位:mm)

思考与练习

1. 设置仰拱和不设置仰拱的隧道,其路基设计有何区别?
2. 隧道工程中常用到的路面类型有哪些?各自有何特点?
3. 简述隧道水泥混凝土路面的设计要点。
4. 简述隧道复合式路面的设计要点。

第十一章 计算机辅助设计(CAD)在隧道工程设计中的应用

CAD 是计算机辅助设计(Computer Aided Design)的简称,是一种通过计算机及图形设备辅助设计人员进行设计的技术。该技术诞生于 20 世纪 60 年代,但早期由于硬件设备比较昂贵,应用范围并不广泛。20 世纪 80 年代,随着小型计算机的普及,CAD 技术得以迅速发展。CAD 技术早期主要被用于绘制与手绘图纸相仿的图纸,是一个单纯的绘图工具,但随着技术的不断发展,CAD 的含义发展为现在的计算机辅助设计。一个完善的 CAD 系统,应包括交互式图形程序库、工程数据库和应用程序库。借助 CAD 技术,可以大大缩短产品或工程的设计周期,提高设计效率。

隧道工程由于不确定性因素较多,信息化设计是必然趋势,CAD 技术以其方便、快捷、易操作等优势在隧道工程设计中被广泛应用。隧道工程设计领域应用的国内外 CAD 软件种类很多,如 AutoCAD、中望 CAD、浩辰 CAD、杰图隧道 AutoCAD、纬地公路与铁路隧道设计系统 HintSD 等。

当前,使用最广泛的是 Autodesk 公司的 AutoCAD 软件,本书以 AutoCAD 为例,介绍 AutoCAD 在隧道工程设计中的应用。其他 CAD 软件的操作具有一定的相似性,可以参考本章的内容。

第一节 隧道工程制图标准

目前,关于隧道工程制图标准尚无统一要求,在符合相关强制性标准的前提下,各设计单位建立了自己的绘图标准。本书选取了国内两大设计院的隧道工程绘图标准进行介绍。

一、隧道工程制图标准示例 1

①图表中的文字统一使用大字体(FSDB_E.shx,FSDB.shx),文字样式名采用 FSDB。除地形图等外部参照自带字体外,不得采用其他字体。
②图表中的文字字高 3.5mm,附注中文字字高 4.0mm,宽度因子为 0.75。
③图表的标题均置于图表上方,字高 5.0mm,宽度因子为 0.75。
④图表中的数量单位统一使用国际标准单位的英文缩写,如 kg、t、m、km、m^2、m^3。
⑤线条粗细规定:粗线 0.6mm,中粗线 0.4mm,细线 0.15mm。
具体绘图要求见图 11-1。

二、隧道工程制图标准示例 2

①文字的字体统一采用仿宋,文字宽度因子为 0.7。
②图名及标题字高 4.0mm,图名及标题下部标线采用双线标记,上线线宽 0.5mm,下线线宽 0.15mm,上、下线间距 1mm,上线与标题字间距 1.0mm;若为剖面标记符号,例如 A – A,则上线与

标题字间距0.8mm。

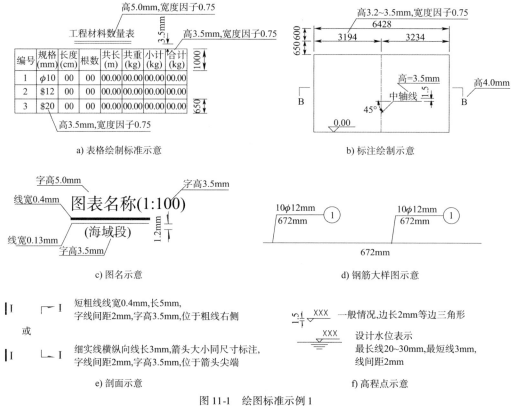

图 11-1　绘图标准示例1

③附注字高3.5mm,指示说明文字字高3.0mm。

④表头字高4.0mm,表中汉字高3.0mm,表中数字高3.0mm。

⑤图中计量单位一律用中文符号,符号的大小写按《国际单位制及其应用》(GB 3100—93)、《有关量、单位和符号的一般原则》(GB 3100—93)等执行。

⑥剖面符号严格按下列要求执行:编号采用大写英文字母,剖面箭头短线长5.0mm,长线8.0mm,箭头大小为3.5mm,断面箭头短线长5.0mm。

⑦尺寸标注端线距标注点1.5mm,标注线以上线高1.5mm,箭头大小为2.0mm,文字字高为2.5mm,尺寸字线间距为1.0mm。

⑧直线标注用斜线,角度、直径、半径用箭头。

⑨常见的线条线宽及颜色见表11-1,隧道工程设计标准图框如图11-2所示。

绘图线条、线宽、颜色标准　　　　表 11-1

线　　条	线　　宽	颜　色
图框外边线	0.15mm	白色
图框内边线	0.60mm	粉色
图框签署格线	0.30mm	绿色
构造图轮廓线	0.30mm	绿色

续上表

线　条	线　宽	颜　色
钢筋图及预应力钢筋图轮廓线	0.15mm	白色
钢筋线及预应力钢绞线	0.30mm	红色
预埋管材、钢材	0.30mm	红色
钢板双线	0.15mm	黄色
图中各部分"标题"下双杠线　上	0.50mm	粉色
图中各部分"标题"下双杠线　下	0.15mm	白色
尺寸及阴影线	0.15mm	青色
文字	0.15mm	白色
虚线	0.15mm	青色
点划线	0.15mm	青色
图表外边线	0.30mm	黑色
图表内边线	0.15mm	黄色

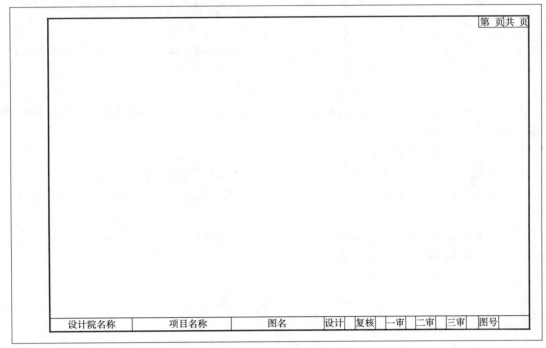

图 11-2　图框示意图

第二节　隧道工程设计常用的 CAD 命令

本节主要介绍利用 AutoCAD 进行隧道工程制图时常用的操作命令，限于篇幅，仅列出了一部分，未尽之处可查阅 AutoCAD 帮助文件或其他相关书籍。

一、常用的图表绘制命令

1. 图案填充

图案填充功能在隧道工程绘图中经常使用,该功能可以将不同区域用不同的阴影或图案加以区别。AutoCAD 提供了非常丰富的填充图案,还允许用户自定义填充图案。使用**图案填充**功能的前提是存在封闭的图形,若图形不是封闭的,则无法进行图案填充。**图案填充**主要有以下 4 种方式:

①指定封闭对象区域中的任意一点。
②选择封闭区域的对象。
③使用 HATCH 绘图命令指定边界点。
④将填充图案从**工具选项板**直接拖到封闭区域。

下面介绍**图案填充**功能的使用方法:点击 ,提示"HATCH 拾取内部点或[选择对象(S)放弃(U)设置(T)]:",同时显示**图案填充创建**标签(图 11-3)。

图 11-3　图案填充创建

在拾取对象内部点之前,可以选择填充的类型,AutoCAD 提供了 4 种类型,分别是**实体、渐变色、图案、用户定义**:

①**实体**是实体纯色填充,而非图案填充。
②**渐变色**是将选择的渐变填充显示为染色、着色或两种颜色间的平滑转场。
③**图案**应用最广泛,AutoCAD 提供了丰富的图案库,包括 ANSI、ISO 以及其他行业标准图案。
④**用户定义**是以当前线型为基础,在指定的间距和角度处创建填充图案。

以填充图案为例进行详细说明:
①点击 ,显示图案库(图 11-4)。

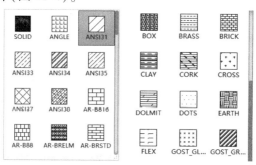

图 11-4　标准图案库

②点击需要填充的图案,即可完成图案填充。

③随后可通过工具栏对已填充图案进行优化,改变填充颜色 ByLayer (图 11-5)、改变背景色 248,215,49 、改变透明度 填充透明度 0 (可通过左右移动最左侧的白色竖条改变透明度)、改变角度 角度 0 [利用当前 UCS(User Coordinate System,用户坐标系)]的 X 轴指定填充图案的角度,可通过左右移动最左侧的白色竖条改变角度)、改变填充图案的比例 20 (可以展开或收拢图案)。

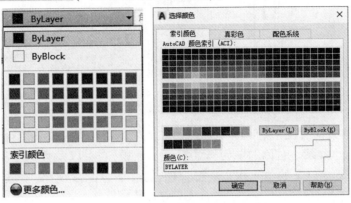

图 11-5　颜色选择

2. 绘制表格

在隧道工程制图中,经常要用表格来注释工程量、钢筋型号等参数。在命令行输入"TABLE"(或"TAB")或点击**注释**里的表格图标 表格,弹出**插入表格**对话框(图 11-6)。

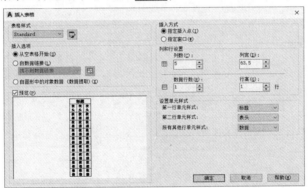

图 11-6　插入表格

为满足工程图纸对表格的要求,需要对表格样式进行修改,具体步骤如下:

①点击图 11-6 中**表格样式**左侧的 ,弹出**表格样式**对话框(图 11-7),默认的表格样式为 Standard,右侧为 Standard 样式的预览。

②若 Standard 样式不能满足使用要求,可点击**修改**或**新建**。点击**新建**后,弹出**创建新的表格样式**对话框,命名尽量好记且有区分度。

③点击**继续**,弹出**新建表格样式**对话框(图 11-8),左上角的**起始表格**是指用户可以在图形中指定一个表格用作样例来设置此表格样式的格式,选择表格后,可以将此表格的结构和内容复制到表格样式。

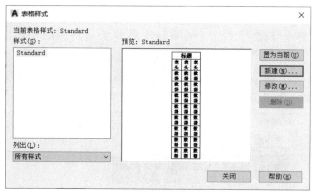

图 11-7 创建表格样式

图 11-8 中**表格方向**有向下、向上两种方式,左下角的表格预览随着选择而实时变动,可第一时间看到修改后的效果。右侧的**单元样式**提供了标题、表头以及数据三种形式(图 11-9),可通过点击右侧的 🗔 对已有的单元样式进行管理,通过下方的**常规**、**文字**、**边框**标签页对单元样式进行修改,也可点击右侧的 🗔 创建新的单元样式。

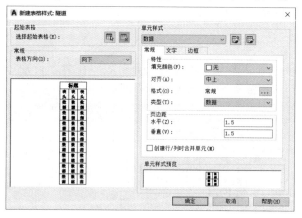

图 11-8 表格样式调整　　　　　　　图 11-9 单元样式

3. 其他命令

1)样条曲线

样条曲线功能可直接用一系列点来得到一条曲线,AutoCAD 提供了两种绘制样条曲线的方式——利用拟合点、利用控制点。

使用拟合点绘制样条曲线的方法是:

①点击 ⤳,提示"SPLINE 指定第一个点或[方式(M)节点(K)对象(O)]:"。

②指定第一点后按 Enter 键,提示"SPLINE 输入下一个点或[起点切向(T)公差(L)]:"。

③输入具体点后按 Enter 键,提示"SPLINE 输入下一个点或[起点切向(T)公差(L)放弃(U)]:"。

④输入具体点后按 Enter 键,提示"SPLINE 输入下一个点或[起点切向(T)公差(L)放弃(U)闭合(C)]:"。

⑤按上述步骤依次输入剩余的各点,直到绘制结束。

若选择"方式(M)"则表示可以通过"拟合点"和"控制点"两种方式绘制样条曲线,具体提示如下:

①"SPLINE 输入样条曲线创建方式[拟合(F)控制点(CV)]<拟合>:"默认采用拟合点绘制方式,按 Enter 键后返回最初提示。若输入"CV"则表示利用控制点绘制样条曲线,提示:

②"SPLINE 指定第一个点或[方式(M)阶数(D)对象(O)]:"

③"SPLINE 输入下一个点"

④"SPLINE 输入下一个点或[放弃(U)]:"

⑤"SPLINE 输入下一个点或[闭合(C)放弃(U)]:"随后提示均一致,直至绘制结束。

2)构造线

构造线功能主要用来创建无限长的线。在绘图中经常将构造线作为参考线。在命令行输入"XLINE"(或"XL")或点击 图标,提示"XLINE 指定点或[水平(H)垂直(V)角度(A)二等分(B)偏移(O)]:",表示可通过水平、垂直、角度、二等分以及偏移共 5 种方式绘制构造线。

3)定数等分

定数等分功能可沿对象的长度或周长创建等间距排列的点对象或块,即将对象按一定数量进行等分。使用方法是:在命令行输入"DIVIDE"(或"DIV")或点击 ,提示"DIVIDE 选择要定数等分的对象:",选择要等分的对象后按 Enter 键,提示"DIVIDE 输入线段数目或[块(B)]:",输入线段数后按 Enter 键,完成定数等分。

4)定距等分

定距等分功能可沿对象的长度或周长按指定间隔创建点对象或块,即将对象按特定间距进行分割。使用方法是:在命令行输入"MEASURE"(或"ME")或点击 ,提示"MEASURE 选择要定距等分的对象:",按 Enter 键,提示"MEASURE 指定线段长度或[块(B)]:",输入要分割的线段长度后按 Enter 键,完成定距等分。

二、常用的图形编辑命令

1. 对象捕捉

AutoCAD 提供的**对象捕捉**功能,以便在绘图过程中精确选择特定的点。点击 AutoCAD 绘图区"捕捉模式"右侧三角形点击弹出的"捕捉设置…",弹出**草图设置**对话框(图 11-10)。

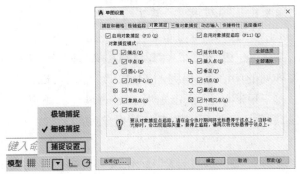

图 11-10 对象捕捉

捕捉和栅格标签页中,建议勾选**启用捕捉**和**启用栅格**。**极轴追踪**可以沿某一角度追踪,建议勾选,增量角可以选择默认的90°。

对象捕捉标签页中提供了丰富的对象捕捉模式,可根据需要选择(图11-10)。

2. 阵列

阵列可以一次性按照指定的方式复制多个对象,AutoCAD提供了**矩形阵列**、**路径阵列**以及**环形阵列**三种阵列方式。

1) 矩形阵列

矩形阵列可以按任意行、列和层级组合分布对象。

假设要使图11-11a)中左下角的圆形布满所有交点[图11-11b)],点击 ,提示"ARRAYRECT 选择对象:",选择左下角的圆形后按 Enter 键,提示"ARRAYRECT 选择交点以编辑阵列或[关联(AS)基点(B)计数(COU)间距(S)列数(COL)行数(R)层数(L)退出(X)]<退出>:",此时绘图区出现了 N 行 N 列的圆形,但其位置与矩形交点不一致,需要进一步调节。图11-11b)左下角的圆形中出现了黑色的矩形标志,其上部的圆形中出现了黑三角形标志,点击此黑色三角形,上下移动可改变矩形阵列的行间距;点击左上角的黑色三角形,上下移动可改变矩形阵列的行数。图11-11b)左下角圆形的右侧圆形中同样出现了黑色三角形标志,点击此三角形标志,可以改变矩形阵列中各列的间距;点击右下角圆形中的黑色三角形标志,可以改变矩形阵列的列数,通过这四个三角形可将阵列调整到所需的位置。

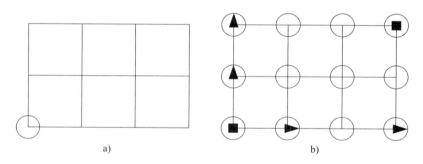

图11-11 矩形阵列

2) 环形阵列

环形阵列是绕某个中心点或旋转轴形成的环形图案平均分布对象,通过围绕指定的中心点或旋转轴复制选定对象来创建阵列。

要将图11-12a)中的矩形沿圆形均匀布置一圈,点击 环形阵列,提示"ARRAYPOLAR 选择对象:",选择矩形对象,按 Enter 键,提示"ARRAYPOLAR 指定阵列的中心点或[基点(B)旋转轴(A)]:",指定圆心为阵列的中心点,得到图11-12b),可以发现,此时已经完成了环形阵列,同样出现了黑色的矩形和三角形标志,点击矩形上部的黑色三角形可以改变阵列对象的数量和位置,点击矩形下部的黑色三角形可以改变阵列对象的间距。

3) 路径阵列

路径阵列在绘图中最为实用,可以沿整个路径或部分路径平均分布对象,路径可以是直线、多段线、三维多段线、样条曲线、螺旋、圆弧、圆或椭圆。

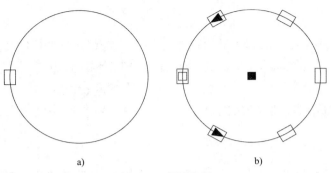

图 11-12　圆形阵列

如图 11-13a)所示,要将圆形对象沿样条曲线阵列,点击 ,提示"ARRAYPATH 选择对象:",选择圆形对象后,按 Enter 键,提示"ARRAYPATH 选择路径曲线:",选择样条曲线后,按 Enter 键,可得到图 11-13 b),移动黑色的三角形标志可以改变阵列的间距和数量。

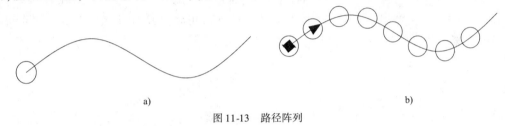

图 11-13　路径阵列

3. 修剪和延伸

修剪的作用是将交点之外多余的部分去除,而**延伸**是将没有到某一边界的对象延伸到此边界。

在命令行输入"TRIM"(或"TR")或点击 ,即可进入修剪流程,提示"TRIM 选择对象或<全部选择>:",选择要修剪的对象,按 Enter 键,如果要修剪的对象较多或需要修改图纸中的全部对象时,可以直接点击空格键(选择全部对象),按 Enter 键,提示"选择要修改的对象,或按住 Shift 键选择要延伸的对象,或 TRIM[栏选(F)窗交(C)投影(P)边(E)删除(R)放弃(U)]:",点击需要修剪的部分,或用栏选、窗交等其他方式进行选择,选择之后便完成了修剪。

若按住 Shift 键,则命令由**修剪**转变为**延伸**,选择需要延伸的对象后即完成了延伸。

三、注释及标注命令

为清晰地分辨所绘图形各部分的特点,需要对图形进行文字注释和尺寸标注,AutoCAD 提供了丰富的注释样式和尺寸标注样式(图 11-14)。

1. 文字注释

点击 A,提示选择**多行文字**或**单行文字**。**多行文字**可以将若干文字段落创建为单个多行文字对象。**单行文字**可以创建一行或多行文字,其中,每行文字都是独立的对象。

图 11-14　注释及标注

(1) 单行文字

点击 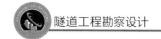 或在命令行输入"TEXT",提示"TEXT 指定文字的起点或[对正(J)样式(S)]:",指定起点,按 Enter 键,提示"TEXT 指定高度<2.50000>:",默认文字高度为 2.50000,指定高度,按 Enter 键,提示"TEXT 指定文字的旋转角度<0>:",默认不旋转,如需以某一角度注释文字,可在此处更改角度,按 Enter 键。此时,绘图区出现文字输入区,可直接输入文字。

(2) 多行文字

点击 A 多行文字 或输入命令"MTEXT"(或"T""MT"),提示"MTEXT 指定第一角点:",指定角点位置后,按 Enter 键,提示"MTEXT 指定对角点或[高度(H)对正(J)行距(L)旋转(R)样式(S)宽度(W)栏(C)]:",指定对角点后,绘图区出现多行文字对话框,可直接输入多行文字。

文字的编辑修改,可通过**文字样式**对话框进行,点击 Standard 或在命令行输入"STYLE"(或"ST"),弹出**文字样式**对话框(图 11-15),可将默认样式**置为当前**,也可**新建**一个文字样式,可改变字体、大小、高度、宽度、倾斜角度等,字体样式可为常规、斜体、粗体、粗斜体。

2. 尺寸标注

标注功能可以在单个绘画框中创建不同类型的标注,CAD 提供了丰富的标注类型,主要包括线性、对齐、角度、弧长、半径、直径、坐标、折弯等(图 11-16)。

图 11-15　文字样式

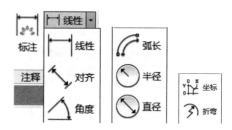

图 11-16　标注类型

3. 标注样式管理器

如果默认的尺寸标注中的字体、字号、线型、宽度、箭头等不合适,就要用**标注样式管理器**进行修改。在命令行输入"DIMSTY"(或"D"),或点击 ,弹出**标注样式管理器**(图 11-17)。

通过**标注样式管理器**对话框,可新建或修改标注样式。点击**修改**,弹出**修改标注样式**对话框(图 11-18),可对线、符号和箭头、文字、调整、主单位、换算单位以及公差进行修改。

第十一章　计算机辅助设计（CAD）在隧道工程设计中的应用

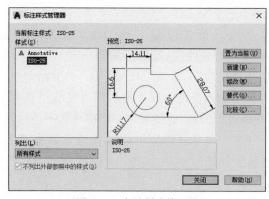

图11-17　标注样式管理器

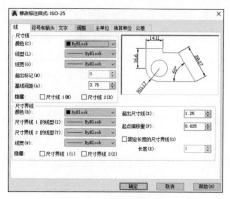

图11-18　修改标注样式

4. 图层

一个完整的图形包括线型、标注、文字、表格等内容，绘图过程中往往只是对其中的一类或一部分进行修改。为避免相互干扰，最好把各类内容按照其性质置于不同的图层上，将不需要修改的部分隐藏或固定。每一个图层相当于手绘图时的一张图纸，最终的成图是将几个图层叠合在一起。在命令行输入"LAYER"（或"LA"），或点击 ，弹出**图层特性管理器**（图11-19），可以对各图层的线型、颜色、线宽等进行统一更改。

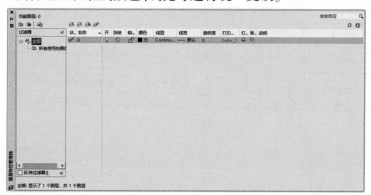

图11-19　图层特性管理器

第三节　隧道平纵断面图的绘制

一、隧道平面图的绘制

隧道平面图可在地形图的基础上绘制，地形图一般可从测绘单位获取，主要有矢量图和光栅图两种。

1. 使用矢量图绘制隧道平面图

使用矢量图绘制隧道平面图的过程如下：

①在矢量地形图基础上，在命令行输入"LAYER"新建图层，把隧道中线、桩号、标注、表格

等不同的内容放在不同的图层中,方便修改。

②在命令行输入"PLINE"(或"PL"),以多段线形式绘制道路中线。在命令行输入"PEDIT"(或"PE")可对绘制的短线进行合并、拟合、样条曲线、反转等编辑。

③在命令行输入"BLOCK"(或"B")创建块"里程桩号"。输入"MEASURE"对道路中线进行定距等分,插入块"里程桩号",选择"对齐块和对象",输入指定线段长度后即可完成里程桩的插入。随后使用**分解**("EXPLODE")命令,对插入的块进行分解,以便对每一个桩号数字进行修改。

④隧道边线可由道路中线通过**偏移**("OFFSET")命令获得。隧道边线通常以虚线表示,在隧道洞门处绘制端线,标注隧道长度、高程以及里程桩号。

2.使用光栅图绘制隧道平面图

使用光栅地形图绘制隧道平面图的过程与使用矢量地形图绘制隧道平面图类似,只是需要在绘制道路中线之前使用**插入**,选择**光栅图像参照**将光栅地形图插入 AutoCAD。

①在命令行输入"SCALE"(或"SC")或点击**缩放**图标将光栅地形图缩放到合适大小。

②将鼠标移动到图像上,点击右键,选择**绘图次序**中的**前置、后置、置于对象之上、置于对象之下**调节图像的显示层次。

典型的隧道平面图如图11-20所示。

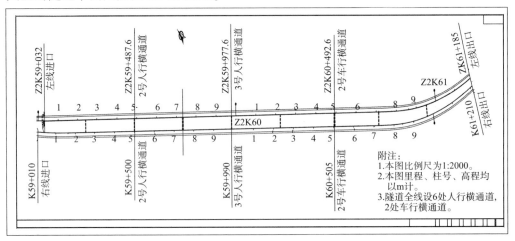

图11-20 隧道平面图

二、隧道纵断面图绘制

隧道纵断面图可在勘察单位提供的"地质纵断面图"的基础上进行修改。主要的工作是添加注释栏、绘制隧道示高线及必要的地质填充等。

注释栏主要根据相应的分段或分区进行添加。添加注释用到的主要命令是"LINE""ARRAY""TEXT"等,操作比较简单,不再赘述。

隧道设计线的绘制主要使用**多段线**("PLINE")命令,绘制后使用**偏移**("OFFSET")命令,按隧道高度偏移出隧道示高线。

若无合适的地质纵断面图,则需要根据地调资料绘制地质分层,可使用**样条曲线**("SPLINE")命令绘制地质分层线,使用**填充**("HATCH")命令填充地质地层,如图11-21所示。

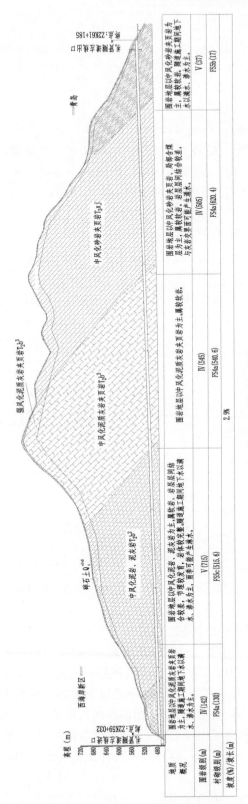

图 11-21 隧道纵断面图

第四节　隧道建筑限界及内轮廓的绘制

一、建筑限界的绘制

建筑限界的绘制主要用到**直线**("LINE")、**镜像**("MIRROR")和**偏移**("OFFSET")三个命令,建筑限界各部分的尺寸根据规范确定,具体绘制过程如下：

①首先利用**直线**命令绘制带有一定坡度的路面线,输入"LINE",在适当位置点击鼠标确定第一点,随后输入"@100,-2"确定第二点,按 Enter 键。

②再次输入"LINE",以刚才点击的第一点为起始点,向上画一条垂直点划线。

③利用**镜像**命令,选择刚绘制的路面线,以垂直点划线为镜像线,镜像出另外一半的路面线。

④利用**偏移**命令,绘制隧道建筑限界其他部分(图11-22)。详细的绘制方法可参考第五章的相关内容。

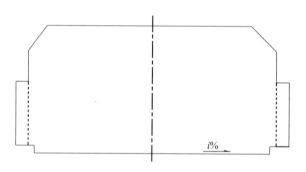

图 11-22　建筑限界示意图

二、单心圆内轮廓的绘制

隧道的建筑限界可根据规范确定具体尺寸,绘制也比较简单,具体形状如图 11-22 所示,在此基础上绘制隧道内轮廓。

单心圆内轮廓[图 11-23a)]的绘制过程如下：

①首先需要明确建筑限界和内轮廓之间的预留距离,一般为 10cm 左右,因此,可在建筑限界的 3 个角上,以角点为圆心、以 10cm 为半径画圆,随后以三点方式画圆,分别选择 3 个小圆的最外侧,完成大圆绘制。但需要注意两个距离：一是建筑限界顶线至拱顶的距离应能满足风机、标志标牌、灯具等安装空间；另一个是路面至仰拱底部的距离,应能满足仰拱回填及中心排水沟所需的空间。在实际的公路隧道中,隧道的下半部分为仰拱,仰拱的半径与上部衬砌并不一致,因此,需要将圆的下半部分删除,重新绘制仰拱,仰拱弧的圆心和内轮廓的圆心应在一条垂线上[图 11-23b)]。

②可在上部单心圆的圆心处画一条竖直构造线,从构造线与建筑限界的交点向下移动到

设计距离,利用此点以及上部单心圆的两个点绘制仰拱。

③内轮廓绘制结束后需要对其进行尺寸标注和文字标注。标注之前可对**标注样式**和**文字样式**进行修改,并将标注与内轮廓设置在不同的图层。

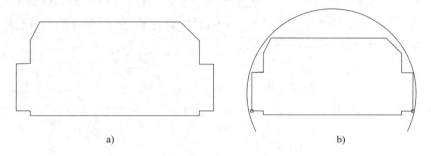

图 11-23　单心圆内轮廓

④新建 5 行 3 列的表格,利用**查询**命令显示内轮廓的面积和周长,也可点击选择内轮廓后,单击鼠标右键,打开**特性对话框**查询相关信息。查询面积和周长之前,需要将上部内轮廓和仰拱合成为一个整体,可采用**面域**命令将两者合成为一个面域(图 11-24)。

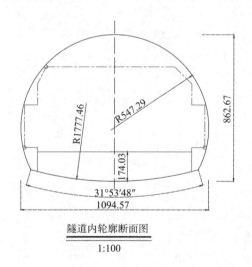

隧道内轮廓参数表

项目	单位	指标
面积	m^2	77.61
周长	m	32.21
总高度	m	8.62
宽度	m	10.95

注:1.图中尺寸均以厘米计。
　　2.隧道建筑限界内不得有任何部件侵入。

图 11-24　隧道建筑限界及内轮廓(尺寸单位:cm)

三、三心圆内轮廓的绘制

三心圆内轮廓的绘制方法有很多种,本节介绍一种简单、实用的绘制方法,为具有普遍性,选取路面中心和隧道中心不重合的案例,如图 11-25a)所示。建筑限界的设计参数为:车道宽 375cm,检修道宽 75cm,左侧侧向宽度 50cm,右侧侧向宽度 100cm。设计流程如下:

①连接 AB 和 CD 的中点,此水平中线与隧道中线的交点为 O,以 O 点向左、向右各偏移 275cm,分别得到 O_1 点和 O_2 点。连接 O_1C,以 C 点为端点,以 O_1C 的斜率向外延伸 10cm;同样,连接 O_2A,以 A 点为端点,以 O_2A 的斜率向外延伸 10cm。分别以 O_1、O_2 为圆心,以延伸后

的长度为半径画圆[图11-25b)],两个圆可确定内轮廓的侧墙部分。

②连接 OE,并延长至与第①步绘制的圆相交,以交点到 O 点的距离为半径,以 O 点为圆心画圆[图11-25c)],此圆可确定拱顶部分。

③对第①步和第②步确定的 3 个圆进行修剪,保留第①步中两个圆的侧墙部分,保留第②步中圆的拱顶部分,侧墙部分的上界为与拱顶圆交接的位置,侧墙部分的下界(点 F、点 G)与建筑限界最低处齐平[图11-25d)]。

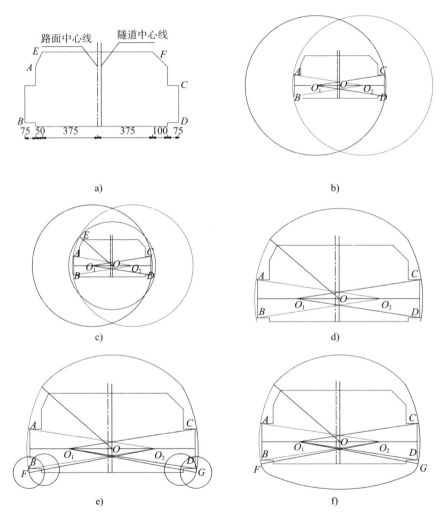

图 11-25　三心圆绘制过程(尺寸单位:cm)

④连接 O_1G 和 O_2F,以 F 为圆心、以 100cm 为半径画圆,再以此圆与 O_2F 的交点为圆心、以 100cm 为半径画圆,此圆即可确定左侧侧墙与仰拱相交的弧线。右侧画法与左侧一致。

⑤以"相切、相切、半径"方式画圆,第一个切点选择第①步中左侧圆的外侧,第二个切点选择第⑤步中左侧圆的外侧,半径为1170cm,此圆可确定仰拱。另外,需复核建筑限界到拱顶和仰拱的距离是否满足规范要求,若不满足,需对半径进行重新设计。

典型的隧道建筑限界与内轮廓设计图如图 11-26 所示。

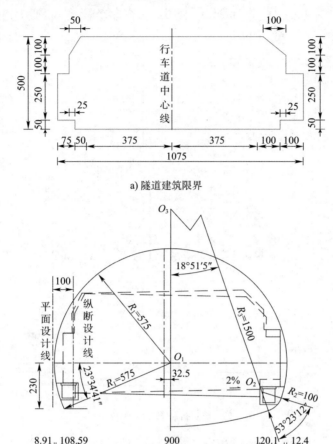

图 11-26　隧道建筑限界和内轮廓图(尺寸单位:cm)

第五节　隧道衬砌结构的绘制

一、复合式衬砌结构的绘制

隧道中的衬砌可在内轮廓基础上进行绘制,主要使用**偏移**命令,将建筑限界偏移一定距离,即可绘制衬砌及预留变形量曲线。衬砌图中需明确标注二次衬砌混凝土强度等级及厚度、防水卷材型号、预留变形量大小、初期支护混凝土强度等级及厚度等信息(图 11-27)。

二、锚杆的绘制

在隧道设计中经常用到锚杆。锚杆(尤其是系统锚杆)一般沿隧道对称设置,故在绘制

时,可先绘制一半,然后通过**镜像**命令,复制出另一半,具体流程如下:

①在衬砌图中复制初支的内轮廓线和隧道中线,在命令行输入"TRIM"或点击**修剪**按钮,保留初期支护内轮廓线的一半即可。

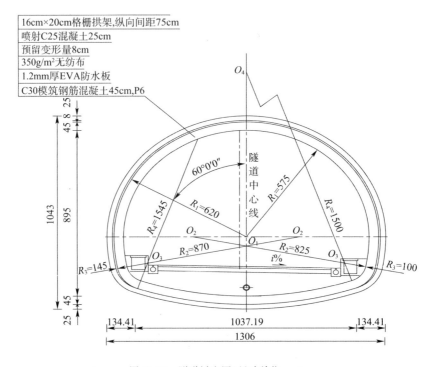

图 11-27　隧道衬砌图(尺寸单位:cm)

②在命令行输入"LINE"或点击**直线**按钮,在隧道的拱顶绘制一根锚杆。

③将绘制的一根锚杆设置成"块",在命令行输入"BLOCK"或点击**创建块**按钮,弹出**块定义**对话框(图 11-28)。

图 11-28　块定义

④在**名称**处将锚杆块命名为"锚杆 1";点击**选择对象**,在绘图框中选择绘制的锚杆;点击

拾取点,选取绘图框中锚杆最上部的一点,点击**确定**。

⑤使用**定距等分**绘制锚杆,在命令行输入"MEASURE"或点击**定距等分**按钮,按 Enter 键后选择隧道内轮廓线,在命令行输入"BLOCK"(即选择块),输入刚才定义的块名称"锚杆 1",选择**对齐块**,使锚杆与隧道垂直。

⑥如锚杆环向间距为 100cm,可使用**定距等分**命令,输入"100",完成锚杆的绘制,然后按同样方法绘制虚线锚杆(图 11-29)。

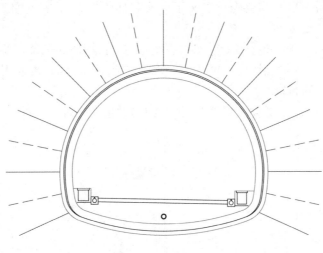

图 11-29 锚杆的绘制

三、衬砌钢筋的绘制

隧道设计中,往往要配置各种不同型号的钢筋。为方便施工人员读图,钢筋布置方式、编号、尺寸、规格、根数、弯曲尺寸、断料长度等信息应尽量清晰、明确。另外,还需给出每种钢筋的大样图或施工详图。

钢筋的符号及尺寸标注方式如下:

①如图 11-30a)所示,钢筋边长一般标注在左侧或上侧。"①"代表钢筋编号,表示该钢筋为 1 号钢筋,钢筋的编号应从 1 开始,不同型号的钢筋采用不同的编号。在同一工程中,同种钢筋在不同图中的编号应该相同。"8φ6"代表直径 6mm 的钢筋共有 8 根。钢筋的强度等级包括 HPB235、HRB335、HRB400、RRB400 等,每个等级都有对应的符号。

②弯起钢筋的弯钩长度及角度应严格按照规范要求设计,不同的弯钩尺寸要求也不同,具体如图 11-30b)、图 11-30c)以及图 11-30d)所示。

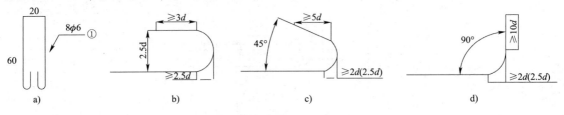

图 11-30 钢筋大样及弯钩(尺寸单位:cm)

隧道衬砌中的配筋主要包括主筋和箍筋两部分。主筋的绘制可以使用**偏移**命令,箍筋的绘制常采用**阵列**命令,具体过程如下:

①主筋可以由衬砌的内轮廓线偏移得到,偏移的距离为混凝土保护层的厚度。在隧道设计中,混凝土的保护层厚度在 50mm 左右[图 11-31a)]。

②建议使用**阵列**命令完成箍筋的绘制,首先在内、外主筋之间绘制一条直线,选择**环形阵列**或**沿路径阵列**,将需要布置箍筋的地方选择为阵列路径,即可完成箍筋绘制。

③文字及尺寸标注之前,需要先设置文字样式和标注样式,详细标注每一类钢筋的型号、直径、间距等信息。

④钢筋的断面布置图需要先绘制一条衬砌边线,再使用偏移命令绘制另一条边线(主筋),偏移距离为混凝土保护层厚度。使用直线命令绘制一条箍筋,再使用偏移命令绘制出其他箍筋[图 11-31b)、图 11-31c)]。

完整的隧道配筋图还需要包括钢筋布置图、钢筋数量表以及相应的文字说明。

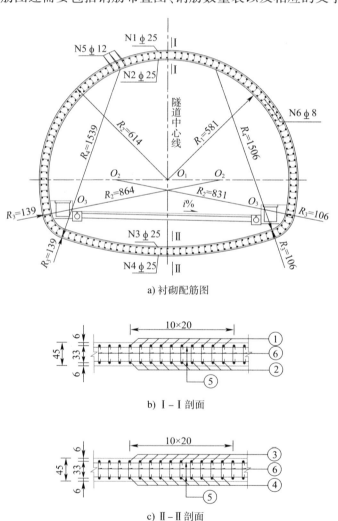

a) 衬砌配筋图

b) Ⅰ-Ⅰ剖面

c) Ⅱ-Ⅱ剖面

图 11-31　衬砌钢筋图(尺寸单位:cm)

第六节 隧道洞门的绘制

一、削竹式洞门的绘制

削竹式洞门是联系洞内衬砌与洞口外路堑的支护结构,一般应用于洞口埋深较浅、有条件进行刷坡、周边地势比较开阔的洞口。

1. 立面图

削竹式洞门的立面图可以直接复制隧道明洞衬砌结构图;若有防护结构,只需引用防护结构工程设计图,不需要在洞门立面图中绘出防护结构。

2. 剖面图

洞门的剖面图可在立面图的基础上加工修改。首先选择洞门立面图的中线与衬砌内外轮廓的交点,分别以两个交点为起点绘制水平线,形成隧道的剖面图(图11-32)。回填仰坡线可根据具体尺寸和坡度,输入起始点坐标,利用**射线**命令绘制,使用**打断**("BREAK")命令将明洞遮挡的部分打断,变为虚线,利用**填充**("HATCH")命令填充剖切的实体部分(图11-33)。

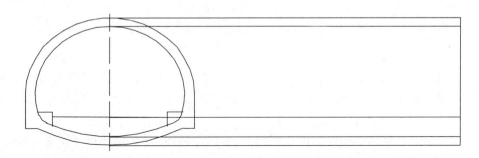

图11-32 削竹式洞门绘制过程

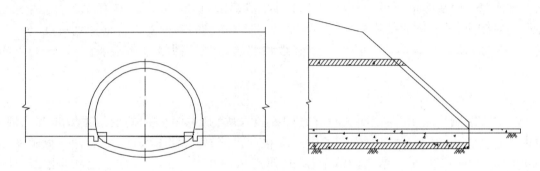

图11-33 削竹式洞门立面图及剖图

3. 平面图

①可将立面图制作成块[用**块**("BLOCK")命令],块名定义为"dm"。在立面图下方插入块"dm",其中 Y 方向的变形系数与明洞削切的坡率一致。若坡率为 1∶1.5,则在图 11-34 中的缩放比例处的 Y 位置输入 1.5(图 11-34)。

②将"dm"块的中心线与立面图的中心线对齐后,将"dm"块用**分解**("EXPLODE")命令分解,删除明洞地面线以下部分,边沟拉长。将明洞顶的线向上移动成明洞与地面的交线,即可绘出削竹式洞门的平面图(图 11-35)。

图 11-34 插入块操作界面

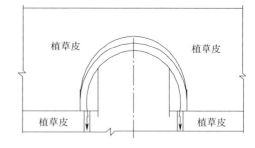

图 11-35 削竹式洞门平面图

与削竹式洞门类似的还有直削式洞门、喇叭式洞门以及倒削竹式洞门等,其绘制过程类似,在设计图中应标注洞门工程数量表。典型的削竹式洞门设计图见图 11-36。

二、端墙式洞门的绘制

端墙式洞门适用于岩质较好和地形开阔的地区。端墙式洞门的绘制操作如下:

1. 立面图

端墙式洞门立面图的绘制可以在衬砌结构图的基础上进行,首先复制隧道衬砌结构图,然后在设计高程处绘制水平线,使用**偏移**("OFFSET")命令,以洞门墙的高度向上进行复制和偏移,得到洞门的上、下两个边界。

使用**偏移**命令将隧道中心线向两边偏移,偏移的距离即为洞门墙的宽度,宽度线一般用粗实线表示[图 11-37a)]。

2. 剖面图

剖面图一般从隧道中线处剖开。打开**对象捕捉**,勾选**交点捕捉**,选择洞门立面图的中心线与衬砌内、外轮廓线的相交处绘制水平线,形成隧道的剖面图。根据仰坡坡度,使用**直线**("LINE")命令绘制仰坡。联合使用**直线**和**偏移**命令绘制帽石和排水沟,如图 11-37b)所示。

3. 平面图

将立面图制作成块,在立面图的下方位置插入块,其中 Y 方向的变形系数与洞门墙的坡率一致。将块的中心线与立面图的中心线对齐后,用**分解**("EXPLODE")命令分解块,删除明洞地面线以下部分。结合洞门平面图,使用**多段线**("PLINE")命令绘制开挖线;使用**直线**("LINE")命令和**复制**("COPY")命令绘制示坡线(图 11-38)。

第十一章 计算机辅助设计（CAD）在隧道工程设计中的应用

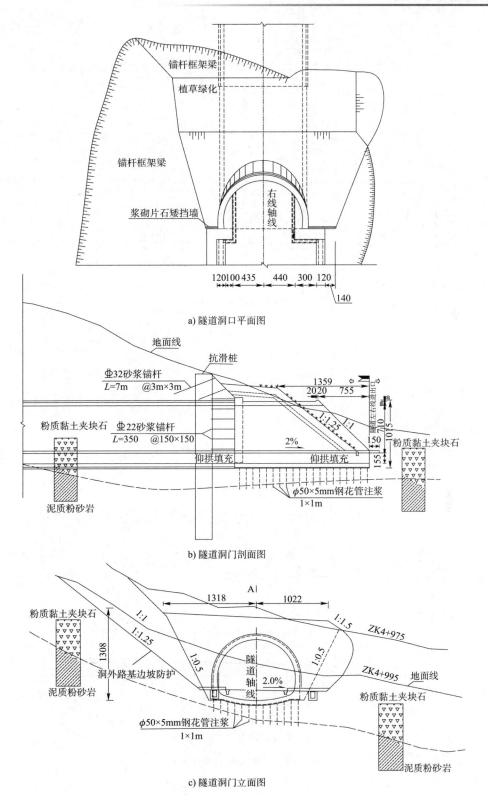

图 11-36 削竹式隧道洞门设计图（单位：cm）

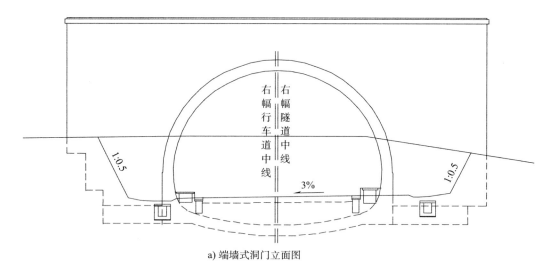

a) 端墙式洞门立面图

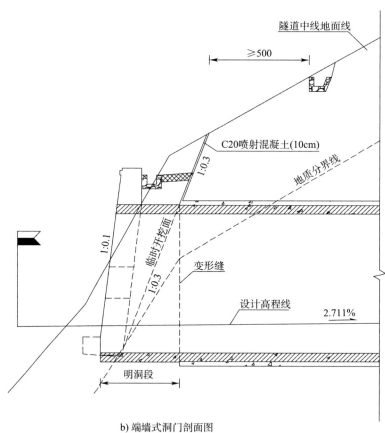

b) 端墙式洞门剖面图

图 11-37 端墙式洞门（单位：cm）

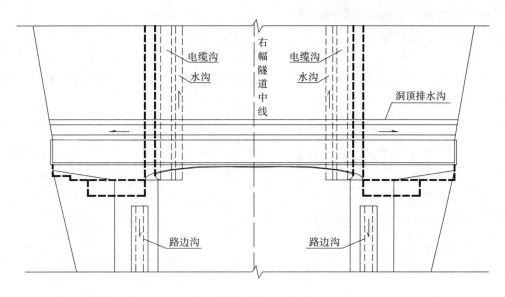

图 11-38　端墙式洞门平面图

绘制结束后需对立面图、剖面图和平面图进行尺寸标注，并添加注释、编制工程数量表等。

第七节　隧道防排水系统的绘制

一、隧道防水断面的绘制

隧道防水的主要通过在围岩和隧道之间增加隔水层来实现，隔水层通常由土工布和防水板组成，设置在初期支护和二次衬砌之间，如图 11-39 所示。

因为隧道防水板的厚度一般很小，为保证绘图清晰，无须严格按照比例尺绘制防水板厚度，仅将其实际厚度以文字形式标注即可。

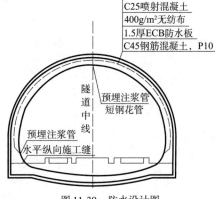

图 11-39　防水设计图

二、衬砌排水断面的绘制

隧道工程中仅仅是防水还不够，为了减少衬砌受到的水压力，还需要设计排水措施。排水设计多是通过环向排水盲管将水引入隧道纵向排水管，再通过横向排水管将水引入隧道中心排水管 [图 11-40a)]，具体绘制内容包括：

①首先复制隧道衬砌图，在拱脚位置利用**圆**工具，绘制纵向排水管，利用**样条曲线**绘制横向集水管。

②在仰拱填充中利用**矩形**或**圆**工具，绘制中心排水管。

③利用**多段线**命令连接纵向排水管和中心排水管,使用**偏移**命令偏移出另一条线,偏移距离为横向排水管直径。横向排水管须有一定的坡度,以方便水从纵向排水管向中心排水管汇集。

④为方便施工,需要绘制拱脚排水管的大样图[图 11-40b)],并标明水流汇集的路径及形式、排水管型号及直径等。

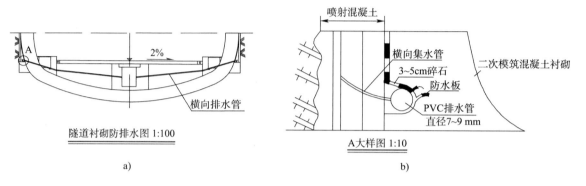

图 11-40 隧道防排水设计图

⑤进行文字及尺寸标注,并设置文字样式和标注样式,标注防排水设计的具体尺寸,必要时可附文字说明。

典型的隧道防排水系统设计图如图 11-41 所示。

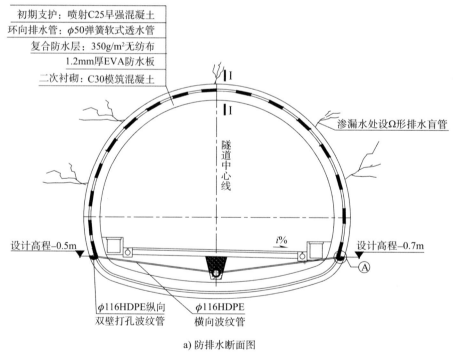

a) 防排水断面图

图 11-41

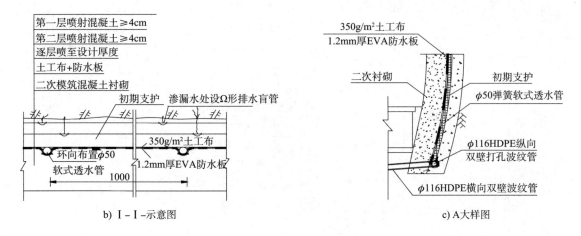

b) Ⅰ-Ⅰ-示意图　　　　　　　　　c) A大样图

图 11-41　隧道防排水设计图

　　明洞部分的防排水图(图11-42)同样可以在衬砌图或洞门图上修改完成,在命令行输入"OFFSET"或点击**偏移**,利用隧道轮廓线偏移出排水管。上部隔水层、种植土、衬砌中的排水管、波纹管、仰拱中心排水管等利用**填充**命令进行分区分块填充(图11-42)。

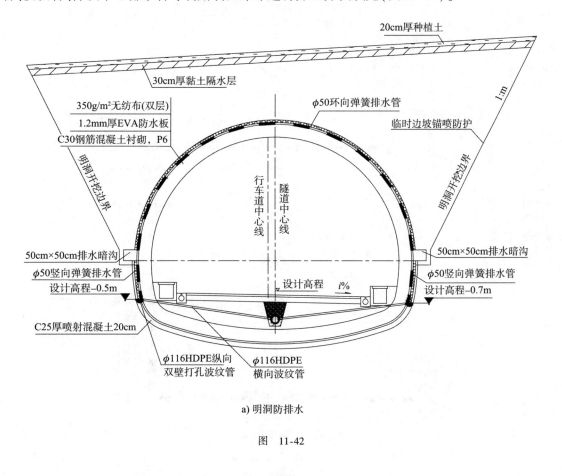

a) 明洞防排水

图 11-42

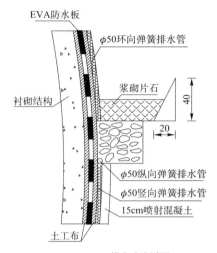

b) 排水暗沟详图

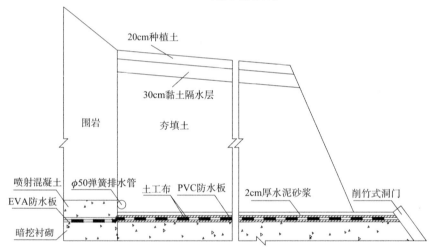

c) 削竹式洞门防排水示意

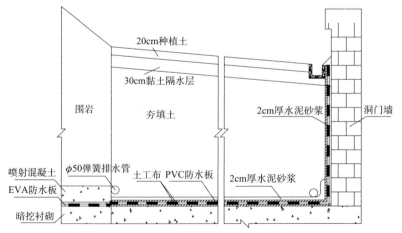

d) 端墙式洞门防排水示意

图 11-42 明洞防排水

第八节　隧道辅助工程措施的绘制

一、超前管棚的绘制

管棚法是主要用于软弱围岩的一种隧道施工辅助方法。管棚一般与隧道纵向方向一致，因此，隧道衬砌图上管棚体现为沿衬砌外围某一部分布置的若干个小圆圈。管棚的绘制较为简单，利用**阵列**（"ARRAY"）命令中的沿路径阵列即可完成绘制，见图11-43a）。对于大样图，可使用**填充**（"HATCH"）命令对各个部分进行填充，见图11-43b）。

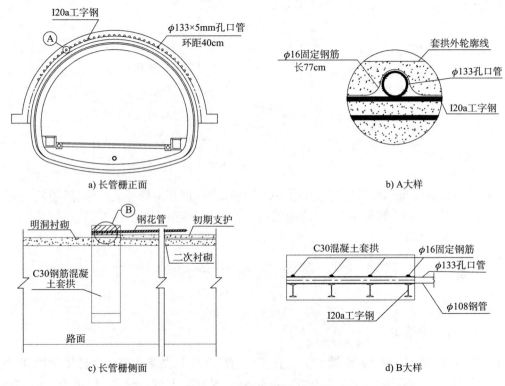

图11-43　隧道超前管棚设计图

可利用**直线**（"LINE"）以及**填充**（"HATCH"）命令完成管棚侧面图绘制。若用直线命令一步一步绘制折断线则太过繁琐，一种比较简单快捷的方法如下：

①在命令行输入"BREAKLINE"，按 Enter 键。

②提示"Specify first point for breakline or [Block Size Extension]"，输入"SIZE"或只输入"S"，按 Enter 键。

③提示"Breakline symbol size <2.5>："，输入折断线的尺寸后按 Enter 键。

④提示"Specify first point for breakline or [Block Size Extension]"，在需要绘制折断线的位置点击，作为折断线的起点。

⑤提示"Specify second point for breakline",点击另一点作为折断线的终点。

⑥提示"Specify location for break symbol < Midpoint >",点击需要添加折断线的位置,若折断线在中点处,则可以直接按 Enter 键,即可完成折断线的绘制。

二、超前小导管的绘制

超前小导管的绘制过程与超前管棚的绘制过程类似,不同的是超前小导管沿隧道纵向打设需外倾 5°~12°角度,因此,超前小导管的正面图不再是管棚一样的小圆圈,而是类似锚杆一样的短杆,见图 11-44a)。

绘制超前小导管侧面图时需注意小导管外倾角度,其余与超前管棚绘制方法一致。小导管构造图中,注浆孔可使用**阵列**("ARRAY")命令完成,其余可使用简单的**直线**("LINE")和**样条曲线**("SPLINE")命令绘制。

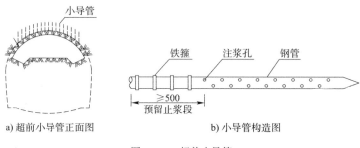

图 11-44 超前小导管

另外,超前锚杆、玻璃纤维锚杆、地表锚喷、注浆加固、锁脚锚杆等的绘制,所需使用的命令均较为简单,如锚杆的阵列画法、注浆范围的填充等,可以参照前面的绘制方法进行绘图。

第九节 隧道路基与路面的绘制

一、隧道路基的绘制

隧道路基形式与是否设置仰拱有关,当隧道设置仰拱时,路基主要包含仰拱结构和仰拱填充材料两个部分。有仰拱的路基施工图可在衬砌图的基础上进行修改,用**填充**("HATCH")命令填充仰拱填充层[图 11-45a)]。

对于不设仰拱的隧道,一般将天然石质地基作为隧道路基,同样可在衬砌图的基础上进行修改,用**填充**命令填充石质路基[图 11-45b)]。

二、隧道路面的绘制

隧道路面的主要形式有水泥混凝土路面和复合式路面。水泥混凝土路面的绘制可以在路基图基础上修改完成,步骤如下:

①在最上部用**直线**("LINE")命令或**矩形**("RECTANG")命令绘制水泥混凝土路面层。

②利用**填充**("HATCH")命令填充水泥混凝土面层。

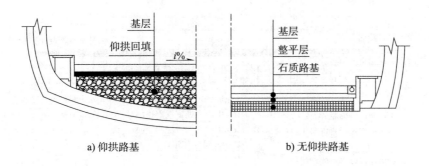

图 11-45 隧道路基

③利用**文字标注**(单行文字"TEXT")命令,添加文字标注。

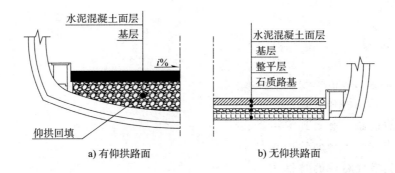

图 11-46 水泥混凝土路面

对于复合式路面结构,同样可以在衬砌图上修改完成,有仰拱路面和无仰拱路面的绘制过程基本相同,利用**文字标注**(单行文字"TEXT")命令,添加文字标注即可(图 11-47)。

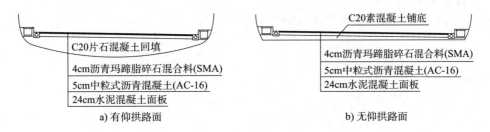

图 11-47 复合式路面结构

隧道洞口过渡段隧道路面(图 11-48)的绘制,主要用到**直线**("LINE")、**填充**("HATCH")以及**文字标注**(单行文字"TEXT")三个命令,具体绘制过程如下:

①利用**直线**命令,绘制各层分界线。

②将各层绘制为封闭区间,利用**填充**命令对各层进行填充。为方便区分,不同层填充不同的图案。

③利用**文字标注**命令,对各层按照顺序标注。

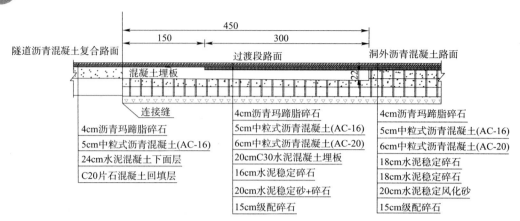

图 11-48 隧道洞口过渡段路面结构

思考与练习

1. 为什么要建立隧道工程制图标准?
2. 利用图层作图有什么优势?
3. 系统锚杆的绘制会用到哪些命令?
4. 如何改变文本注释的特性?
5. 如何改变尺寸标注的特性?
6. 绘制高速公路四车道隧道内轮廓图。
7. 绘制任意隧道衬砌结构图,要求添加文本注释、尺寸标注、文字说明以及工程数量表。
8. 绘制削竹式洞门主要用到哪些命令?
9. 绘制中心排水沟时应注意哪些问题?
10. 绘制隧道路面结构图主要用到哪些命令?

参 考 文 献

[1] 交通运输部.2020年交通运输行业发展统计公报[EB/OL].(2021-05-19).http://www.gov.cn/xinwen/2021-05/19/content_5608523.htm.

[2] 田四明,王伟,巩江峰.中国铁路隧道发展与展望(含截至2020年底中国铁路隧道统计数据)[J].隧道建设(中英文),2021,41(02):308-325.

[3] 中国城市轨道交通协会.城市轨道交通2020年度统计和分析报告[R].北京:中国城市轨道交通协会,2021.

[4] 钱七虎.地下工程建设安全面临的挑战与对策[J].岩石力学与工程学报,2012,31(10):1945-1956.

[5] 中华人民共和国交通运输部.公路隧道设计规范 第一册土建工程:JTG 3370.1—2018[S].北京:人民交通出版社,2018.

[6] 中华人民共和国交通运输部.公路隧道设计细则:JTG/T D70—2010[S].北京:人民交通出版社,2010.

[7] 中华人民共和国住房和城乡建设部.地下工程渗漏治理技术规程:JGJ/T 212—2010[S].北京:中国建筑工业出版社,2010.

[8] 中华人民共和国住房和城乡建设部.地下工程防水技术规范:GB 50108—2008[S].北京:中国计划出版社,2008

[9] 中华人民共和国交通运输部.公路水泥混凝土路面施工技术细则:JTG/TF30—2014[S].北京:人民交通出版社,2014.

[10] 中华人民共和国交通运输部.公路隧道通风设计细则:JTG/TD70/2-02—2014[S].北京:人民交通出版社,2014.

[11] 中华人民共和国交通运输部.公路隧道照明设计细则:JTG/TD70/2-01—2014[S].北京:人民交通出版社,2014.

[12] 中华人民共和国国家铁路局.铁路隧道设计规范:TB 10003—2016[S].北京:中国铁道出版社,2016.

[13] 中华人民共和国交通运输部.公路路基设计规范:JTG D30—2015[S].北京:人民交通出版社,2015.

[14] 中华人民共和国交通运输部.公路隧道设计规范:JTG D70—2004[S].北京:人民交通出版社,2004.

[15] 中华人民共和国交通运输部.公路水泥混凝土路面设计规范:JTG D40—2011[S].北京:人民交通出版社,2011.

[16] 中华人民共和国交通运输部.公路沥青路面设计规范:TG D50—2017[S].北京:人民交通出版社,2017.

[17] 中华人民共和国交通运输部.公路工程地质勘察规范:JTG C20—2011[S].北京:人民交通出版社,2011.

[18] 中华人民共和国交通运输部.公路路线设计规范:JTG D20—2017[S].北京:人民交通出版社,2017.

[19] 中华人民共和国交通运输部.公路工程技术标准:JTG B01—2014[S].北京:人民交通出版社,2014.

[20] 中华人民共和国住房和城乡建设部.岩土锚杆与喷射混凝土支护工程技术规范:GB 50086—2015[S].北京:中国计划出版社,2015.

[21] 中华人民共和国住房和城乡建设部.混凝土结构设计规范:GB 50010—2010[S].北京:中国建筑工业出版社,2010.

[22] 中华人民共和国住房和城乡建设部.地铁设计规范:GB 50157—2013[S].北京:中国建筑工业出版社,2013.

[23] 中华人民共和国铁道部.铁路工程水文地质勘察规程:TB 10049—2004[S].北京:中国铁道出版社,2004.

[24] 中华人民共和国住房和城乡建设部.工程岩体分级标准:GB/T 50218—2014[S].北京:中国计划出版社,2014.

[25] 北京市质量技术监督局.城市轨道交通隧道工程注浆技术规程:DB11/T 1444—2017[S].北京:中国计划出版社,2017.

[26] 中华人民共和国铁道部.TB 10003—1999 铁路隧道设计规范:[S].北京:中国铁道出版社,1999.

[27] 铁道部第二勘测设计院.铁路工程设计技术手册:隧道[M].北京:中国铁道出版社,1995.

[28] 赵勇.隧道设计[M].北京:人民交通出版社,2019.

[29] 关宝树,杨其新.地下工程概论[M].成都:西南交通大学出版社,2003.

[30] 王毅才.隧道工程[M].北京:人民交通出版社,2006.

[31] 高波.高速铁路隧道设计[M].北京:中国铁道出版社,2010.

[32] 朱永全.隧道工程(第二版)[M].北京:中国铁道出版社,2007.

[33] 杨新安,丁春林,徐春卫.城市隧道工程[M].上海:同济大学出版社,2015.

[34] 李新乐.城市隧道工程[M].上海:同济大学出版社,2015.

[35] 裴玉龙,程国柱,张倩.道路勘测设计[M].北京:人民交通出版社,2018.

[36] 刘承先.中国公路史(第一册)[M].北京:人民交通出版社,1990.

[37] 王亚琼,赖金星.公路隧道设计CAD[M].北京:人民交通出版社,2014.

[38] 孙钧.隧道结构设计关键技术研究与应用[M].北京:人民交通出版社股份有限公司,2014.

[39] 高杨.铁路隧道防排水设计指南[M].成都:西南交通大学出版社,2018.

[40] 吕康成,崔凌秋.隧道防排水工程指南[M].北京:人民交通出版社,2005.

[41] 颜炳玲,朱小辉.隧道施工技术[M].上海:上海交通大学出版社,2018.

[42] ALUN THOMAS.喷射混凝土衬砌隧道导论[M].梁国庆,欧尔峰,译.北京:科学出版社,2014.

[43] 关宝树.隧道及地下工程喷混凝土支护技术[M].北京:人民交通出版社,2009.

[44] 付钢,王成.隧道通风与照明[M].武汉:武汉大学出版社,2015.
[45] 杨新安,吴德康编著.铁路隧道[M].上海:同济大学出版社,2003.
[46] 关宝树.隧道工程设计[M].北京:人民交通出版社,2003.
[47] 蒋雅君.隧道工程[M].北京:机械工业出版社,2021.